兰州大学“985 工程”——敦煌学与人文学科基础研究建设项目成果
中央高校基本科研业务费专项资金资助(Supported by the Fundamental Research Funds for the Central Universities)
兰州大学外国语言文学博士文库

泰戈尔的一生

〔印度〕克里希纳·克里帕拉尼 著
毛世昌 丁广州 译

商务印书馆
创于1897 The Commercial Press

2012年·北京

Krishna Kripalani
TAGORE
A Life
NATIONAL BOOK TRUST

本书中文简体字本经授权根据 NBT 公司 2005 年版译出

目录

先辈

轮回的世纪芬芳了一朵小小的野花

历史与传说、现实与神话纷繁地交织在印度的传统之中，以至于想要厘清它们彼此的界线着实不容易。同样，当我们循着像泰戈尔这样显赫家族的谱系探寻踪迹的时候，我们很快就陷入到世俗传统和家族传说的迷雾之中。我们也只能谨慎地在历史的回溯中找寻我们的路径。

经过一段漫长的政局动荡、宗教混乱与社会纷杂不安，至8世纪中期，孟加拉最终统一成为一个强有力的印度王国。这段史实，已被教科书很好地佐证。现在要说说传说了。为了恢复佛教无政府统治下腐败社会的“纯洁性”，印度引入了五个来自西部的卡缁吉（Kanauj）王国的婆罗门种姓，这也是婆罗门文化的主要渊源。这五个婆罗门种姓时至今日仍然为大家所熟悉，他们的后代构成了孟加拉的新种姓贵族，由此绵延生息。尽管史学家现在鲜有谈及促成孟加拉现状的这段有趣的大规模种族优化的尝试，五大婆罗门种姓之一的达刹（Daksha）却被普遍认为是泰戈尔家族的祖先。

历史总是充满讽刺。12 世纪末，孟加拉被来自西部的土耳其和阿富汗人侵占。随着时光的流逝，它后又被德里的穆斯林君王作为一个行省统治。也许在武力胁迫之下，或者在可以共享这些新主人的权力诱惑之下，许多印度徒被转变成了穆斯林信徒。例如一位印度投机者与一位穆斯林女孩相爱的明智之举，就做到了名利双收。在自愿地去接受新的宗教后，他既得到了心仪的女孩，又官居显赫，成了南方杰索尔市（Jessore）的穆斯林总督的大臣。他重新取名皮尔·阿里·可汗（Pir Ali Khan）。他最为信任的两名官员是一对印度教徒兄弟——卡玛德夫(Kamadev) 和贾亚德夫 (Jayadev)。他们是传说中达刹先辈的嫡系后代。当然经过数代岁月沧桑的洗礼，历史并未留下对此的些许记载。

故事就这样进行着。莱麦丹月（Ramazan）中正在封斋的一天，卡玛德夫看到皮尔·阿里·可汗在闻一只柠檬，于是他就戏谑道："按照我们的宗教原则，闻一下等于吃半口啊。所以您可就打破了封斋了。"皮尔·阿里·可汗一句话也没有说，但是却对这个印度人厌恶到了极点，愤愤地在心里记下了他所说的话。数天后，他邀请这对印度兄弟，连同其他几位印度人，到总督府参加一场音乐会。在毗邻他们音乐会大厅的一个房间内，一桌精挑细选的丰盛的美食摆放在了桌子上，这却包括了牛肉在内。当牛肉的香气飘进音乐会的大厅时，这些印度人开始躁动起来。皮尔·阿里·可汗笑着说道："如果像你们的宗教原则要求的那样，闻一下等于吃半口的话，你们可都已经吃到了被禁止的食物，你们已经失去了你们的种姓了。"随之而来的是一阵惶恐不安，那些印度人于是赶紧掩鼻狂奔离去。但是，它带来的耻辱却是挥之不去的。自那以后，据说泰戈尔家族在种姓的等级中降了下来，被贬称为一个次等种姓皮拉里·婆罗门（Pirali Brahmins）。

已经失去了种姓的"纯洁性"的这个家族，发现很难在一个几乎不能获得丝毫空间的社区生活了。尤其是给女儿们找寻合适的夫婿时，那种窘境变得更加令人烦恼不堪。为此，这个家族被迫从祖辈居住的家园离开，不断从一个地方游荡到另一个地方。家族的每名成员都在追寻着自己的命运，也在为自己的女儿们找寻着如意的夫婿。一名印度人，若敢接受这样一个家庭的女儿，那可是冒天下之大不韪的。但是，就有这么一位冒天下之大不韪的人，名叫嘉格纳特·库夏里（Jagannath Kushari），他娶了由于一个轻率玩笑带来所有麻烦的那对倒霉的兄弟玛德夫和贾亚德夫的一名侄女。嘉格纳特·库夏里也必须为他的这个冒失决定付出代价，因为他也将不得不离开他的家园。据说就是这位大胆、冒失的男士的一位嫡系后代建立了泰戈尔家族。

那位后人的名字叫做潘查南·库夏里（Panchanan

Kushari）。被放逐和被社会迫害，使得这些子孙后代不得不不断反抗命运并做出冒险。既然已经失去了种姓的荣耀，他们也就没有什么可害怕的了，而且他们也再没有什么可以失去了。既然他们不能再神圣了，他们索性决定更加像个普通人，去追寻生活和那个时代的其它美好的东西。于是，冒险也就盛行了起来。以前闻所未闻的一些事情，正在这个国家内发生着。漂洋过海而来的白人，在恒河沿岸开辟了工厂和贸易中心。他们的权力和威望，甚至使得穆斯林统治者也认为应该小心翼翼地和他们保持良好的关系。于是，潘查南和他的叔叔苏克德夫（Sukhdev），像他们的父辈们老早以前那样，在17世纪最后十年中离开了家园，在恒河岸边的一个叫做高维德普尔（Govindpur）的村庄定居下来，而那又离英国人的殖民地相距不远。

高维文德普尔那时还只是一个小渔村，那儿的居民都是所谓的贱姓居民，见到一家婆罗门定居在他们中间，他们自然感到无比地高兴，给予了这对叔侄的种姓能够带来的所有荣耀。潘查南一直被他们以“潘查南塔古尔（Thakur）”相称，时至今日婆罗门们仍然常常被这样称呼。在给那些在恒河上航行的外国船只提供物资供给的过程中，他找到了一个回报丰厚的职业。英国人和其他的一些外国人自然有足够多的机会接触他，就像大多数的外国人现在仍然会做的那样，自然而然地就认为“塔古尔”是潘查南的姓。因此他们就称呼他为塔古尔先生。由于不能够清楚地发准这个他们并不熟悉的名字，他们将它读成了泰戈尔（Tagore）。

这个家族发迹了起来。从一开始这个家族的命运，就与英国在印度的权力的增长密切相关。随着英国人权力的膨胀和商业的增长，最初的一些渔村演变成了富庶繁荣的城市加尔各答市（Calcutta），泰戈尔家族的财富也随之增长着。潘查南塔古尔成为了商业巨贾和拥有大量地产的贵族。

这个家族的财富，在大诗人罗宾德拉纳特（Rabin-dranath）的爷爷德瓦尔卡纳特·泰戈尔（Dwarkanath Tagore）的一生和职业生涯中，达到了巅峰状态。生于1794年的德瓦尔卡纳特在年仅13岁的时候就失去了父亲。帅气、多才多艺而又富有进取精神的他，是一位富有浪漫色彩的人物。在其早年时期，他可能已经为自己开拓出了一个王国，成为了这个王国的王子。不过，他可是由于其奢华的生活方式以及大手笔的公益慈善事业，而逐渐被冠以这个称谓的。他包罗万象的事业涵盖了许多领域，涉及染料、火硝、糖、茶、煤矿等等。在孟加拉和奥里萨邦（Orissa）拥有辽阔的农业田产、一支定期往来于英国海岸的驳船船队，用印度资本创建了第一家众所周知的现代联邦银行。通过卡尔·泰戈尔公司（Carr, Tagore and Co.），他操纵着所有的这些头绪繁琐的业务。

他奢华地享受着国王般的生活，那个时代的贵族过着双重的生活。在这个大家庭中，正统的传统生活方式依然存在，家神依然被从早到晚一丝不苟地虔诚地敬仰着。内室之外是宽敞的会客室和宴会大厅，厅堂之上悬挂着巨大的枝型吊灯。在那里家庭主人可以宴请友人和访客，那里常常是美酒不断，装饰考究的水烟袋亦常常填满芬芳的烟草，只待客人随时享用，常有著名的音乐家在那里争相表演精湛的技艺，职业的舞女随时尽显优美舞姿。在加尔各答市中心，这座被称之为泰戈尔家族的祖屋乔拉桑格（Jorasanko）的建筑在今天依然存在，只不过现在成了一个求知之所，成了国家纪念德瓦尔卡纳特杰出孙子的遗迹。德瓦尔卡纳特那时为宴请友人、宾客和当时加尔各答各界名流，在毗邻这所建筑旁所建造的富丽堂皇的豪宅，如今已不复存在。

他的慈善之举也丝毫不失奢华。当时几乎没有哪家机构或者哪项事业不是他慷慨相捐的。他资助了加尔各答国家图书馆的创建。那是印度的第一个现代教育中心。1816 年他资助了后来成为众所周知的加尔各答院长学院（Calcutta Presidency College）的印度大学，同时他还积极参与了 1835 年加尔各答第一所医学院和附属医院的筹建。现在这也成为了这个国家中最为庞大的医疗系统和主要的医学教育中心。他还提供了没有条件限制的奖学金，鼓励学生从事医学学习。为打破印度教对解剖尸体的偏见，他常常在进行解剖的时候，亲自到解剖室现场观看。

他是1784年由威廉姆·琼斯爵士（Sir William Jones）创建的孟加拉亚洲协会（Asiatic Society）的第一位印籍成员和印籍捐助人。今天许多前沿科学研究机构，诸如印度考古所、印度动物学研究所、印度植物地质学研究所以及印度最大、也是最古老的加尔各答印度博物馆，它们的创始均与这个协会有关。在他起身前往英国前夕，一本当时在加尔各答出版的英文杂志这样写道："去描述一下德瓦尔卡纳特的慈善之举，无异于尽数加尔各答的所有慈善机构，因为它们中有哪个曾被他拒绝给予最慷慨的捐助过？"

他不仅慷慨且明智地捐赠着他的财富，他还不顾公众的普遍反对，勇敢地支持他那个时代的每个社会改革和进步运动，不管它们是宗教的、社会的还是政治的。他是杰出的宗教和社会改革家、空想家，同时被印度史学家无一例外地描述成现代印度之父罗姆莫罕·罗易王公（Raja Rammohun Roy）的忠实朋友和坚定支持者。这位王子有着敏锐的政治感，他于英国在印度统治的建立中意识到了将这个国家统一为一个现代民族的必要性。他也是首先梳理公众观念，并运用新兴利益集团影响来促成印度良好政府形成的人物之一。

在那个时代，漂洋过海对于印度人来说，绝非单纯的一次历险旅行。它意味着对社会的无视和反抗，因为在那时候海上远航还是一种禁忌，对于违犯者有着种种严酷的惩罚。德瓦尔卡纳特却于 1842 和 1844 年两次去了英国。著名的东方主义学者弗雷德里赫·麦克斯·缪勒(Friedrich Max Muller)，那时还是一个毛头小伙子，当时正在鲍诺夫教授(Professor Burnouf)指导下在巴黎研究《梨俱吠陀》(*Rig Veda*)。麦克斯·缪勒在其传记中，就明确地记述了在巴黎与德瓦尔卡纳特邂逅时，给他留下的富有活力、多才多艺的鲜活印象，而且还描述了德瓦尔卡纳特为法国路易斯·菲利普(Louis Philippe)举行的富丽堂皇的宴会。其间，房间内挂着克什米尔披巾，之后就分赠给了那些最为尊贵的宾客。

德瓦尔卡纳特第二次访问欧洲，之后再没有返回家园。就像他的忘年交罗姆莫罕·罗易王公逝于布里斯托尔(Bristel)那样，德瓦尔卡纳特于的 1846 年 8 月 1 日远逝在伦敦这个异国他乡，时年 52 岁。在 1846 年 8 月 3 日发行的《泰晤士》(伦敦版)的整版讣告中这样写道，“也许在印度再没有一个人——不管其官衔、职务如何——能够比他更多地资助其周围的人，帮助他人进步、改变他人命运。我们也坚信在印度和英国，也有不少人将他们目前的成功和独立，完全归功于德瓦尔卡纳特·泰戈尔的福泽。”

他身后留下三子，长子德本德拉纳特·泰戈尔(Debendranath Tagore)，也是我们伟大诗人的父亲。德本德拉纳特以自己独特的方式，甚至比他神话般的父亲还要出色。他的父亲被大家称之为王子，而这位长子由于其既有圣徒般的虔诚，又有圣人般的高尚，逐渐地被称之为马哈希（**Maharshi**）。尽管他由德瓦尔卡纳特所生，但他实际上却是罗姆莫罕·罗易王公道德的继承者以及精神的传递者，他将王公的使命延续、甚至硕果累累。他的人格魅力，甚至对罗宾德拉纳特（**Rabindranath**）智慧的发展，起到了极大的影响。

德本德拉纳特生于1817年，在越来越奢侈的生活环境中长大成人。那种奢侈在他步入青年时达到巅峰。他那富庶的父亲对他娇生惯养，母亲对他溺爱有加，奶奶更是视其为掌上明珠，所以他一贯地任性骄纵。他完全沉浸在这种奢靡的生活之中。但是，这种生活并没有持续太久。当他刚到18岁的时候，危机就早早地突然降在了他的头上。他的奶奶卧在病榻之上，奄奄一息。因为每个虔诚的印度徒都渴望在圣河边逝去，后来不得不将她挪到恒河岸边的一个棚屋中，等待死神的降临。在奶奶弥留的整整三个晚上，德本德拉纳特几乎一直都和她呆在一起等待着死神的降临，度过了孤独而又神秘可怕的漆黑夜晚。在她去世的前一个晚上，他一个人坐在河边，突然感到了一阵精神上的狂喜，接着就失去了知觉。当他醒来时，“我似乎不再是同一个人了。对财富的反感在我的心底油然而生。我当时坐在粗糙的竹席之上，它看起来是那样地适合我坐，而昂贵的小地毯和其它物品却是那样地令我感到厌恶，往昔不曾有过的快乐，在我心里被唤醒了。”

在他数年后所写的传记中，他生动地描述了他那时在精神上的渴望、对真理的慕求，以及他的信仰是如何产生并逐渐发展的。艾福林·昂德希尔（**Evelyn Underhill**）曾将他的传记描述为“又一本罕见的真正记录心灵史的重要文献。”当他返回家后，即刻就将许多个人财物分赠给了好友和其他一些人。但是，仅仅使自己放弃物质财富，既没有给他带来快乐，也没有给他带来对生命的理解。他不仅研读了西方哲学书籍，而且也研读了自己国家的宗教圣书，但是他还是没有获得满足感。“内心充满悲痛。我深陷黑暗之中。世上曾经充满诱惑的东西，已经不再有任何诱惑力，但是我却并没有感到上帝已经走得更近；世俗和天堂的快乐都在龟缩。生命变得枯燥乏味，世界像是坟墓一般。”在这样的心绪之下，“一天，我突然看到了在我面前飘下的一页梵文。出于好奇我将其捡起，但是我却对纸上所写的东西一点都不了解。”他将其送到一位著名的梵文学者手中，学者识别出那是《至尊奥义书》（***Isopanishad***）第一节的内容，并解释了它的意思：“在这个不断运动着的世界之中，一切运动之物无不萦绕着上帝的精神。因此在断绝欲念中寻求你的快乐；不要觊觎属于他人的东西。”

这对于在黑暗中摸索的这个年轻的虔诚教徒来说，不亚于上天的启示。“我对上帝的信仰根深蒂固；不再追求俗世的乐趣，我体验着神圣的快乐……当我全身心投入到《奥义书》（*Upanishads*）中，我的心智为真理所点亮时，我感到了传播真正宗教的强烈愿望。”于是，在1839年孟加拉印度教徒们庆贺年度的杜尔迦节日（Durga）时，德本德拉纳特邀集了他的朋友和追随者，正式举行了一个纯粹有神论者协会的落成仪式。这一协会的成员虔诚地崇拜一个囊括所有生命物体在内的万能无形的神，这也正符合《奥义书》的教理。这种信仰，在内容上新、旧东西兼而有之，对当时崇拜多神的印度教宗教教义和仪式不啻于一种挑战。实际上，甚至当德本德拉纳特正在倡导这种全新信仰的时候，他自己的家人却正在铿锵有力地敲打着铜锣铜钹，对杜尔迦女神的崇拜正如火如荼。他对此却无能为力。

罗姆莫罕·罗易王公早在1825年就已经创立了梵文协会（Brahma Sabha）。不管来自什么样种姓或者种族的人们，都可以在这个协会聚集，去崇拜唯一的真正的神，而不用任何具体象征物或宗教仪式。但是这个运动没有什么活力，直至1843年这位年轻无畏的神秘主义者，怀着宗教改革者的自信心，将这个新生的宗教团体与以往的组织机构合并，将其重新命名为梵文社（Brahma Samaj）。至此，这个社团将一个聚会的场所逐渐发展成为一场运动，这也不异于将一个文学俱乐部变成了一个充满活力和信仰的中心。

醉心于神的德本德拉纳特，正在努力为一个改革的教会铺平道路，然而他的父亲却继续以他浮华的生活方式，使他的同胞们眼花缭乱。他本来希望他的儿子能够去分享他的荣耀，继承家族赚取财富并消费财富的传统，但是他的儿子却忙于一个完全不同的使命。这位父亲自然感到失望和愤怒不已，“显然他没有经商的头脑”，后来他又说道：“现在他又完全把事业抛在了脑后，成天就知道梵天神、梵天神。”

但是，他们父子之间的感情并没有疏远，因为儿子仍然在父亲的银行内工作，只是将越来越多的时间、财产和热情投入到了他觉得是自己一生追求的目标上了。父亲采取了一个谨慎的预防措施。他当时并不知道，他那完全建立在赊购基础之上快速膨胀着的业务，在他过世后会在他儿子手上取得巨大成功。于是，他将他的一些不动产做了信托，以其儿子为受益人，来确保无论什么样的厄运降临到家族这些事业上，他的孩子总可以有一些保障性收入。作为一名一流的赌徒，他清楚地知道财富就是一个不可靠的情人，会随时失去。

事实证明恰恰如此。在德瓦尔卡纳特在伦敦去世后不久，他公司的债务就被发现远远超出了之前的评估。银行受到了极大的冲击，著名的卡尔·泰戈尔公司不得不关门大吉。然而这场危机却体现出了他儿子的睿智和勇气。他将所有的债权人召集到了一起，在他们面前完全摊了牌，并宣称尽管从法律的角度上，债权人无权染指信托资产，但是他和自己的兄弟将自愿放弃信托的收益权，直至最后的债务被还清。这样的处理，使得他自己和家人处在了完全的拮据之中，但却从权益的放弃中感受到了奇怪的欢欣。“我一直渴求的终于到来了。我想摒弃世界，世界却给我带来了内心的和谐。多么意外啊！”

但是，他并没有被逼到山穷水尽的地步。债权人有感于他的诚实，允许他和他的兄弟们每月有一笔充足生活补贴。就这样过了一段时间，他们又将所有财产的管理权，交到了德本德拉纳特的手中。经过数年谨慎的经营和节俭地生活，他最终还清了所有的债务，不仅成功地连本带息还清了债务，甚至他还成功兑现了那位王子在起身去英国前仓促承诺且过于慷慨的慈善和捐助。

当旅行依然是充满艰辛的地地道道的冒险的时候，这位马哈希却在印度进行着广泛的游历。几乎每一年他都会离开家园，从西部平原游历到喜马拉雅山，就像是传说中有着仙风道骨的圣人一样。他喜爱高耸入云、积雪覆盖的群山。他是一位对自然和人类热情的观察者，他的传记中满是对自然、对人类以及重大事件的细致观察和生动描述。

在 1856 年底他又进行了一次这样的旅行。可是在此之前的一段时间里，他却被持续厌世的病态感觉所击溃，想要永远地隐居在他所深爱的喜马拉雅山。他无意返回家园，想在宁静的沉思中度过余生。但是，他最终没有按照他的想法去做。其中原委值得一提。1858 年 9 月的一天，他像往常一样走在群山之巅，然后停了下来，欣赏着瀑布飞泻的景观。他突然被这瀑布吸引着，沉思起了水源不可预见的命运来。它们是那样地清澈、凉爽与美好！但是，当水流进平原的时候，它们却会变浑，变暗，变脏。尽管变得浑浊，失去了自豪感，可是它们却还能灌溉土壤，使之丰腴，帮助人类获得丰收。突然内心一个声音说道："摈弃你的骄傲，变得像小河一样谦卑。你在此获得了真理，学会了献身和真诚。去吧，让它们也被世人所懂。"

逃避现实与他意志坚定的天性以及人生哲学格格不入。他响应这一召唤，回到他职责所在的加尔各答的那个世界。尽管他还继续旅行，而且也会去喜马拉雅山，但是他却从未再有逃避的念头。他活到耄耋之年，活着看到了上个世纪的日落西山，也看到了新世纪的日升东方，活到看到了自己发起的宗教社会运动获得了如此的活力，以至于将自己都甩在了后面，成了在新旧交替时代前沿的一座孤独的峰峦。

满眼好奇的孩子

童年嬉戏时脚步的音符，又在今天的所有音乐中回响

幸运的是，尽管这位马哈希曾经扬言要在喜马拉雅山高耸入云的巅峰进行神圣沉思，并在那儿终了余生，但是他最终还是回到了现实。在上面这个小插曲发生后不到三年，即 1861 年 5 月 7 日，泰戈尔诞生了。尽管这位马哈希留给他同胞们许多伟大的礼物，但其中最伟大的却是他的这个第 14 个孩子。

这个孩子降生的时候，一切都没有显得有什么与众不同。他的母亲萨拉达·德维（Sarada Devi）已经为她的丈夫生了 13 个孩子，两年后还将为他生下又一个儿子（但是很快就夭折了）。也许在任何一个家庭里，第十四个孩子都不会受欢迎，特别是在一个所有的兄长、姐姐以及家人都在一个屋檐下生活的大家庭里。位于乔拉桑格的这座巨大、而且凌乱的祖屋内挤满了大大小小的孩子们，又一名家庭成员的降生，并不是什么大不了的事情。这个新生的孩子名叫罗宾德拉纳特，简称罗比（Rabi）。他身体结实，

皮肤白皙，当然也许并没有他的兄长和姐姐们的皮肤白，因为他的大姐桑塔米尼（Saudamini）在给他洗澡的时候，就曾经开玩笑说："我的罗比弟弟还是有些黑啊，不过他将会比其他所有人更加光彩照人。"

当这个孩子渐渐长成一个小男孩的时候，他和与他年龄差不多的侄子、侄女们总是受不到家里佣人们的重视。在生下第15个孩子之后，母亲的身体垮了下来，再加上有一大家子的事务需要料理，有那么多的女儿、女婿、儿子、儿媳要照管。按照习惯又要将入赘的女婿当作家庭成员对待，这又为这个印度教大家庭平添了许多麻烦。萨拉达·黛维毫无疑问是位有着非凡的品格、过人的待人接物能力以及足够耐心的女性。只有那样，她才能使得这么大的家庭所有成员得以和谐共处。遗憾的是，我们对于这位成就了他人而自己却没有留下什么的杰出女性，知之甚少。

她的丈夫是一位特别出色的男士，她也毫无疑问地以他为荣；但是，他正因为是一名有着自己使命的宗教改革者，因此很难成为与她一起和谐共处的丈夫。她来自于一个有着正统思想的高种姓印度教家庭，她的思想必须具备足够的灵活性，方可忍受他那打破一切旧习的狂热。她的孩子健壮、帅气、聪慧而又充满活力，但也有自己的问题。他们中一些不是天才就是才华横溢，但是，一些也存在精神问题。她的长子迪金德拉纳特（Dwijendranath）是一个富有学识的诗人、音乐家、哲学家和数学家。无论做什么，他都能表现出极强的原创性思想和富有创造性的想象力。他在诗歌创作上巧妙而又大胆的实践，给他最小弟弟的发展产生了深刻的影响。作为一名思想家兼哲理散文家，他也同样不失杰出风范。他创立了孟加拉语速记法，并就此以韵体写了一本小册子，这本小册子被一名独具慧眼的批评家称之为“独创且充满神奇韵律的典范之作”。

她的次子萨提延德拉纳特（Satyendranath），是第一个跨入印度文职机构门槛的印度人。他在其它方面也同样负有盛名。他是一名杰出的梵文学者，并且在孟加拉语和英语写作上极为出色。他用孟加拉语以诗歌形式翻译出版了《薄伽梵歌》（*Gita*）和 4 世纪印度最著名的诗人迦梨陀娑的《云使》（*Meghaduta*），后者是一部关于佛教故事的长诗，还有他自己的有趣的回忆录。他还是第一位将马拉提语的宗教诗歌介绍给孟加拉读者的作家。他用英语翻译了大圣人般父亲的传记，后来由伦敦麦克林出版公司（Macmillans）发行。他年轻的妻子是一个极其漂亮、聪慧的女人，像那个时代的大多数女性一样，所受教育不多，并且遵行着深闺制度。他却不仅成功地教会了她孟加拉语和英语，而且甚至让她了解了他那个时代的所有成就。据说，当萨提延德拉纳特第一次带着素面的她，乘坐敞篷的马车穿行在加尔各答的街道上的时候，这座城市的人们都被惊呆了。此事后来被人们风言风语地谈论了好长一段时间。但是，萨提延德拉纳特并没有因此而有所收敛，后来他还带着她一起去了英国。他们的儿子苏伦德拉纳特（Surendranath）和女儿印迪拉（Indira），长得都很漂亮而且多才多艺，他们是初到英国求学的罗宾德拉纳特最喜欢的玩伴。印迪拉·黛维后来成为孟加拉作家圈中高寿的杰出女性作家，同时她还是理解她叔叔音乐作品的公认权威。她是一位漂亮、优雅的女士，愉快地度过了一生，也轻松地取得了许多成就，直至1960年去世，时年87岁。

萨拉达·黛维的三子赫蒙德拉纳特（Hemendranath）在四十岁的时候就英年早逝。他主要是因为他对最小弟弟的早期教育的贡献而为人们所记。赫蒙德拉纳特负责小罗比以及其他几个学伴的学习指导，他一直坚持以其母语孟加拉语而非英语对孩子们进行教育。对这个小小的幸运，诗人多年以后曾评论道："学习就应该尽可能遵循吃饭的法子。在吃第一口时味道就有了，胃在被填满前就已经被唤醒去履行它的功能，胃液也就充分发挥了作用。但是，事实并没有像这样，当孟加拉的孩子们被用英语教授的时候……当一个孩子对拼写和语法感到窒息，而仓促应付的时候，胃里还是饥饿难当的，当味道好不容易最后被感觉到了，胃口却已然全无了。当大家都吵吵着用英语教学时，我的三哥就很勇敢，让我们坚持上用孟加拉语讲授的课程。我这里向在天堂的三哥致谢、致敬！"

五子乔迪伦德拉纳特（Jyotirindranath）实际上也是一位非凡的多才多艺的天才，也是他那个时代最有成就的人物之一。他是音乐家、作曲家、诗人、剧作家，以及有着极强感性的艺术家；他那旺盛的精力、狂热的民族主义，使他涉足的领域远远超越了艺术和文学的领域。他竭力打破英国在航运和工业上的垄断地位，在这个过程中几乎使自己倾家荡产。他对比他年幼而且后来比他更加出名的小弟在智力和诗歌发展上的影响不容小看。

在萨拉达·黛维其他孩子中，除了最小的儿子之外，最值得一提的还有两个女儿。长女桑塔米尼，负责照顾幼小的诗人，后来成为了年迈的“大圣人”父亲最为忠实的伴从和照料者。五女斯瓦娜库玛丽（Swarnakumari）是一位杰出的音乐家和作家，也是孟加拉的第一位女作家。斯瓦娜库玛丽的两个女儿也取得了出色的成绩：锡兰玛伊（Hiranmayi）是一位社会工作者，萨拉拉（Sarala）则是一位作家、音乐家和争取民族自由政治斗争的积极参与者。

让这些如此聪明、任性、固执的孩子相安无事地呆在一起，可不是一件容易做到的事儿。因此，如果萨拉达·黛维没有时间或者没有精力照料最小的孩子，那是绝对不会让人感到吃惊的。她的母爱已经被榨到了极限，再也没有盈余可用。然而这个小儿子在童年时代对于母亲关爱的渴望从未停止过，而且一直渴望获得女性的好感和关怀。这种渴望不断回响在他壮年时期所写的关于儿时的精美诗歌中，其中一些选入了英文版的《新月集》（*The Crescent Moon*）。

然而多年以后，当他回忆起童年的时候，我们看不到丝毫的自怜之情。相反，他还就自己能够如此幸运地从父母那种体贴入微的宠爱、甚至溺爱的危险奢侈享受中解脱出来感到庆幸。“尽管照料孩子，”他曾这样说过，“也许有时能够让父母感到快乐，但对于孩子来说，却一直是很大的痛苦。”孩子在任何方面都不应该被娇惯。尽管这个家族有过贵族般生活方式的盛名，但是在孩子们成长的时候多少还是严苛有加的。“我们的食物可算不上什么精美。我们穿衣着装招来时髦男孩的鄙视。要知道，我们到了十岁的时候才有了资格穿鞋袜。在寒冷的季节，加上一件束腰的棉紧身外衣就足够了。我们可从未因此而觉得自己在受虐待。只有当年迈的裁缝尼亚马特（Niyamat）忘记给我们的紧身棉外套逢口袋的时候我们才会抱怨，因为没有哪个孩子能够容忍居然穷到没有钱来塞口袋。”

佣人监护下的童年和幼年时代，后来被他描述成为佣人暴政。孩子们是不会老老实实安分呆着的，总是“渴望远方”。在佣人们狂欢的时候，为了摆脱看护孩子的麻烦，一个佣人就突然想到了一个简单易行的对策。他会让罗比站在他随意选择的一个点上，接着用粉笔绕着这个点周围画上一个圆圈，然后面色严肃地警告他，如果迈出这个有着神奇魔力的圆圈，就会有致命的危险。孩子们都听过《罗摩衍那》（*Ramayana*）的故事，所以都清楚悉多（Sita）跨出拉克什曼那（Lakshmana）为她划下的圈子时招致的灾难。因此，罗比定定地立在那个点上，不敢跨出圈子半步，佣人却早已不见了踪影。幸运的是，粉笔画的圈子离一扇窗户并不太远，透过窗户恰好可以瞭望到波光粼粼的游泳池，池旁一侧是一株巨大的印度榕树，另一侧则是一排椰子树。透过威尼斯式的百叶窗，他常常紧紧地盯着下面，出神地观赏着形形色色的游泳者滑稽的姿势——他们每个人都有着自己奇怪的一套动作，观赏着巨大的榕树，还有围着树根嬉戏的榕树影子。数年后，他又回忆起了这个儿时的伙伴：

喂，站在池边的蓬头的榕树，
日夜如苦行僧般冥思苦想的你，
不记得在窗内那个孩子怎样，
诧异地望着你深入地下的纠缠的树根，
曾几何时幻想着与你的凉荫嬉戏？

如果这个孩子向“佣人暴政”的粗鲁行为让步的话，那绝不是因为他特别温顺听话，而是因为他对周围环境无尽的好奇心，即便是最微不足道的事物在他眼里也都有着盎然的趣味。“回顾童年的日子，我们的生活和世界中总是不断地出现神秘的事物……大自然好像合上了她的双手并且笑着问道，‘我手里有什么呢？’，似乎没有什么不可能。”

童年时代痛苦的受约束的经历，同样也对他产生了深远的影响，进而促成了他后来对于教育理念的看法。去了解伟大而又神秘的人类社会和自然界的渴望以及孩子的好奇心，使他期盼走出家的禁锢，学校也就成了他心灵上渴求“彼岸世界”的象征符号。在他于 1911 年创作的《恶邮差》（*Dak Ghar*，后来以英文译名《邮局》出版）中，他就通过小男孩阿马尔（Amal）这个人物，戏剧化地表现了那种渴求。阿马尔是一个身体纤弱而又敏感的孩子，看护他的人过于小心翼翼，家庭医生也是愚昧无知，他们总是担心如果让他接触“所有东西”，他就有可能染上种种小病，于是将其禁锢在一间昏暗的房间内。阿马尔从他的病榻上看着大街上人们在游行，渴望可以加入其中。乡村的邮差开玩笑地告诉他，可以保证给他送来国王的邀请信。阿马尔在期盼中离开了人世，弥留之际传令官宣布国王马上到来。死神带来了解脱，也为纯真的信任带来了最终的回报。

可是，孩子时代的罗比要比阿马尔坚强得多，在父母的忽视和佣人们的暴政下幸存了下来。实际上他并没有因为那些受到任何伤害。他学到的第一首儿歌，给他的心里带来了无比的激动与欢乐。那是一首常见的、韵律简单的孟加拉语诗歌，大意是：“雨儿滴答答，叶儿沙沙沙。”但是，这个孩子却无意间第一次发现了诗歌的魔力，就像第一次发现那名 12 世纪爱尔兰诗人的诗一样，他后来描述道："无论何时，甚至直到现在，当那天那种喜悦再现的时候，我总能意识到诗歌中的节奏是何等必要。就是由于有了节奏，词语结束了，但是感觉却不会止于此；语音结束了，却可以余音绕梁；在节奏此起彼伏的游戏中，我的耳畔和意识中还不断地回响着诗歌的韵味。雨儿滴答的节奏亦是如此，叶儿的沙沙沙也在不断再现。那一整天的感觉，已经深深印在了我的意识之中。"

他的学校教育，比他实际年龄需要开始得要早。本来已经安排了一名家庭教师在家中为他讲授基本的阅读和写作，但是这个安排却比预先的计划早得多地结束了。当这个孩子看到他的兄长和一个侄子要坐马车去上学的时候，他开始哀求着要求有同等的权利。气急败坏的老师给了他"一记响亮的耳光"，吼道，"现在你哭着喊着要去学校；迟早你一定会嚎着哀求着把你从那儿放出来。"这个小家伙终于如愿以偿了。但是，很快他就发现他从没有听过比他的那位老师更灵验的预言了。

他上的第一所学校是东方学校。他在那里学到了什么，已然无从记起，但是那里为训练学生专心学习而采取的极有创意的惩罚方式，现在不仅让他仍然记忆犹新，而且在身体上仍然感同身受。回家后，他常常模仿虐待狂般的老师对待笨学生的样子，用藤条抽打房间里的木栅栏，来发泄掉压抑着的愤怒和恐惧。"从此我就意识到了"，后来他满含哲理地说道，"相对于事物的实质性内容来说，一个人学会一种不好的习惯是多么轻而易举。我毫不费力地就学会了我的老师们所表现的焦躁不安、暴戾脾气和偏见不公，但我却完全不知道他们课上所授内容。让我感到欣慰的是，我并没有权力去将这些野蛮的行径发泄到有知觉的生物身上。”

不久以后，当他七岁的时候，进入了师范学校。那可是一所被认为是效法英国模式的样板学校。关于这所学校，他仅存的记忆是从一位老师口中说出的让孩子们吃惊的脏话以及在上课前必须要唱一首英文歌曲。“毫无疑问，他们这么做是为了把快乐元素引入每日的常规学习。”可是孟加拉的孩子们既不明白这些英语歌词的意思，也跟不上他们并不熟悉的旋律。后来，泰戈尔回忆起他仅仅模糊记得的原歌词：Kallokee pullokee singill mellaling mellaling mellaling。经过多番的冥思苦想，他终于可以重构出可能是原句中的部分歌词的意思了：“满怀欣喜，快乐歌唱，快乐歌唱，快乐歌唱”（full of glee, singing merrily, merrily, merrily!）！可是 Kallokee 这个词究竟是什么，他仍然困惑不解。

他在八岁的时候写了自己的第一首诗。当时一位比他年长六岁的堂兄坚持让他写首诗，并且解释说再没有比写诗更容易的事情了。只要将词填入有十四个音节的固定模式中，然后浓缩精简一下，一首诗就写成了。于是，这个孩子就用流行的孟加拉诗歌中帕雅尔韵律（Payar），信手涂鸦了他的第一首诗："诗歌的奇葩很快在这种十四音节的诗歌形式中绽放，甚至蜜蜂也驻足在它之上。"但是，这个孩子却对此并不满意。诗歌只不过是一种好玩的游戏吧？可是写诗的经历却是那样地令他陶醉。他抓起一本蓝色的抄写本，开始涂鸦起他的诗歌来："就像是一头误闯至此的小鹿，用其初长的鹿角四处触碰，我用我稚嫩的诗歌，叨扰着周围的人们。"他的伙伴全都夸耀这个小神童。他曾写过一首诗，在诗中他哀叹当一个人游向前去，摘取一朵莲花的时候，花会随着手臂划起的浪花越荡越远，于是始终是遥不可及。他给长辈们朗诵后，他们都微笑着说道："这个孩子无疑是有写作天赋的。"

虽然这个孩子没有得到父母足够的陪伴，也鲜有母亲的关怀，但是他的教育却丝毫没有被忽视，每天都被排满了各种课程。当天还没亮的时候他就被唤醒，逼着和一位著名的独眼职业摔跤手练习摔跤。当摔跤结束、刚刚弹掉身上尘土的时候，教授他"骨骼知识"的那名医学院的学生恰好到来。一套骨骼模具挂在了房间的墙上，这个孩子不得不去学习，用很难发音的拉丁语表述不同骨骼的名称。（这段关于骨骼的可怕经历，后来被变形写进了他的一篇短篇恐怖故事中了。）早晨7点数学老师准时到来，这个男孩不得不在石板上运算数学、代数和几何上的问题。有时候会有一堂包括简单实验验证的自然科学课，接着是孟加拉语和梵语课。九点半佣人端来米饭、木豆菜和咖喱鱼肉，饭菜的口味几乎没有什么变化，吃到后来简直形同嚼蜡。十点整，他被打发去上学。

下午四点半当他从学校返回的时候，他发现体育老师已经在双杠边等着给他进行为时一个小时的训练了。当体育老师刚离开，绘画教师接着到来。晚饭过后，英语老师来了，掌上油灯开始进行课程。这个孩子常常打着瞌睡，然后猛地一下醒来，接着又是昏昏欲睡，总之错过的东西要比读到的多得多。诗人在他的回忆录中回顾了这段经历："书上说火是人类最伟大的发现之一。我无意去反驳，可是我禁不住地想鸟儿在夜晚的时候，它们的父母不能掌起油灯是多么幸福的事儿啊！它们在清晨上语言课，它们是多么欢快地在学习。"

负责照管孩子三餐的佣人叫布拉杰斯瓦尔（Brajeswar）。他有一套法子将属于孩子们的饭据为己有。他将每道佳肴端着在饥饿的孩子们面前晃上一圈，然后以严厉的口气喝问道："你还再想要点啊？！"通过语气就可以知道他希望怎样回答，于是孩子们异口同声地回答说不。那么他就再不会给拿第二次。但是这种缺斤少两的食物供应却适合罗比的体格，虽然不太能够满足他的胃。"我比那些吃饭没有节制的孩子更加地健壮，而不是虚弱。我的体格健康到了令人可恶的程度，以至于当我最想逃学的时候，即使我采取了种种手段，也不能让自己病倒下来。我让自己浑身湿透，包括鞋、袜以及所有的衣服，但是我就是不能感冒……如果母亲们想让自己的孩子健健康康，从而不能从校长眼皮子底下轻易溜走，那么我建议她们要找一位像布拉杰斯瓦尔的佣人。他不仅可以节省购买食物的钱，还可以节省看病的钱。”

与此同时，那本蓝色的练习本上写满了诗歌。他的名声也传到了师范学校老师的耳朵里。一天他派人来叫小罗比，并要求他按照他定下的道德戒律写下一首诗。他按要求写完了诗，并在第二天带到学校，接着被要求当众朗读了那首诗。“关于这首道德诗唯一值得嘉许的地方，就是它很快被弄丢了，”诗的作者回忆道，“对班级的道德影响恰恰却是不道德的。它只是引起了嫉妒和不信任。他们都异口同声地说这首优美的诗歌是剽窃来的。”

1872 年至 1873 年间，当罗比 11 岁零 9 个月大的时候，他的父亲亲自主持了他的两个小儿子所门德拉（Somendra）、拉宾德拉（Rabindra）和他的孙子萨迪亚（Satya）戴圣线的成年礼。这三个男孩剃光了头、戴着金耳环，被关在房子的三楼“禁闭三天”，就生命和宇宙的神秘展开冥想。三个十来岁的小家伙，彼此看着对方的光头咯咯地笑着；他们扯着对方的耳环，用恶作剧吓走了佣人。但是要求他们吟诵的献给太阳神的神秘的伽耶特黎经文（Gayatri）却给罗比的心里留下了深刻的印象。这首吠陀诗出色的韵律和格调，使他强烈感觉到了诗歌韵律的神秘与瑰丽。伽耶特黎经文一直伴随了他一生。在他抛开了圣线之后很长时间里，他仍不断地从中找寻发人深思的真知灼见。

但是剃光了的头在当时成了给他带来尴尬的罪魁祸首，尤其是在他被英国学校孟加拉学院录取的开学前夕。光光的脑袋显然成了英国籍印度人戏弄的对象。耳坠可以抛弃，可是头发却不能按照要求长出来。罗比焦虑万分，不知道该怎么办，就在这时上天却来拯救了他。他被父亲叫去询问是否愿意陪他去喜马拉雅山旅行。如果不是父亲在场，罗比就会高兴得手舞足蹈了。他在兴奋中度过了接下来的几天。人生中第一次给他订做了全套的服装，还有一顶镶金边的天鹅绒帽子。于是这一天，打扮帅气的这位男孩，人生中第一次兴奋地陪着父亲，进行了一生中最重要的旅程。

他们首先来到了圣地尼克坦（Santiniketan），当时它还是个名不见经传的小地方，现在成了国际知名的求学之所。这个男孩当时根本就没有料到，他参观的这个地方将会与他的生活产生密切的联系，而且也将由于它作为最大的创造性改革实验场而举世闻名。这个地方的历史几乎和罗宾德拉纳特同样长。在罗比降生后不久，父亲碰巧要去拜访一位老友。那位老友的乡村别墅位于加尔各答以西大约一百英里之处。在博尔布尔（Bolpur）这个当时乃至今天依然是离加尔各答最近的火车站，他下了火车后还要继续坐轿子走一段路。当太阳即将落山时，他发现自己身处一片没有任何植被的空旷平原，它一直向西延伸至地平线，除了沿着地平线的一小排野生棕榈树外，再没有任何东西遮挡即将落下的斜阳。父亲对此情此景着了迷，在两棵灯台树（chhatim）中间坐下来进行黄昏冥想。当他从冥想中站起身来的时候，他已经下定决心将这块地方购为己有。他马不停蹄地协商了购买事宜，后来建了一所房子，设计了一个花园，将这个地方命名为圣地尼克坦，意思是“和平乡”。

在那里，父子二人度过了他们旅程的头几天。这可是罗比人生中第一次可以无拘无束地在自己喜欢的空旷自然中体验自由；他在这种享受之中狂喜不已。但他的父亲却没有让他完全沉浸在这种享受之中。他带着罗比阅读从梵文、孟加拉语和英语文学中精选的篇章，下午又让罗比坐在身边唱了他最喜欢的圣歌。晚上，当印度的夜空群星璀璨的时刻，他又给罗比讲述了天文知识。为了培养儿子的自信心和责任感，他让罗比掌管了一些钱，并且要求他记录一天的花费；父亲还将给他昂贵的金表上发条的重任委派给了罗比，结果他却太过热心地将发条上过了头，以至于不得不送到加尔各答钟表匠那修理。但是父亲并没有批评或者责备这个大男孩。

罗比正是舒展地躺在这儿的一株小椰子树下，写下了他的第一部历史题材的诗剧。诗剧讲述了德里最后一位印度国王普利特维拉（Prithviraj）这位富有传奇色彩勇士的惨败故事。这部诗剧并没有被出版，现在连这部诗剧的手稿也不见了。“尽管其中充满着穷兵黩武的好战精神，”这部剧作的作者后来打趣地说道，“它还是没能逃脱早夭的命运。”

这对父子从圣地尼克坦出发前往西喜马拉雅山脉，途中参观了一些地方，其中逗留最久的是锡克教徒们心中的圣城阿姆利则(Amritsar)。这位马哈希笃信锡克教的信仰，常常在他儿子的陪同下来拜谒那座金庙，并且常常参与到集体唱诵赞歌的活动之中。早期对于其他宗教尊崇的这种熏陶，有益于这个孩子同情心的拓展，那种同情心后来得以无限的发扬。

当父子二人到达喜马拉雅山脚下的时候，时值四月，而那时平原上夏季恰好开始、山中春天刚刚到来。他们的目的地是达尔豪斯镇（Dalhousie），那时那儿还只是一座在海拔七千米的地方建立的小镇，有着少量簇拥在一起的小平房。两侧山腹被高大、优雅的喜马拉雅松和色彩斑斓的春天的花朵覆盖着。这个男孩之前从未见过如此绚烂的花朵，甚至连它们的名字也叫不出来。向上看到的是皑皑白雪覆盖的群峰，向下看到的是盘旋起伏的羊肠山道，偶然闪现出的巨大峡谷，谷内覆盖着簇簇茂密的树林，树荫之下是潺潺流淌的涓涓小溪，它们“就像是坐在那里沉浸在冥思苦想、头发花白的居士膝下嬉戏玩耍的小姑娘。”在这个充满好奇年仅十一岁的孩子心里，已然激起了迦梨

陀娑 (Kalidasa) ① 的精神。

终于他们来到了建在巴克罗塔山（Bakrota）山巅的别墅。此时罗比终于可以自由自在地四处游逛。喜马拉雅山的雄伟与壮丽一览无余地展现在了他的面前，让他一饱眼福。手握底部钉着铁钉的手杖，他自由自在地从一座山峰漫游到另一座山峰。而父亲并没有在旁边盯着他。“直到他去世的时候，”这位满怀感激之情的儿子坦言道，“他从未妨碍过我的独立。许多时候我不仅说而且还做一些与他的做事风格截然对立、与他的眼光格格不入的事情；只要一句话他就可以阻止我；但是他更愿意一直等到我的内心自己产生克制的暗示。他并不愿意看到我们被动地接受正确的事物；他希望我们由衷地热爱真理；他清楚地知道并不由衷的默然接受是不起任何作用的。他还知道，如果迷失了真理还可以再找到，但是如果被迫或者盲目地而不是从内心真正地接受真理的话，这将会绝对阻碍获得真理的道路。”

但是这次旅行也并非完全是充满快乐与欣喜。儿子将他的自由主义的形成完全归功于这位大圣人般的父亲，而他却是一位恪守宗教戒律者，以及安排给他许多任务的制定者。一大早，在太阳还要好一会儿才会升起的时候，他就唤醒了儿子，与他一起练习梵语变格。“从暖暖的毛毯的包裹之中被唤醒，是多么令人痛苦且残酷的事情！”梵

① 迦梨陀娑，梵文剧作家、诗人，代表作：《云使》、《沙恭达罗》。

语课程结束后，父子二人每人喝上一杯早晨的牛奶，父亲往往会接着吟诵《奥义书》中的诗篇，男孩则在倾听着，为他那洪亮的诵声所倾倒。等太阳在东面的山巅升起了，他们会开始晨间散步。散步回来后，父亲又给儿子上一个小时的英语课，课后接着做的是“冷水浴”。在下午和晚上都还有课程。

就这样在父亲的陪伴之下，远离了枯燥乏味的家中以及学校的常规琐事，罗比愉快地度过了四个月。这四个月不仅是罗比童年时期最幸福的日子，而且也成为了他早期所受教育中最丰富多彩的经历和源泉。它们最为立竿见影的效果是，当他返回加尔各答的时候，他已经不再是一个孩子了。

崭露头角的诗人

我像一只奔跑的麝鹿，为自己身上散发的麝香而疯狂

返回老家的情形简直就像小英雄历险胜利归来那样。在当时，去往喜马拉雅山还不像今天这样有汽车和飞机带来的便捷，它甚至还是一个遥不可及的梦想。喜马拉雅山是传说中神仙居住的地方，也只有书上的那些英雄和圣贤方可到达。到过那个传说中的地方，并且是陪着富有传奇色彩的马哈希去的，这可算是件很了不起的事情，它也立刻提高了这个孩子在家庭里的地位。佣人们的暴政时代结束了。现在他在内室也受到了欢迎。母亲在那里自豪地向其他女士炫耀着她的小儿子，当然这些女士也都迫切希望听听他的历险经历。

自从他的哥哥乔迪伦德拉纳特的新婚夫人迦丹波利（Kadambari）跨进了内室的大门，他转而被这位新娘所吸引。“芊芊玉臂上带着精致的金镯，肤色被太阳晒得愈显健康”。她的年龄比罗比略大一点，所以罗比渴望成为她的伙伴。“我以合适的距离围着她看，但是我却不敢靠

她太近。”以前对她闻所未闻，自然她那时也不是他们家族中的成员。现在她从外面嫁了进来，他竟然莫名其妙地被她吸引，渴望成为她的朋友。但是当他一走近些，这个最小的姐姐总是冲他声色俱厉地吼叫：“你想要干什么，快点儿离开！”那种羞辱往往使他失望不已。

现在，所有的一切都改变了。这位不速之客突然成为了一个大受欢迎的香饽饽。每个人都想聆听他游历的故事，这个小故事家毫无顾忌却又娴熟地将故事讲得更加有声有色。“我可不能说我当时没有乐昏了头哦。”他现在成了母亲在有顶棚露台上举行的露天晚会上大家最感兴趣的中心人物。在那儿他讲述着故事，背诵着诗歌，他从父亲那里慢慢搜集来的有关天文知识的奇珍趣闻，总是可以使得听他讲述的人大为惊奇。当他用蚁垤的梵语原文背诵出《罗摩衍那》（Ramayana）时，他赢到了插在帽子上最长的那只羽毛。所有的女士只是知道这首史诗的孟加拉语版本，除了那些有学问的人，梵文原版对于其他所有人来说都是神秘莫测的。“亲爱的罗比，请你给我们读一读《罗摩衍那》吧。”自豪的母亲总是这样哄劝着他。实际上这是多此一举。这个孩子总是迫不及待地想让大家感到惊讶，因为在她们中间有着这个家庭内他最想让其对他感到钦佩的最为年轻的姐姐。

但是，如果他认为如今的地位可以让自己免于上学，那他可就大错特错了。指导他学业的兄长们，坚持让他返回孟加拉学院就读，而且还雇佣了两名家庭教师来辅导他的梵语和孟加拉语。两位老师吃尽苦头后才终于明白了牵马河边易，逼马饮水难的道理，最终不得不放弃逼着他在语法这条艰难道路上前进的所有努力。他们开始带着他阅读经典作品，梵语老师读《沙恭达罗》（***Sakuntala***），孟加拉语老师则读英语《麦克白》（***Macbeth***）。孟加拉语老师很快就找到了一个有效对付这个偷懒学生的法子。在陪他阅读完节选自《麦克白》里的两个场景之后，他就将罗比锁在了一个房间内。只有当罗比将之前陪他读到的场景用孟加拉语翻译过来，这个小囚徒才可得以释放。就这样，整部剧作被翻译成了孟加拉语。这可是这位暂露头角的诗人对那位英国伟大剧作家的第一个贡献啊。不幸的是，那份手稿并没幸存下来；只有第一部分，也就是三个女巫那一幕的译稿，在七年后的 1880 年发表于文学杂志《帕拉蒂》（***Bharati***），至今尚存。这篇典范之作充分证实了这个小家伙对孟加拉语、节奏感、尤其是对民间习语掌握的娴熟程度是多么地惊人。

但是孟加拉语学院的英籍印度人氛围，孩子们不纯的俚语方言，以及连珠炮般向沉默的学生灌输的课程，已经让他无法忍受。也许正是在这沉闷的课堂之上，他写下了自己的第一首长诗《心中的向往》（***Abhilash***），第二年出版在了他的家族创办的《研真杂志》（***Tattvabodhini Patrika***），但是并没有冠上作者的名字，只是在脚注将作者标注为“一个 12 岁的男孩”。

不久以后他又一次换了学校，进入了圣·泽维尔（St. Xavier's），但也没能善始善终。这儿的教学像以前的学校一样单调枯燥、呆板无趣，而且这儿的气氛由于恪守一些宗教形式，而变得更加没有任何趣味可言。终于在 1875 年他十四岁的时候，完全不用再去上学了，再也没有家庭的高压逼迫或者哄诱，让他去承受“学校那永远而又漫长的折磨”了。后来他将那种感觉描述为“兼有医院的痛苦和监狱的窒息”。他的父母对他的学业不再抱有任何希望，因而也不再对他有任何苛责。

但是这位辍学者并没有虚度光阴。他天生是学问和艺术女神萨拉斯瓦蒂（Saraswati）的虔诚追随者，但是他却不愿让任何一位宣道者引导着去皈依到她的圣坛，他一定要以自己的方式追随着她。这个家庭的氛围恰恰适宜那种对知识无拘无束的追求。诗人与学者、音乐家和哲人、艺术家和社会改革家、天才和怪杰都聚集在这个家里，更多的还在从外面涌来。在这个房子里，戏剧被创作出来，并且还会进行表演，空中到处跃动着音符。当时孟加拉正处在文艺复兴的躁动时期，刊有新诗、小说连载和翻译过来的外国文学书籍以及文学杂志，受到了读者们前所未有的欢迎。幼小的罗比贪婪地阅读着拿到手上的任何东西，急切地倾听着他的长辈们所谱写的曲子和所进行的交谈。

知识分子阶层刚刚被唤醒的这种意识，以及不可避免地由此带来高涨的民族主义浪潮，早在几年前的 1867 年就体现了出来。那时每年都会组织文化兼政治的印度梅拉（Hindu Mela）创立纪念仪式，而这个机构在 18 年后逐渐发展成了印度国民大会。就像那个时期孟加拉的其它进步运动一样，它也得到了泰戈尔家族的资助。1876 年，年仅十四岁的小罗比，就在这个年度节庆上朗诵了一首爱国诗歌。这首诗后来刊登在了《爱美丽达市场报》(*Amerita Bazar Patrika*)，那时它还是一份英语和孟加拉语的双语周报。这不仅是罗比第一次在公众面前露面，而且也是他的名字第一次出现在了刊出诗歌的上方。在这次成功的激励下，他在公众场合又吟诵了另外一首诗《哀自然》(*Prakritir Khed*)，又一次大获成功。

在同年的 3 月 8 日，他的母亲萨拉达·德维去世了，那时他才仅仅 13 岁零 10 个月。

尽管这是他第一次接触死亡，这个家庭一定也在深深地哀悼着这位杰出女性的离开，但是失去亲人的哀伤，并没有在罗比的心灵留下太大的影响。一方面，他们母子之间并没有过分依恋的情感存在，所以之后也不会存在寂寞感；另一方面，他的兄长鸠迪林德拉纳特及其风姿卓绝的夫人迦丹波利也就是之前提及的“新来的嫂子”在他身上倾注了深切的关爱之情，让这个失去母亲的孩子，在他们的家里拥有了一个家，而这个家带来的一切却是他从未体验过的。

让罗比幸运的是，在他青春期的关键时刻，他的哥哥成了他的良师益友，培养并指导着他那暂露头角但又不很安分的天赋；他的嫂子成了他的玩伴和守护天使，她不仅取代了他母亲的位置，而且远远超出了那个位置所起的作用，惩戒并保持他那青春期里蠢蠢欲动的种种渴望。她很年轻所以还可做玩偶结婚的游戏，这时候她总是邀请他的小弟参与其中，并饱餐一顿。她厨艺不错，她常常可以做布拉加斯沃尔(Brajeswar)烹饪风格中都没有的精美菜肴，这使他特别开心。

她常常让他帮她做一些杂务活，或者切些萎子果，或者把精心切好的芒果片摆在太阳下晾干，以后可以做成美味可口的腌制食品。她向他倾注了关爱，但却常常因为他的失败而不断地故意取笑和冷落他，亦真亦假，如此这般不过是为了不让这个早熟的男孩过于看重自己所取得的成绩而已。当他给她诵读自己新写的诗歌时，她只是笑着说别的诗人写得是多么的好。她只是赞颂他把萎子果切得多么的好，却“从不愿意认可我还有其它的优点，如此一来，甚至使得我有时候怨天尤人地抱怨自己，怎么长着一张有缺陷的脸。”无论什么时候、当他为自己的表现沾沾自喜的时候，她总是提醒他有这么一句梵文谚语：“自不量力地在诗坛上追求盛名的人，往往会在别人的讥笑中黯然淡去。”虽然她遏制他的自负之心的增长，但是她同样也孜孜不倦地鼓励他最佳品格的发展。不要忘了，那时候他可是热切地希望得到她的欣赏的。

她本人也是一位文学和艺术的真正的爱好者，对文学充满热情又不乏强烈的敏感。正是她培养了他对比哈里拉尔·查克拉法尔蒂（Biharilal Chakravarty）抒情诗歌的兴致，罗比后来也逐渐喜欢上了这位诗人。她也和他一样，对他们的长兄迪戎德拉纳特刚刚出版的诗作《梦想之旅》（Svapnaprayan）特别地欣赏，那是一首极好的寓言诗，也是对诗歌韵律革新的一部杰作。罗宾德拉纳特曾说“它的美和我心里的各种感觉紧紧地纠结在了一起，难解难分。”而那时班吉姆·查特吉（Bankim Chatterji）的小说在文学杂志《孟加拉之镜》（Bangadarsan）上面正在连载，“（小说）暴风骤雨一般冲击着人们的心灵……当《孟加拉之镜》刚刚出版，整个街区就没有人再午间小睡了。幸运的是，我不需要想方设法地去把它搞到手。我的天赋使得我还算得上一个说得过去的读者，我的嫂子宁可听我朗读，也不愿意自己去阅读。那时候没有电风扇，所以当我在朗读的时候，我就可以沾光享受到她手摇扇子送出的凉风。”因此，在这个失去母亲的男孩和这位没有孩子的女士之间，产生了温馨的情谊，这不仅满足了他那被压抑的、朦胧的青春期的爱慕之情，而且也使得那种感情得以升华，使得他那桀骜不驯的天赋，转变成了累累硕果。

她为他带去情感上的激励，以爱抚为其带去了温暖，同时也给他提供了他那个年龄最需要的呵护；同时她的丈夫鸠迪林德拉纳特则给他那朦胧的天赋，提供了最为必要的规训和指导。鸠迪林德拉纳特当时正处在创作巅峰期，他在照顾着他，并且让他参与到了他的创作之中。他弹奏钢琴让罗比歌唱；他谱了新的曲子，就鼓励小兄弟去即兴以诗填词；他将第一稿的剧本读给他听，并将罗比的建议纳入剧本和歌曲之中，给他带来了信心；他将这些剧本搬上舞台，并让他的弟弟饰演其中角色。他并不允许他们年龄之间的差异妨碍这个弟弟充分自由地发展，无论在学术交流还是文学创作上。

“要不是这样突然切断对我的羁绊，”这位小弟满怀感激地回忆道，“我也许就是生活中的一个废人。那些权威人士不厌其烦地侃侃而谈，说什么限制自由的原因就是为了避免可能出现对自由的滥用，可是如果没有对自由滥用的可能性，也就没有了自由。学会如何正确使用一个东西，只有通过误用方能实现。至少对我来说，自由中产生的一些小伤害，往往会引导着我找寻到规避伤害的方法。无论是在身体或心理上对我的逼迫，从未能够使我学会他们拎着我的耳朵努力逼我去学的任何东西。除了当我一个人自由自在的时候，否则，我所学到的只有悲哀。”

这段学徒经历并没有仅仅局限在文学实践内。鸠迪林德拉纳特带着这位小弟一起踏上了去孟加拉东北部的谢丽丹（Shelidah）的家族庄园之旅。他教他骑马，带着他去体验猎取老虎的历险。“在茂密森林的斑驳光线里，老虎并不愿意现身。从一棵粗壮的毛竹根部斩下的根做成了一个简易的梯子，鸠迪林德拉纳特手中握着子弹上膛的猎枪拾梯而上。而我甚至都没有穿拖鞋，自然手中也不会有可以吓阻老虎的最简易工具了。鸠迪林德拉纳特观察了好一会儿，但是却没有看到老虎的影子，突然比斯瓦纳德（Biswanath）（也就是那个猎人向导）向我们打手势让我们保持警惕。他那戴着眼镜的双眼，又赶紧紧张地观察了起来，过了很长一段时间，终于看到了灌木丛中老虎的斑纹。他开火了。侥幸的是，他击中了老虎的脊梁，老虎站不起来了。它愤怒地咆哮着，撕咬着它够得着的灌木的枝枝桠桠，摔打着尾巴。思来想去，我总觉得老虎天性不会有那么长时间的耐心，等着被别人来杀死自己。我于是就怀疑前一天晚上，是不是有什么人阴险地给老虎的食物掺了麻醉剂。否则，为什么它会睡得这么死呢？”

在温暖的关爱和鼓励之下，罗比诗歌创作的活力得以释放。现在他已经 14 岁了，他的第一首长篇叙事诗共八章 1,600 余行，在一本叫《迦南库尔》（Gyanankur）的文学杂志上出版了。这首叙事诗题为《野花》（Bunaphul），讲述了一个名叫卡玛拉（Kamala）的小女孩，她由父亲在喜马拉雅山一处幽静的隐居之所抚养长大。就像诗剧中的沙恭达罗一样，她的玩伴就是森林里野生的植物和动物，也和莎士比亚戏剧《暴风雨》中的女角色米兰达（Miranda）一样，除了父亲，她并没有看到过其他人。

父亲去世后，她成了闷闷不乐的孤儿。一位路过的年轻旅行者看到了她，为她的美貌和困境所打动，带着她一起回了家并结了婚。但是并不适应在社会生活的卡玛拉，发现去适应社会的传统自己很难调整。于是她苦苦思念着她所深爱的山中森林。但是，她又被她丈夫的朋友，年轻、帅气的诗人尼拉德（Nirad）深深地吸引。出于单纯，她向他坦述了自己的爱意。尽管尼拉德在心里也爱着她，但他却被她直言不讳的坦诚所吓倒，恼羞成怒地拒绝了她，然后愤然离开了。但是他却被他的朋友也就是卡玛拉的丈夫杀死，因为他怀疑是他引诱了自己的妻子。听到尼拉德被杀的消息后，卡玛拉伤心欲绝，带着尼拉德的尸体，离开了她的丈夫和那个家。在火化了他的尸体之后，她返回到山间她曾幽居过的地方，在自然界中找寻着使她感到安慰的东西以及对她来说最重要的爱。但是由于已经了解了人类的爱，她不能在幽居之所找到平静，最终从积雪之巅跳入了下面的河里。溅起的浪花就像母亲的双臂，将女孩接回了自己的怀抱。从花枝上摘下的那朵野花已然凋谢。

罗比的兴趣越来越广泛。他参加了一个叫做“起死回生社”（Sanjivani Sabha）的秘密社团。它是由哈吉纳拉扬·博斯（Rajnarayan Bose）和他的兄长鸠迪林德拉纳特共同创办的。它的主要目的在于从政治上解放印度。社团是模仿马志尼（Mazzini）的烧炭党（Carbonari）的模式建立的。它位于“加尔各答不知名的一条小巷里的一座摇摇欲坠的建筑内”，而且它的一切活动都笼罩在神秘的氛围之中。“这种神秘的氛围，也是其惟一令人感到畏惧之处，实际上我们的所作所为根本就没有什么让政府和人民感到担心的。”

鸠迪林德拉纳特不可救药地喜爱幻想，他那丰富的想象诱惑着他去从事一些令人难以想象的历险，有时候也会产生唐吉诃德式的结局。他找寻自己命运的活动逐渐消停了下来，但那却激发了他弟弟对许多事物的兴趣，使他远远不只热情地关注自己民族自由的获得。

1877 年新年的第一天，印度新任总督利顿男爵（Lord Lytton）在德里举行了一个盛大的就职典礼，来再现莫卧儿君主们的壮丽辉煌，向印度人强调新登上王位的维多利亚女王也是印度的女王。然而，当时一场可怕的饥荒正在印度大陆蔓延，使得乡村饿殍满地。这种巨大反差，是罗比所写的一首讽刺诗的主题。他在同一年的印度梅拉上朗诵了这首诗。

大概就在那个时候，鸠迪林德拉纳特创办了一本文学月刊《帕拉蒂》（*Bharati*），长兄迪戎德拉纳特担任主编。就像他所从事的其他工作一样，他也使得这本杂志开始在孟加拉文学领域发挥着先锋引领作用。小罗比现在有了一个可以满足自己要求的家庭小论坛，他的信笔涂鸦却并不需要任何奖励。他创作的源泉开始迸发，喷涌而出，一发不可收拾。他的第一篇短篇故事《乞丐女》（*Bhikarini*）、一部未完成的小说《悲悯》（*Karuna*）、一部无韵体历史诗剧《鲁德拉昌达》（*Rudrachanda*）、无韵体长篇叙事诗《诗人的故事》（*Kavi Kahini*），以及许多古体歌曲、许多诗歌、西方文学研究及其翻译随着文思泉涌，信手拈来。这些一蹴而就的作品，并没有被选入他成年时期的作品选集，而是被坚决地弃之未用。他说：“（作品）里面除了像滚烫的蒸汽一般虚无缥缈的热情外，连一点我的意识都没有。在慵懒虚幻的漩涡周围，充满气体的泡泡不断冒出，漫无目地旋转，没有任何意义。形式没有得到丝毫发展。泡泡升起、爆落，形成另一个新的泡泡。这样的运动真够使人心烦意乱。”

当他已经能够娴熟地驾驭词语和形式的时候，他毫不客气地写下了上述严厉的自我评价。显然这些早期的尝试，一定使他对于那种不成熟的感情宣泄感到不满。但是它们中的一些在当时也不乏真正的价值，甚至具有很高的价值。这体现在它们不仅表明当时他的天赋尚未形成体系，而且也表明当时孟加拉正处于一片浑沌的文学创作阶段。陈旧的形式和价值体系已经或即将消亡，但新的一切随着这颗新星正在渐具雏形。这个男孩诗人在这片浑沌中摸索着，在形成自己的风格前也不得不追随他人的影子。《诗人的故事》实际上就是对这位年轻诗人的困惑和摸索的写照。

诗人开篇以高度理想的画面，描述了一个诗人的童年。那是在大自然的怀抱中度过的，而大自然也成了他的母亲和伙伴。当他长大的时候，他发现自然远非只是一个游乐场，它拥有自己的意志和规则，它们的秘密只会在持之以恒、客观公正的学习下才能被揭示。就这样，日子在一边享受自然之爱、一边对自然现象的研究中快乐地度过着，这种日子持续到了他的青春期。这时谢利（Shelley）感到了生活中越来越强烈的空虚感，意识到了对人类的爱和伴侣的需要：Manusher mon chay manusheri mon一行精美而又富有含义的诗句，描写了人类内心对人世间爱的渴求。他郁郁寡欢地在森林里游荡时，邂逅了一位少女，很快便与她坠入爱河。少女名叫娜丽妮（Nalini），一个罗宾德拉纳特一直钟爱的名字。他们生活在了一起。最初诗人是快乐的，但是很快厌倦了热恋中一味的嬉戏和单调的幸福感。他的内心充满了焦躁不安的情绪。他离开了娜丽妮，在人类的大千世界中游荡着，去追寻他自己也不清楚的东西。当他回来的时候仍然郁郁寡欢，而且发现娜丽妮竟然在他离开的那段时间里已然憔悴不堪，卧在病榻上奄奄一息了。后来，他意识到了自己从未停止过对她的爱，而这份爱正是他在别处徒劳地去寻找的。但是，已经太晚了。娜丽妮死了，只剩下诗人独自对人世的大爱进行着深邃的思考。

然而，这首叙事长诗里情感的宣泄，显然带着罗比在阅读英国浪漫主义诗歌时受到影响的痕迹。他在这个时期另一个重要的尝试是《巴奴·辛格老爷之歌》（*Bhanusimha Thakurer Padavali*），这部诗歌集有着孑然不同的特征。

人们常说对罗宾德拉纳特诗歌发展有着重大影响的是梵文文学、中世纪毗湿奴诗歌（Vaishnav）和西方文学。随着三条文明之河汇聚于印度这个神圣的地方，这些不同的文化之源交汇融合，形成了罗宾德拉纳特诗歌的风格。《巴奴·辛格老爷之歌》明显带有毗湿奴诗歌对这位小诗人影响的痕迹。当罗比大约十二岁的时候，这些孟加拉语抒情诗被合并成集出版，而且他也拿到了出版的诗集。他也非常喜欢诗集中抒情的律动、在韵律上的大胆革新，以及对意象的直接运用。很难说得清他对宗教哲学究竟懂多少；但是，尽管他对崇尚人类之神的象征主义极其反感，他却对深藏其中的人文主义精神有着很深的直觉理解。当神学家们争论不休的时候，诗人之间却彼此理解。

这种吸引力不断增强，到十六岁的时候，他突然产生了用同样的模式将自己朦胧的憧憬表达出来的强烈欲望，但是自己的这种模式将在隐去客体中表达自己炽热的情感。雨季的一天，天空浓云密布，他一个人躺在自己的房间里，手中握着一块石板，用中世纪诗人的语言写下了他这些抒情诗歌中的第一行：Gahana kusuma kunja majhe……

簇簇繁花

随悠扬笛声轻颤

抖掉

所有担心与羞赧

来吧，亲爱的，来吧

诗人在这些诗句的最后一行中将作者的名字变成了巴奴·辛格，写在了诗行之中。那个名字和他的名字罗宾德拉纳特一样都是太阳的意思。就这样，这些诗歌陆续出现在了《帕拉蒂》上。小罗比在简介注释中解释说：当他在梵文社图书馆中翻检故纸堆的时候，偶然间发现了5世纪的这位诗人的手稿。

好几位读者都陷入这个骗局。罗宾德拉纳特在他的回忆录中，向我们讲述了被蒙蔽了的一位孟加拉学者纳什坎塔·查特吉博士（Nishikanta Chatterjee）。当刊有这些抒情诗的《帕纳蒂》送到他的手上的时候，正身处德国的他对这些诗歌印象特别深刻，于是他在德国出版的有关印度抒情诗歌的书中，高度评价了这位5世纪的诗人巴奴·辛格。早期的这些抒情诗歌，除了这个无伤大雅的精妙骗局之外，更加重要的意义却在于，在这一时期的作品中，只有这些内容后来被作者收录进了他成熟期的作品集。

这个男孩正在迅速地成长。尽管他没有虚度丝毫光阴，马哈希和他的兄长们还是很担心他的未来。在那个时代，从事文学创作从本质上来说，并不算是真正的职业。所以对于这个家庭来说，它非常关注如何将引导这个早熟的孩子将浮躁的天赋，利用到一些有用而且受人尊重的事业上来。他的长兄萨泰恩德拉纳特向马哈希建议，让罗宾德拉纳特与他一起去英国（他本人马上要去那里度一个短暂的假期，而且他的夫人和孩子已经先行一步了），给他一个机会去成为一个大人物，最好是当像他一样的文职官员，或者，至少也应该是一个律师学院的大律师，这在当时可是印度颇受尊崇的一个职业。父亲同意了，罗宾德拉纳特陪着他的兄长，去了艾哈迈达巴德（Ahmedabad）。他的兄长是那儿的大法官，因为父亲认为让他和接受英式教育的兄长呆在一起几个月，将有助于他训练和提高在英语语言和习惯上的应用。就这样，罗比在西印度开始了他在孟加拉以外的又一次的旅居生活。

这位大法官和他的弟弟居住在位于莎拉巴依（Shahibag）的别墅。它曾是一座17世纪的宫殿，最初是由胡拉姆（Khurram）王子建造（后来由沙迦汗 Shahjahan 改建，他也是泰姬陵 Taj Mahl 的建造者）。寓所开阔的露台，鸟瞰萨巴尔马提河（Sabrmati）。萨泰恩德拉纳特的书房配有很多书籍，既有英文的，也有梵文的，这个孤独的男孩如饥似渴地阅读着英国文学以及英译欧洲文学作品。这个期间，他给《帕拉蒂》期刊的投稿中就有大量的关于他广泛阅读的证据。比如，有的文章标题为“撒克逊人和盎格鲁—撒克逊（Anglo-Saxon）文学”，“诺曼人和盎格鲁—诺曼文学”，“彼特拉克（Francesco Petrarca）与劳拉”，“但丁及其诗歌”，“歌德（Goethe）”，“查特顿（Chatterton）”

等等。他还轻松翻译了这些欧洲诗人的作品，同时将这些译作在论文写作中用作典型的佐证。除了这些文学研究，他还写了大量不同主题的轻松杂文，它们语调欢快、促人奋进而且有很强的煽动性。不幸的是，他作为诗人的盛名使大家忽略了他早期的散文，然而恰恰是他的散文，表明了他不是仅对形式更加注重。散文中他对他周围世界的了解，要比他在那个时期所创作的朦胧诗歌中对世界的了解更加具体。下面是从他杂文译文中随意选取的语句：

“鲜有富人能够容忍自己看似寒酸。而我本人则穷到炫耀自己镀金的纽扣。哪天我把纽扣里的黄铜曝晒在阳光之下，我就将会变得富裕。”

“人们常说，爱情是盲目的。意思是爱情越多就越加不懂吗？可是爱情确实可以让你的眼睛更亮，更加善解人意啊。”

“友情和爱情的区别在于，前者意味着两个人与世界的关系，后者意味着两个人等于世界。在友谊中一加一等于三还是二，而在爱情中一加一结果还是一。”

“痛苦是描述迷失自我的又一个词语，即为什么看到美女总是给我们带来快乐，但却使我们失去自我。”

“有人说女人是0；当放在了数字1（代表男人）

的正确一边，她就会给他 10 倍的力量；然而对于把她放在了错误一边的倒霉蛋而言，她就会使他的心碎到原来的百分之一那么小（0.01）。不用说，我是不赞成中伤女性的。”

“我们的长辈说谦逊是女士最好的装饰。但是女士们已经戴上了那么多的饰品，根本就没有给它留下位置。”

尽管他在艾哈迈达巴德仅仅待了四个月的时间，但是这段时光却在他心智发展过程中标志着一个重要阶段。就是在这儿他第一次为他的歌谱了曲。这种创作形式，即文学兼音乐——有时歌词先被创作出来，接着是曲子，有时恰恰相反，有的时候又是两者同时出现，成了他直到生命结束之时都一直喜欢的最主要的创作嗜好。他一生中共创作了 2,000 余首歌曲、歌词和音乐，这些在孟加拉的几乎所有可以被想到的场合里被唱着，它们甚至比他的诗更有普遍的吸引力。

也正是在艾哈迈达巴德，他构思出了他最棒的短篇故事之一《饥饿的石头》（Kshudita Pashan）的故事情节，后来也把它写了出来。呆在那个里面的石头，无声地见证了就像是《一千零一夜》里的种种狂欢和屋内的阴谋场景。他的想象力任意驰骋，神奇地再现了那个时代。“在艾哈迈达巴德我第一次觉得历史停滞了，我站在那儿，历史转向了贵族专政的过去……现在莎拉巴依静静地矗立着，就像是一个被遗忘的传说；它所有的色彩已经褪去，一切的声响已经消逝；白天的光辉已经消亡，夜晚也已失去了它所有的味道。”

在艾哈迈达巴德呆了几个月后，他的兄长觉得如果罗比待在一个家庭里可以更多地练习使用英语交谈，并且学会在一群习惯了西方生活方式的女士中间轻松惬意地相处，那将对他更加有好处，也将使他更好地为英国之行作好准备。于是他将罗比送到了孟买，与他的一个马拉地朋友安特玛朗姆·潘丢朗·图尔克胡德博士（Atmaram Pandurang Turkhud）（一位著名的物理学家）以及有着进步观念的社会改革家及其家人呆在了一起。“教育”罗比的职责，就落在了这家小女儿的肩上。她长相很可爱，而且曾在英国生活过，按照当时的标准显得特别时髦、很有教养。安娜（她的全名叫安娜普尔纳 Annapurna）年岁比罗比稍大一点。这位老师很喜欢她的职责，这位学生也是着迷于如此可爱的老师。他在这两个月中究竟学了多少东西，我们不得而知，但是这对老师与学生之间产生的微妙单纯的亲密感，却在他的心中留下了永恒的回忆。

罗宾德拉纳特 80 高龄时，回顾到这一插曲的时候写道：“我表现平平，如果她当时忽视了我，她不会受到任何责备。但是，她并没有。心里没有储备下可以向她炫耀的书本知识，但我却不失时机地告诉了她，我可以写诗。

这是我仅有的可以赢得她注意的资本。当我告诉了她我写诗的天赋时，她并没有以任何吹毛求疵或者怀疑的态度来勉强接受它，而是完完全全相信了。她让我这位诗人为她取一个别致的名字，我为她选择了一个她感觉非常美的名字。我想把那个名字写入我的诗歌之中，后来在我为她所写的一首诗中，就可以看见这个名字。当我以清晨白拉薇（Bhairavi）的曲式吟唱它时，她静静地听着，然后说：'诗人啊，我想甚至当我在病榻弥留之际，你的歌曲也会使我活过来的。'那是一个可以说明女孩们如何通过使用一些令人愉快的夸张，来表达她们对别人的欣赏的例子。她们这么做纯粹是为了取悦他人，并给自己带来愉悦。我记得就是从她那儿，我第一次听到了对我长相的赞扬。那种赞扬常常表述地极其巧妙。例如，她就有一次要我特别记住一件事：'你永远不要留胡子。不要让任何东西掩盖了你脸的轮廓。'大家都知道我并没有遵循她的建议。但是她本人也没有活到看见在我脸上所表示出的不顺从。"

他给她起的名字就是娜丽妮，他的那首早期出版的叙事长诗《诗人的故事》中虚构情人的名字。他曾为她读过这首诗，并且还专门为她翻译成了英语。她启发他的不仅是一首诗而是几首，在其中他始终如一地钟爱着娜丽妮这个名字。关于他们的友情，再没有其他内容为我们所知，似乎不久之后她就嫁了一个苏格兰人，再之后不久她去世了。但是在罗宾德拉纳特的记忆中从未忘怀过她。在晚年无论是在交谈还是在作品中提及她的时候，他总是充满温情和尊崇。

心灵的丛林

有一片广袤的被称作心灵的丛林，四周都是没有尽头的迷宫，我在这儿迷了路

1878年9月，罗宾德拉纳特与他的兄长萨提延德拉纳特一同乘船去了英国。当轮船起航的时候，他的心情沉重，因为孟买有他楚楚动人的小老师的甜蜜陪伴。在加尔各答的家中有他的嫂子，对她的思念交织着欢乐和痛苦，那也是他的乡愁产生的根源。他正在将使他生活充实的一切抛开。风景就在前方，只不过不是清新的田园和牧场，而是又一次被加上轭，带去学术磨坊从事繁重的苦役去了。

幸运的是，他写给家人的信函还幸存着，它们生动形象地记述了这个年轻人心里最初的印象。那些印象完全带有那个年纪傲慢、不经世故的特征。他后来后悔写了那些信函。那些信函除了对上个世纪70年代英国人的生活以及行为举止的敏锐观察外，而且作为早期以孟加拉语口语体的形式所写的散文样本，具有很高的文学及历史价值。如果它们让成年时期的作者感觉似乎有点“年轻人的虚张

声势”，那是因为随着他的长大，他已经摆脱了年轻人特有的情绪，而那种少年轻狂很是可爱，并不那么令人厌恶。这些信函最初刊载在《帕拉蒂》上，后来以《一个访欧游客的信函》（*Yurop–Pravasir Patra*）结集出版。

这是罗宾德拉纳特第一次在海上航行，但是他却并不是个好的航海者，至少在当时无论如何都不能算是；他遗憾自己在看到大海的时候，不能够拥有从蚁蛭仙人（Valmiki 一译瓦尔米基）到拜伦“这些世界上最伟大的诗人所产生的欣喜若狂”。船到达阿拉伯海和红海的交汇处亚丁（Aden）的时候，他才长出了一口气，叹了声“谢天谢地”，那时他才能够到处走走，与其他乘客混在一起。他对其中一些人进行了有趣生动的描绘：“船上不乏女士，可是绅士们却抱怨没有一个年轻的或者漂亮点的。”兄弟二人从意大利东南部城市布林迪西（Brindisi）乘坐火车去巴黎，他发现巴黎相对于他来说简直是“太令人享受了”，他在那儿第一次洗了土耳其浴（Turkish bath）。在埃及弄得一身泥沙，他们需要彻底地洗涤一下。“土耳其浴就像是请一名印度洗衣工帮着将全身洗涤一遍似的。”他们最后到达伦敦。“这样的一个阴暗潮湿的城市，还是我之前从未见过的雾气缭绕、又潮又湿，人们熙熙攘攘，一派繁忙。”

他兄长的家位于布莱顿，呆在那儿他是开心的，如同在家里的感觉一样。萨提延德拉纳特的妻子心地善良，两个孩子苏朗（Suren）和印迪拉（Indira），分别6岁和5岁，他们对年轻帅气的叔叔偏爱有加。但是他从加尔各答被带到布莱顿可不是更换一下住所、改变一下生活环境的。于是，他被送进了一所私立学校。“校长在翻了我的简历之后，告诉我的第一件事情就是：你的头脑可不简单啊！”

在布莱顿的家中，他不仅有孩子陪他玩耍，而且晚上还有有趣的社交活动。他的兄长和嫂子有许多朋友，而且也常常收到许多赴宴和舞会的邀请。拉比善于观察，在寄给家人的书信中，他描述了他的所见：

> “在这儿的每个街角都有一个小酒馆，但是书店却很少见。”
>
> “女孩们边弹钢琴边唱着歌，她们坐在火边读着小说，盼着去取悦访客，纯粹为了打情骂俏。”
>
> “这儿的人以为我在赴英之前对文明为何物一无所知。某天某某博士的兄弟仔细地向我解释照相机是什么东西。在一个晚宴上，某女士问我以前是否见过钢琴。”
>
> “我清晨六点起床冲了个凉水澡，这似乎让所有听闻此事的人感到开心。”
>
> “这儿的所有房间都保持良好，非常干净，地板和家具都擦得发亮，但是他们干净的概念却与我们的不同。我们不会介意在房间内放一只痰盂，但是这儿

的人们虽然似乎更容易感冒和咳嗽，他们却更愿意把痰吐在手绢里，然后再放回他们的口袋内。一些男士穿着可拆开的袖口和只到胸部的半截衬衫，只有这些常常会被单独拆下来清洗。女士们对她们的外貌很是讲究，她们常常需要去洗她们的脸、手臂和双手。可是在很多人的家里却没有浴室。”

“尽管在这儿的女士和我们自己国家里的女士，在行为方式上有许多差异，但是有一点却是共通的，那就是，社会以自己的方式熏陶着她们，使她们越来越娴熟地去赢得出价最高的竞争者。”

但是，他并没有能够在布莱顿呆很久。他的兄长意识到如果罗宾德拉纳特要从海外教育中受益，他就应该自己独立生活。于是，他被带到了伦敦，住进了朝向摄政公园（Regent’s Park）的一间房子。时值隆冬，公园的树上没有一片树叶。比冷更甚的是，阴森晦暗的苍凉感使他觉得冷到了骨子里。似乎大自然一天到晚永远皱着眉头，天空浑浊灰暗，白天的光线，缺乏应有的光辉，“就像死人的眼睛一般”。

在伦敦他感到了孤独。他不认识任何人。一名老师被雇来教授他拉丁文，他是一个好人，但多少有点古怪。他沉迷在一种理论中，这种理论认为每个时代都有一种占主导地位的观念，不管在不同的社会之间有没有对外交流的渠道，这种观念在世界上的每个社会中都会出现。他如此投入到他的这项研究之中，以至于根本没有空余时间教这个学生。这个学习拉丁文的幌子持续了一段时间，直到罗宾德拉纳特搬了家。当他提出要结算学费的时候，那位朴实的老师无论如何也不愿接受那份报酬，说，“我什么也没有教给你，反而浪费了你的时间。”最后费了好大的劲儿，他才被说服接受了那些学费。

从这些昏暗肮脏、使人感到孤独的房子搬出来后，罗宾德拉纳特成了一位职业教练巴克的房客。这位巴克比那位拉丁文老师甚至更奇怪，但并不像拉丁文老师那么容易感物伤怀。家中惟有的其他成员就是“他文静贤淑的娇小妻子”和她的宠物狗。每当巴克想要惩戒妻子的时候，他总是虐待她的狗。他是一位特别阴郁、脾气乖张的男士；他们夫妇二人几乎不怎么进行交流。整个晚饭期间他们静静地坐着，各怀满腹心事，这使得这位房客深感尴尬，特别不舒服。如果巴克想要再来一份土豆的话，他常常在嘴里咕噜嗫嚅着，“来点土豆”（“请”这个词是听不见的）。巴克夫人也常常嘟囔着，“希望你真的能够有一点礼貌。”“但是我说‘请’了啊。”丈夫不以为然地抗议道。“我可没有听到。”妻子说道。“那又不是我的错。”丈夫再次抗议。接着谈话会在一片死寂中戛然而止。然而，巴克夫人对这位年轻的客人却是友善的，常常会在起居室坐下来和他谈话。但是这位客人还是常常觉得这种气氛过于死气沉沉了。

当他收到了萨提延德拉纳特的妻子的邀请信，请他去德文郡（Devon）的托基（Torquay）和他们呆在一起的时候，上天终于解救罗宾德拉纳特了。他们一家已经在那里，并为这个季节的度假租到了一栋别墅。他飞快地逃到那里，在开阔的乡村以及孩子们的陪伴下他开心不已，那些可是一直使他倍感快乐的两个源泉。德文郡的景色美不胜收，他尽情地享受着。但使他一直困惑不解的是，他身上诗歌的灵感怎么就没有奔涌而出呢？他开始为忽视沉思而感到愧疚不已，于是一天他开始迫切地去"实现我的诗人使命"。他选择了海边岩壁上突出的一个幽静之所，开始写了一首题为《沉船》（Bhagnatari）的诗。"要是我当时小心谨慎一些，没有将它掉在了海里，今天也许我依然会认为它是一首好诗。"

这段愉快时光结束了，罗宾德拉纳特回到了伦敦，上了伦敦大学。在那儿他修了亨利·莫利（Henry Morley）开设的英国文学课程。他跟随着他一起阅读《一个医生的宗教信仰》（*Religio Medici*）和一些莎士比亚的剧作。他对这位教授的教学天赋印象非常深刻。但是他的大学生活才持续了不到三个月的时间。在他呆在伦敦的期间，他参观了英国议会，聆听了格莱斯顿（Gladstone）和约翰·布赖特（John Bright）关于爱尔兰自治统治的演讲。

从托基回来之后，罗宾德拉纳特开开心心地度过了在伦敦的那段日子；他幸运地在一位友善的英国医生司各特（Scott）那里找到了一个安身之所。当他刚刚踏进这个家的时候，只有头发花白的医生、他的夫人以及他们的大女儿在家。两个小女儿一想到“一个黑人”不速之客，将会闯入他们的家中就感到害怕，早早逃到一个亲戚家里去了。直到她们确信，这位不速之客没有任何危险才搬回家来。过了一段时间他终于受到了家里所有成员的欢迎，这也包括小狗苔比（Tabby）的欢迎，它往往在他陪它玩过以后才去进食。司各特夫人对他就像对待亲生儿子一般，比他的母亲还要慈爱和体贴入微。她对丈夫和家人的热爱与付出，给他留下了极其深刻的印象。他们的女儿也逐渐地开始喜欢起他来，尤其是和他年龄几乎一般大，却已经能在钢琴上边弹边唱的三女儿。她教会了他好几首英格兰和爱尔兰歌谣。

他早期对于英国社会，尤其是对英国女性的角色和行为方式的评论，其中是带有不小的辛辣讽刺以及刻薄挖苦意味的，现在却产生了很大的转变，开始对这些在自由社会里成长起来的女性的性格优点和魅力由衷地钦佩与赞叹了起来。这种钦佩与赞叹，在他给家人的书信中被毫不掩饰地表述了出来，这在家里的长辈中引起了不小的不安和焦虑，他们开始担心，如果他的兄长只身返回而将这个毛头小伙子留在英国是不是明智之举。于是从印度家中发来的一个强制命令，使他中断了他的学习，与他的兄长返回了家。

面对突然的改变，这个年轻人究竟是感到开心还是心碎呢？他在自己的回忆录中说，他想到马上回家其实是开心的。“家园的艳丽阳光以及万里碧空一直在无声地召唤着我。”毫无疑问，这是他的真实感受，仅就他的创作来说，他在国外旅居的这段时间几乎一无所获。有时候他一定渴望着家中可以释放和滋养他的创作力的那些激励因素。当然另一方面，猛地断开他在国外刚刚建立的这种甜蜜的感情，肯定也是一种痛苦。“司各特夫人拉着我的胳膊哭泣着：‘如果你那么快就要离开，’她说，‘干嘛你还要来到我们家呢？’”几个女儿说了些什么，他并没有告诉我们，但是在《帕拉蒂》上发表的一首诗却可以使我们多少了解一点。下面是他的一篇粗糙的英译散文诗，仅供参考。诗歌的题为《两日》（*Du Din*）。

冬日降临，树木茕茕孑立，
大地已然裹上了洁白的面纱，而我，
这个来自东方的陌生人，却踏上了西方的这片土地，
进行为期两天短暂的盘桓。
冬日依旧，百鸟齐喑，
雪花无声地落在萧然的树上。多情的
春日之吻并未将自然
从死寂的冬眠中唤醒。但是

我的短暂两日稍纵即逝，
我要离开了。
当我面向东方的家园，自问我心：
我还能回到这些海滩，再次看看
我所熟知的面孔吗？岁月流逝
也许有一天
当我独自一人，坐在遥远彼岸的
河岸边，斜阳西沉
回忆的狂潮突然填满我的胸膛
闪电中
曾经熟悉的一张面孔
乍现
一首熟悉的古老曲符
在空中
跃动
那面孔若百花绽放
满头青丝
却松散蓬乱
夜夜萦绕在我梦中
恋恋不舍的双眸
直视
我的双眼
一个声音

低声呜咽，

“你一定要离开吗？一定要吗？”

1880 年 2 月，罗宾德拉纳特在国外度过了大约 17 个月后，与他的兄长及家人返回了家园。他双手空空地回来了，既没有获得学位，也没有得到什么荣誉。随身带回的只有他在伦敦就开始创作但却还没有完成的一部音乐长剧，有着意味深长的题目《破碎的心》（Bhagna Hriday）。

当他踏上孟买土地的时候，安娜还生活在那里，他有没有再见到她或者想方设法又去见她了吗？没人知晓。他的沉默仍将使得为他书写传记的人感到迷惑。

尽管《破碎的心》是以戏剧的形式写成的，但它却更像是一系列的抒情诗而且是很长的抒情诗歌，总共 34 章，4,000 余行。情节很简单，甚至几乎使得我们想起他早期的叙事诗。其中无一例外地有这么一位诗人，年轻且为梦想发狂，伤了别人的心，却不知道自己想要得到什么。他从童年时代就有一位深爱着他的叫穆拉拉（Murala）的朋友和玩伴。这位诗人被他嘈杂的内心世界困扰着，根本就没有注意到她对他的爱，但是他却特别珍视他们的友谊，与她分担“忧愁”。“我从未失去什么，却在不断寻找，在寻找什么呢？我不想得到什么，却在不断渴求、渴求什么呢？为什么总是无助地绝望？没有任何人伤害我，伤害却又从何而来？”这时诗人看到了一位楚楚动人却又任性的女孩，而且觉得已经深深爱上了她。女孩就叫娜丽妮，一个始终萦绕在年轻的罗比想象之中的名字。但是娜丽妮却是一位冷酷仙子（belle dame sans merci），她只愿意玩弄别人的感情却不愿意付出自己的心。失望的诗人离开了。当他回来时，看到穆拉拉重病在床，已经奄奄一息，他这才意识到：她才是自己始终如一的所爱。但是为时已晚。在剧中还有其他几个人物，他们最终都是伤了彼此的心。像往常一样，还有一些哲理性的思考，就像穆拉拉最后发现的那样，"一无所有的人才能拥有一切；无家可归的人才能坐拥天下为家；对于没有友情的人，所有的人都不会是陌生人。"但是无论是这个悲剧故事，还是其中述说的哲理，都显得那么不真实，原因就在于作者太过年轻，对他试图表达的东西没有很深的阅历。他诗歌创作的天赋仍然需要锻炼，但是诗中不乏一些优美的抒情诗段，表明这位年轻的作者正在渐渐娴熟掌握诗歌的形式。

尽管这部诗作后来并没有选入他的选集，但是当它一面世就实实在在地帮他赢得了名声。如此畅快地抒发感情、如此富有浪漫色彩地狂热宣泄，在孟加拉诗歌中还是很鲜见的。特里普拉王公（Maharaja of Tripura）就曾派遣他的首席部长来加尔各答专门拜访他，并转达了王公为他所取得的文学成就表达的祝辞。让在成熟时期的作者感到吃惊的并不是他十八岁时竟然可以写出这部感情得以狂热表达且被自己认为还不错的大作，而是因为其他人也都认为写得很好。“蹊跷的是，不仅仅是我当时 18 岁，我身边的人似乎也同样 18 岁。”

然而不管离别是怎样的痛苦，这位“心碎者”一回到家就变得愈加无忧无虑、开心快乐起来。他将自己的身心完全倾注在一系列诗歌的创作中，写下了自己的第一部音乐剧《瓦尔米基的天才》（Valmiki Pratibh）。就像作者本人告诫我们的那样，这部作品并不是供大家阅读的，而是供大家在舞台上观赏和倾听的。故事的主题是建立在第一位印度史诗诗人、也就是《罗摩衍那》的作者瓦尔米基的传说上的。他曾是一个强盗头子。在罗宾德拉纳特的版本中打动强盗头子的不是一只鸟儿的困境，而是一位少女的悲悯哭声，少女的追求者抓住了她，并打算将她献祭给他们邀宠的毁灭女神卡莉（Kali）。被悲悯所动，瓦尔米基解救了少女，遣散了匪众，四处云游去找寻自己真正的职业。辩才天女萨拉斯瓦蒂（Saraswati）现身在他面前并告诉他，是她扮成少女的样子唤醒了他的人性。她赐予他歌唱的天赋，并且说道，“融化了你那铁石心肠的悲悯音乐，在你的歌声中将会成为充满人性的声音，它将使百万颗心变得温和，变得纯洁。你的歌声将在一个个国度里传唱，许多诗人将模仿你的歌谣。”

《瓦尔米基的天才》的重要意义，既不是它戏剧化情节激起的兴趣，也不是它的诗性价值，而是它在音乐上的创新。罗宾德拉纳特以这部剧作率先发起了对印度音乐盛行的正统传统的反抗。他努力将自己在文学上的追求在音乐上推行。既追求古典传统又奉行民间传承，他却并不把二者当作不可亵渎的神圣的东西，而是从二者中萃取自己所需。虽然自己从西方的优美旋律中借鉴不多，但是他并不反对去借鉴他人，从而形成自己的风格。然而，他并没有把形式的创新应用到戏剧中去。他所做的就是去打破音乐表达中经典风格与民间风格的隔阂。他自己的音乐中纠结混杂着诗性语言，以至于很难将音乐的形式从诗的神韵中完全分离出来。彼此相互表达，相互强化。所以他的诗歌很难被那些不能捕捉到词语微妙乐感的人所理解。

他也听过欧洲严肃音乐，那是在他呆在英国期间，他逐渐学会了去欣赏它的美。对于欧洲严肃音乐他比较欣赏的是它的浪漫特征，也就是“它形式的多样性、内容的丰富性、对生命海洋之花的彰显性，以及它对生命海洋的波涛、不断变换明暗交替的展现。”在赫伯特·斯宾塞（Herbert Spencer）的《音乐起源与机能》（*The Origin and Function of Music*）中，他读到正是情感赋予了人们的言谈优美和谐的语调。“斯宾塞认为通过培养人们话语中悦人的抑扬顿挫的特征，人们发现了音乐，他的观点吸引了我。”我心想何不根据这个理念演上一部宣叙调（recitative）的剧作呢？他在《瓦尔米基的天才》这部剧中将之进行了尝试，舞台的成功使他大受鼓舞。他本人也在剧中扮演了瓦尔米基这一角色，他的小侄女普拉蒂巴则

扮演了普拉蒂巴 (Pratibha) 也就是匪首解救的那个小女孩的角色。（那么在这部剧中使用 Pratibha 这个词，也就有了些许的语义双关的意味了。）在这部剧作大获成功的鼓励之下，他又以同样的样式写了一部音乐剧。这部剧作也是建立在《罗摩衍那》古老传说的基础上的，他把作品命名为《致命的狩猎》（*Kal Mrigaya*）。这部剧作成功上演，罗宾德拉在其中扮演了盲隐士的角色。

但是一个更大的收获就在眼前，只待聚集阳光的热量使之成熟。萨提延德拉纳特偕同夫人离开加尔各答去旅游了，罗宾德拉纳特不能和他们一同前往。他感到了孤独和不开心；没有了兄长的陪伴，没有了他渐渐开始特别依赖的嫂子的温暖关爱，他就失去了带给他激励的因素。他从海外灰溜溜地归来，学业上一无所获，家族里的几个成员将他看作饭桶，对他也不很欢迎。于是孤独、沮丧、气馁、烦闷，以及不停的可怕幻想，在他自我宣泄的创作中得以释放，他觉得没有必要去取悦别人。于是一系列的后来以《夜歌》为题结集出版的诗歌就这样诞生了，他也是第一部毋庸置疑地展现了罗宾德拉纳特才能的作品。他找到了属于自己的形式，可以随心所欲地尽情书写，摆脱了以往所有榜样对他犹如脚镣般的束缚。“终于，”他心底里说，“我写的是我自己的了。”他尽情宣泄着：“就像是溪水从来不是直来直往地流淌，总是蜿蜒而行那样，我的诗歌亦是如此。以前，我常常将这一点视为一种罪过，但是现在我再也没有负疚感了。自由打破了规则，然而也形成了规则，这些新的规则使诗歌处于完全真正的自治。”

大家对他的接受是令人满意的。显然一颗新星已经升起。作者自己在回忆录中讲述了这样的情形：在一个社会名流的婚宴上，主宾著名的小说家班吉姆·钱德拉摘下脖子上所挂的花环，给刚刚进来的年轻的罗宾德拉纳特挂了上去，同时对宴会的主人说：“花环应该给他戴，兰密施（Ramesh）；你难道没有读过他的诗集《夜歌》吗？”

这些诗歌在语气上尽显客观，但在内容上却又令人毛骨悚然，其中充满各种各样的想象。一些标题也极富表现力：“一个明星的自杀”，“希望的破灭”，“幸福的恸哭”，“请君悲伤”，“受不了的爱”等等。这位年轻的诗人对悲伤钟爱有加，陶醉于苦乐参半的绝望之中。《夜之歌》（*Evening Songs*）的题名就表明了那种苦闷惆怅的情绪，它同时也是其创作力发展的第一阶段行将结束在潜意识中的暗示。“当我用充满感情的咆哮，鼓起愤怒火苗的时候”，日出却迟迟没有到来。

诗集中第一首诗是《夜的颂歌》，诗中的夜被描述成了一个孤独忧郁的女人，在浓浓的夜色之下，几乎看不清楚她的面容，她那凌乱的头发披散着，脸朝向地面低着头。“你嘟嘟囔囔低声自言自语地说着什么？日复一日，我一直倾听着，但却没有听明白你的意思，也没有感觉到它的旋律。”他觉得与她之间有着一种奇怪的亲缘关系，他在诗的余下部分详尽地进行了阐述。在一首诗中，他对被迫自杀的一个明星的困境深表同情。在另一首诗中，他又对他的嫂子把他抛下进行了一番斥责。“她走了，还有什么可说啊？他们都走了，还有什么歌谣留下可唱啊？仅有心在哀恸地唱着单调的歌：他们走了，他们走了，留下了一颗破碎的心。他们走了，带走了鲜花、鸟儿和照亮天空的光明。就像一件破碎的脏兮兮的衣服，我被抛弃了。”（这些并不是原诗的翻译，只是用未必准确的词语概括性地转述，以此来表明他的观点和情绪快速的变化。）

像通常的惯例一样，诗集中最精美的诗是在书的末尾，而不是在书的开始。他在第一首诗中援用的夜之精神，含混、神秘，现在却被认为有着具体的意象。“很久以前，当我还是个孩子的时候，你用你的抚爱将我紧紧包围，就像是夜晚用它的宁静裹住了大地。难道夜晚教给了你神奇的魔力？你竟能看透我的心，群星开始璀璨。你竟使我看到了我潜藏的财富，从未自己高唱，你却教给了所有我知道的歌谣。”

一系列的诗歌自始至终所表达的凄凉忧郁，是自然朴素的、没有任何虚假做作的感觉。后来作者竟然为其中的一些诗感到惭愧，愿意坚决地从他出版的作品中把它们完全清除出去，为的就是避免滥情带来的苛责。“幸运地拥有良好视力的人，”他在他的回忆录中评论道，“容易去嘲笑戴眼镜的年轻人，好像戴眼镜为了装饰自己似的。”

由于自己闷闷不乐、感到压抑，罗宾德拉纳特给像往常一样正在喜马拉雅山的父亲去了信，要求他同意让他返回英国重新开始学习。1881年4月年他得到了父亲的许可，在一个侄子的陪同下第二次乘船去了英国。在出海前的那个晚上，他在加尔各答就“音乐与情感”的主题做了一次公开演讲，期间他用许多歌曲例证了他的论点。那是他的第一次公开演讲，他竭尽所能地用声乐作品来证实：音乐在表达文字不能表述的内容上所发挥的作用。他终于不再羞涩，开始自信地走入大家的视野。之前他就已经发表了《运往中国的死亡》，文章引发了不小的争议，文中他严厉谴责了英国在中国从事鸦片贸易的行径。他的同情心超越了自己的国度，他已经开始去言说人类犯下的错误。他强烈的主观意识和对客观世界的勇敢关怀，构成了他身上的二元对立，这也恰是其最基本的个性，从童年至去世始终如斯。

第二次去英国的旅行最终夭折。陪同他的侄子刚刚结了婚，当船一离开加尔各答他就非常思念起他的妻子来，像晕船那样感到不舒服。当船到马德拉斯（Madras）的时候，他已经打定主意返回家去，但是他又缺乏勇气去单独面对令人畏惧的马哈希。因此他就说服了他年轻的叔叔，让他来和自己共同承担由于缺乏勇气而退缩带来的不光彩，从而给他必要的道义上的支持。这位叔叔似乎很痛快地就答应了，不管是完全出于利他主义，还是因为他也把心完全放在了家里，这些他都没有告诉过我们。但是，他却非常清楚他的决定会带来的严重后果，于是他就直奔他父亲所在的慕苏里（Mussoorie）去汇报他的所作所为。“我心怀忐忑，颤抖着来到了他的面前。但是他却并没有显出愤怒，相反他却似乎很高兴。他在我的返回中一定看到了上天的恩旨。”

从慕苏里他去了他的兄长乔迪伦德拉纳特与其夫人在昌德纳戈尔（Chandernagore）的恒河上所住的一栋别墅。在那儿他特别开心地度过了几天。“那几个无法形容的日日夜夜，天气阴沉但却充满欢乐，满是期盼。”那个别墅的名字叫“莫兰的花园”（Moran's Garden）。那是一幢形状不是很规则的大房子，有露台，门前的石阶延伸到了恒河岸边。他们三人常常在一个小船里度过整整一个下午，罗宾德拉唱着歌谣，“如痴似狂地”即兴创作音乐，而乔迪伦德拉纳特则在用小提琴伴奏。就是在这儿，罗宾德拉纳特第一次感受到了孟加拉河上生活的魅力所在，后来这也逐渐成为影响他作品的有力因素。他的第一部成熟的小说《王后的市场》（Bou-Thakuranir）就是写作于此。

尽管在诗歌领域中，这位年轻的作者已经找到了属于自己的个性特征，但是在小说的创作上他却依然在大胆地尝试。他的第一部小说是一部历史传奇剧，是以他的前辈班吉姆·钱德拉·查特吉使之流行的形式来写的。毫无疑问，当小说一出版，作者就收到了来自这位文坛元老的一封信，信中向他已经取得的成绩表示了祝贺。情节内容和书名的重要性可以做如下归纳：一位勇武但却冷酷无情的国王，摧残着他那胆敢同情受苦受难庶民的王子。最终王子被流放。在他去圣城巴纳拉斯（Banaras）的途中，他护卫着他的姐姐——琼德罗迪博的王后去她丈夫的国家。在到达那儿的时候，他们获悉她的那位丈夫已经在同时娶了又一位妻子。于是失望的姐姐陪着王子一同流放。他们泊船靠岸的地方也刚好有一个市场，这也是人们纪念王后而将其称之为的王后的市场。

作为一部虚构的作品，小说内容本没有什么可提的。然而它对作者的发展却有着重大意义。就像是后院的育苗床，花的幼苗已经被试栽其上，然后它们就会被移栽别处，在别处盛开。作者后期在他的戏剧中所创作的许多场景和人物，在这儿都能找到它们的雏形：一味对其臣民福祉漠不关心的国王；一位补偿父亲所犯下过错的王子；一位老者，单纯快乐、逍遥自在、看似憨朴，实则有着直觉的智慧、仁爱，代言作者心中的人生哲学；还有一位女士，可爱或者可恨，但却比男性人物更有活力而且更显真实。

在恒河上的别墅度过了田园生活般的这个假期后，兄弟二人和迦丹波利·德维一起返回了加尔各答。但是，他们并没有回到位于乔拉桑格的老宅，而是住在了苏德大街（Sudder Street），那儿离现在的国家图书馆所在位置不远。就是在繁忙的大都市中心的这个不大的房间内，年轻的诗人第一次深深地体验到了一种以幻觉形式突然出现在他身上的精神体验，它是那样的栩栩如生、那样的千真万确，影响了他整整一生。后来他在回忆录中描述了它，并写入了《人类的宗教》（The Religion of Man）之中。一个大清晨，当他站在屋子的阳台上，观赏着羊肠小道尽头的树林外缘初升的太阳的时候，“突然，我的眼睛好像被什么遮蔽了一般，我发现世界沉浸在精彩、极其美丽的光辉之中，一波又一波的美好与欢乐的事物向每一个方向蔓延。”曾经压垮了他的精神并使他病态地折磨着自己的所有忧郁和沮丧，现在却突然间像一件袍子被从一端剪到另外一端那样，一下完完全全脱落了下来。外界的一切都不再平凡。“司空见惯的那张看不见的帷幔，被从所有事物和所有人的身上除去，在我的意识中，它们的终极意义变得强大了。”

那是一种持久的体验与经历，将他送到了意识的不同层面，在那里，不仅仅是用它的眼耳、更是用他的全部灵魂，看到和听到了所有的一切。那似乎是一种无尽的奇迹。这个经历持续了四天时间，期间他的精神在狂喜中得到了升华，那时所有的一切看起来更加栩栩如生、活灵活现，更加美好和令人愉悦。第四天结束的时候，它的这种精神狂喜状态过去了，就这样罗宾德拉纳特跨越了他所谓的“边界时代”，那时真理的光芒很难穿透过来，那儿也是黑暗不断。但是尽管已经跨越边界，他却还有很长路要走，许多障碍还将阻在路上。

摸索

光明，啊，光明你在哪里

就在那段不同寻常的经历发生的那天，罗宾德拉纳特写下了那篇著名的《喷泉觉醒》（*Nirjharer Svapnabhanga*），这被认为是其步入诗歌成熟期的象征性标志。就像他所说的那样，那首诗“奔涌而出，就像是激流一般奔腾不息”。之前，他的心就像是喜马拉雅山上被厚冰覆盖的岩洞，黑暗浑沌。突然，耀眼的阳光穿透了冰封的幽暗，融化了层层积雪。自由了的泉水喷涌而出，汩汩地奔流向前，永不息止，越过岩石，溅起串串音符。诗歌的字符狂乱地跃动，跳出优美的舞弧。在近乎疯狂的喜悦中，他重新发现了这个世界的精彩与生命的欢乐，写下了后来以《晨歌》（*Prabhat Sangeet*）为名出版的一系列诗歌。

这些抒情诗歌较他前期的作品有了很大的提高，这不仅仅是因为此时诗人的心态更加平和、观点更加睿智，而且是因为他对诗歌语言和格律的娴熟掌握。在一首后来作为《晨歌》的开篇之作的诗歌中，他批评了自己封闭在苍白幻想中那么长时间，就像是一只尺蠖那样不断噬啮它寄居之上的那朵鲜花。在另一首诗中他审视了自己的生活，回顾了自己孩童时期是如何满怀激情地热爱着自然，后来又是如何迷失在心灵的荒原之中，致使大自然不再是光明的源泉，现在自己又是如何突然间以更宽的视觉维度找回了曾经遗失的传统。就这样，他以一个皈依者的狂热与虔诚，一首诗接着一首诗地讴歌着这种全新的信仰，直至使得人们禁不住地惊讶于这种狂喜竟然并没有像他在《夜歌》中所讴歌的类似青春期忧郁的自觉意识。

这些诗歌是即将到来的一系列宏伟运动的真正先驱和使者，在诗歌语言和格律革新的运动中，为以前从没有受到过这种运动影响的孟加拉诗歌，打开了一条全新的出路。并不是所有诗篇都表达了这种刚刚找到的狂喜。在其中的一些诗篇中，他的主要思想已经成型，这也使得他的一些诗歌，成为了交织着情感、想象、思想和乐感的完美诗歌典型，而乐感也恰恰是伟大诗歌的标志。

这位年轻人自然而然地认为，如果加尔各答的一条昏暗、肮脏的街道里，司空见惯的各种声响都可以给他带来这样的快乐，那么，如果去拜谒喜马拉雅山的话，他将有更多的快乐。于是在他兄长和嫂子的陪同下去看了大吉岭（Darjeeling），它拥有仅次于世界最高峰珠穆朗玛峰的干城章嘉山（Mt. Everest）的壮丽宏伟景致。“但是它的优势在于这儿有苏德大街。登上峰顶环视四周后，我立刻意识到我以前错过了多么美仑美奂的景致……当我正在醉心地欣赏着精美的珍宝时，珠宝盒的盖子却突然关闭了，使得我只能愣愣地盯着盛着珠宝的盒子发呆。”

最近常使他心旷神怡、感到狂喜的美，以往的时候在哪里呢？它迷人的奥秘又在哪里呢？诗人认为，他看到的美或者感到的乐感，只是宇宙脉搏不断跳动的韵律般的回声。他生动而且饱含诗意地将这个观念表述在了他在大吉岭所写的题为《回声》（*The Echo*）的诗中。和他后来将要写到的其它几首诗一样，这首诗是那样的深奥与迷人，使得评论家们就诗中究竟隐含什么样的意义而乐此不疲地争论不休。当这首诗首次出版的时候，作者的两位友人就诗歌的真正含义打了赌。“唯一让我感到安慰的是，当他们向我找寻答案时，我也同样不能够给他们解决这个谜，因而他们谁也没有因为它而输掉钱。”

诗歌的作者在他的回忆录中，对人们总是想要理解所有事物的学究瘾做出了耐人思考的评论：“可是一个人写诗就是要去说明一个具体事物的吗？诗歌实际上只是内心所感、最终以诗歌的形式找到的一个外在表现。所以，每当听到有人听完一首诗之后说没有明白其含义时，我从不会感到难为情。如果一个人在闻一朵花，但他却说他不懂这朵花的意思，我给他的回答是：没有什么要你去懂的，你需要关注的只是花的芬芳而已……可是文字却附带意义，这就是问题所在。当然，那也是诗人为什么要就诗的韵律，以及每个诗节进行不断推敲的原因所在。就因为这样，意义就要或多或少受到约束，当然情感还是有机会得以表达的。”

此书的另外两首诗最早反映了他最钟爱的哲理：存在就是生成；生命在不断地运动和自我更新；死亡并不是生命的尽头，而是自我新生的必要手段。这两首诗的题目分别是《永生》（Endless Life）和《永死》（Endless Death）。生命通过死亡得以补充，死亡并不等于消失。“我活过每年，我也在每年中死去。”他的又一首长诗也许是最具玄学色彩的，在从某种意义上说，也是这些诗歌中最为瑰丽的。通过一个将宇宙不断创造和毁灭的寓言，将印度神话和对现代物理学的思索紧密结合在了一起。在无维、无时、无光、浩渺、浑沌的太乙中，端坐着创世神梵天（Brahma），他眼睛紧闭，一动不动地处于冥想之中。突然他张开了眼睛，唱出了太古创造的圣歌。太乙布满了燃烧的星云和旋转的星体。接着保护神毗湿奴（Vishnu）吹响了他的海螺，浑沌世界产生了秩序，大地开始变得凉爽，布满了生命而且诞生了美，使心灵充实、快乐。但是宇宙厌倦了无休止地围绕秩序旋转，厌倦了自己的梵天，于是向破坏神湿婆（Siva）诉求毁灭带来的宁静。湿婆张开他的第三只死亡之眼，太阳、月亮和群星瞬间被粉碎，所有的东西在埋葬宇宙的大火中沦为虚无。太乙出现，梵天闭目冥思。

罗宾德拉纳特在加尔各答早期投资的事业之一，就是去帮助他的兄长乔迪伦德拉纳特在孟加拉创建了第一所文学院（Literary Academy）。创办这所学院的目的就是要去充实孟加拉语，把它装备成可以胜任现代思想尤其是科学思想的工具。于是兄弟二人开始着手准备，创立了萨拉斯瓦社（Saraswat Samaj），说服了许多首屈一指的学者和作家加入进来，其中就包括小说家班吉姆·钱德拉·查特吉。当罗宾德拉纳特去拜会伟大的学者、教育家和社会改革家潘迪特·维迪亚桑格（Pandit Vidyasagar）请他加入学院的时候，后者告诉他："我给你的建议是，你还是别把我算进去了，你和这些大人物搅在一起，将会一事无成的；你永远都不可能使他们彼此认同的。"这条中肯的忠告，即使今天看来也是极其合理、正中要害，而且最终被证实说得极其准确。那所学院在经过一个良好的开局之后，终于慢慢地寿终正寝，停办了。

1883 年的夏天，这两位兄弟和迦丹波利·德维搬到了印度西海岸的卡瓦（Karwar），那是一个到处是香气袭人的小豆蔻花和檀香木林的小镇。他的兄长萨提延德拉纳特被任命到那儿做地方法官。也就是在那儿，罗宾德拉纳特度过了一些非常开心、无忧无虑的生活。在那儿有他最喜爱的萨提延德拉纳特的两个孩子，也就是他在英国布赖顿时的玩伴。在那儿，他写了他的第一部重要的歌剧《大自然的报复》（*Pakritir Pratishodh*），后来被翻译成英语，题为《苦行僧》（*Sanyasi*）。这部剧作描绘了在精神和现实生活、真理和美貌、理性和爱情之间的冲突。一位苦行僧将自己关在了一个岩洞内，去达到用神秘战胜自我，并且超越自然的种种局限。歌剧开头，苦行僧站在他进行苦修的岩洞之外，以一段75行的精彩独白，宣告自己已经获得了解脱，同时对生活及生活中的诱惑进行了激烈的控诉。“湿婆从凡间清除创世留下的毒瘤，坐在那里沉迷于自己的所向披靡，我则沐泽了他的福佑。”不会再有哪怕一点儿的瞬间快乐，能够诱使他走进悲伤的黑暗深渊，因为他已经在埋葬了自知之明的烈火中焚化了一切感觉。现在他可以自豪地行走于世，去同情人类的愚蠢。

当他来到离他苦修之处最近的镇子时，他看到了一位人人都不愿去接触的女孩。她失去了父母，庙里的僧人以及其他所有的人都躲避她、驱赶她。在无助的绝望中，她抓住了苦行僧；他很久以来一直摒弃的同情与爱在他的心里激荡。一想到他自己就要变成普通人，他就感到害怕，于是逃走了。由于并不能做到长久地躲避，他最终还是返了回来，结果竟然发现女孩已经死去了。女孩的死终于使他意识到“从微不足道的事物中就能够找到伟大的意义，从有限形式的束缚中总能获得无限的永恒，从爱的灵魂中可以获得永远的自由。”

在这部剧作中还有许多其他的人物角色，但是严格地来说，他们算不上是人物。他们是没有名字或者是匿名的徒步旅行者和过路人，他们代表了在乡村或公路上的日常生活的全景。就像在其它地方所述那样，泰戈尔的剧作中满是这种代表社会不同阶层的匿名人物或者类型，这给了他不小的余地来发表自己的评论，或者只是来提醒读者无论剧情如何，剧情以外的一切还是存在的。这些人物往往使用自己的母语，就像是莎士比亚创作的那些粗鲁无礼的人物角色那样，他们往往也沉溺于自己显得粗鲁的幽默。所有这一切都使得读者可以在反映主要人物敏捷的思维和对其描述的精妙绝伦诗作中得到一丝放松。

已经在卡瓦度过了整个夏天和雨季，他们一行人在秋季又返回到了加尔各答。这次他们住在了靠近丘琳西（Chowringhee）的低地环形路（Lower Circular Road）上的一栋别墅。这儿在当时还不像现在这样，是一个布满建筑的地区。在兄弟二人所住别墅的前面是一个贫民窟（bustee），有着穷乡僻壤常见的那种小窝棚，里面挤满了苦力和下等的乡民。从一楼的窗户，罗宾德拉纳特常常可以观察到这群卑微的人们每天富有戏剧性的事件，不管男人还是女人，他们都在忙着各自的活儿，孩子们则在无忧无虑地戏耍。“对我来说所有的一切，就像是鲜活的故事一样”。令诗人开心的是自己的眼界得以拓宽。“一时间，我拥有了许多视角”。他特别想用心去看眼睛所看到的一切，用眼睛去看内心所想象的一切。准确地来说，他就这样创作出来了的那本《画与歌》（Chhabi O Gan）的诗歌集，就是他这个阶段的心理状态的出色记录。他在观察，在吸收，而且也在成长，这位能工巧匠正在练习着新的方法，不断提高着自己的技巧。

但是，并非所有的诗歌都是画，它们的特征也不可能限于其中一种。举其中一例，《罗睺之爱》（Rahur Prem）就是一篇关于他自己内心最幽深之处骚动的半象征、半玄学的抽象寓言，并不是一幅从外部可以看到的画。这也许是整本书中最富有感染力的诗歌，有男子气概，刚强有力，而且感情强烈、富有张力。恶魔罗睺，爱上了月神，而且一直在追求她。在罗宾德拉纳特的诗中，他贪婪地沉湎于情色的感官享受，并且吞噬了以光、影出现的爱。不管这位年轻的诗人在生活中，直接看到了什么还是错过了什么，他都已经了解了爱。尽管他将这份爱想象得单纯而且崇高，他却不能完全对苦恼烦闷和痛苦折磨避而不谈。这首诗就有足够佐证来说明这点。下面是对诗中几行的转述，失去了原诗的韵律，改变了原诗的行文。那是变成了柏拉图式之爱的弗洛伊德式的爱。

我理解，所以不要在乎我。
没有关系是因为无论如何，你现在和将来
永远都会是我的俘虏，你的精神被灵魂的铁链
与我的紧紧相锁。
无论你在哪里，无论处于哪个季节，我都跟在你

的身后，

紧紧相随。会是一张黑暗中的面孔，巨大的痛苦，
绝望的呻吟，乐器音调的不和谐。
我是你的伴从，自始至终，
因为我就是你自己的阴影。在你笑声中，
在你泪水中，你都会感觉到黑暗的自我
徘徊在你附近，如影随形。
在死寂的夜晚，当你顾影自怜，凄惨可悲，
你会吃惊地发现，我是多么近地坐在你的身畔，
凝视着你的脸。
无论你出现在何处，我总会出现，
我的影子横扫天空，覆遍大地，
我的哀嚎，我的厉笑四处回响，
只因我的饥渴并未满足。我始终就在那里，
直插胸膛的匕首，深藏你心里的毒药
潜伏你身体里的痼疾。

他的散文写作仍在继续，仍然是些关于社会和政治问题的足以引发争议的评论，以及对文学和哲学问题的深邃分析。那可是些开心的日子，无忧无虑，不被任何责任所累，与他最喜爱的那些人生活在一起，每天都可以感觉到自己能力在增强，每天看似慵懒，但却收获颇丰。早期的病态和难以名状噬啮着他的心灵的饥渴，早就已经让位

于健康、坚定的世界观。他正以他的天性可得的全部热情，开始去享受世界和生活。

但是命运之神却早已经在为他编织着一张罗网，那些不需要担负责任、却溢满欢乐的日子已经屈指可数了。他的兄长乔迪伦德拉纳特变得越来越沉迷于自己堂吉诃德式的空想事业，以至于他已经无暇顾及他们的家族产业。马哈希离群索居但却十分机敏，就像一位看不见的上神，对这个家里的一切时时关注着。他认为现在该是时候将这位小儿子好好地加轭，套在他们家的这辆战车上了。因为他认为如果他马哈希自己可以既参与神圣的事务又关注家里的俗事，那么他的小儿子就应该可以既从事诗歌创作又照料家族产业。但是在他能够这么做之前，这匹野马必须被好好地摔打和驯服一下。于是，一道命令秘密地下达，家人必须给这位年轻人寻觅一位合适的新娘。

按照当时盛行的习俗，家族的女士们承担起了给家族最小的弟弟挑选新娘的职责。但是她们却不能随心所欲地去挑选她们喜爱的女孩。那位马哈希在宗教事务上很是进步开明，但是在社会礼节上却是非常保守，循规蹈矩。女孩必须具有婆罗门血统。选择必须限于属于杰索尔（Jessore）婆罗门的同一支种姓下的少数几个家族内。于是，一位叫本尼马德汗夫·雷朝德胡力（Benimadhav Raichaudhury）的人的 11 岁的女儿成了最终被选定的新娘，而他本人也碰巧是泰戈尔家族产业下的一位员工。

与泰戈尔的家族比较起来，那个家庭颇显卑微，女孩也不是很漂亮，甚至所受教育也不高，仅仅读了第一本的孟加拉语初级读物。历史是充满讽刺的，就这样这桩最不浪漫的婚姻，被安排给了那个时代最具有浪漫精神的这位男士了。鉴于当时在那个时期影响人们的社会传统，当时所发生的一切就不足为奇了。罗宾德拉纳特顺从地接受了给他安排的那个选择，同样也就一点也不奇怪了。正是由于他在文学实验领域的非凡浪漫精神以及有生气活力的个性，他才更是一个温顺的孩子。他着迷于他父亲的人格魅力，不仅对后者言听计从，而且认为马哈希是不可能错的。

尽管这个结果显得有些令人扫兴，但从长远来看，它却不会因为马哈希的独断专行，以及看似并不合情理做出的选择，而让人感到有丝毫糟糕透顶的感觉。而且，这位没有魅力的新娘，最终证实却是一位出色的妻子，那种他真正需要的类型。他本人是一个浪漫到不可救药地步的人，他所需要的不是更进一步的刺激，而是一贴解毒剂。如果他娶的纯粹是一位美女的话，他可能早就已经厌倦她了，但是他却永远也不会厌倦妻子在他周围小心翼翼地筑起的防护栏，相反却使他倍感温暖和舒适。他也从未停止过向她这种发自内心的贡献表示心怀感激，正是由于她的贡献，他可以使自己的天才结出累累硕果。

这位新娘的闺名叫巴塔瑞妮（Bhavatarini），一个非常过时的名字，就像现在一样，它在当时也常常被大家拿来开心。结婚以后，那个名字就被改成了玛瑞娜妮（Mrinalini），一个很可能是她丈夫给取的十分好听的名字，也许是他在那段插曲里比较主动的一件事。娜丽妮一直是他内心中比较钟爱的名字，所起的这个名字似乎或多或少已经将它包含其中了。实际上，在那个时候他正在以那个名字创作一部散文剧。情节是熟悉的情节，是他早年青春期虚幻故事的改编，围绕着一个名叫娜丽妮的可爱、忠贞的女孩展开。这部剧由家里不同成员担任演员进行了排演，这就决定了每位演员都是部分作者，要来写属于自己的那个部分。这个实验是有趣且原创的，也许有些过于原创了，所以它没有成功。最终，罗宾德拉纳特不得不自己独自完成了剧作。

但是在这部剧作完成前，一个悲剧在这个家庭内发生了。1884 年 4 月，迦丹波利·德维，罗宾德拉纳特最喜爱的嫂子，突然自杀了。那时她才 25 岁。没有人知道她为什么会那么做。如果这个秘密为某个家庭成员所知的话，也早就随着那个成员逝去了。在缺乏真正的证据面前，任何揣度和臆测都是无益的。

这个悲剧在罗宾德拉纳特的心里留下了深深的伤痕。这是他人生中第一个巨大的悲痛，也是他第一次经历死亡的可怕现实。他之前经历了母亲的去世，但是那时候他还太小，所以不能感觉到它的影响，而且当时母亲的去世也早被他的这位嫂子倾注在他身上的爱给抚平了。但是如今她的去世却没有任何人可以来填补。在他人生最敏感的日子里，她曾经是她的志同道合者、他的知心朋友、他的避风港湾。在这之后，他在生活中又一次次地面对死亡，经历许多逝去亲人的痛苦，可是再没有任何其他亲人的去世，能够带给他心理上和才华上那般深刻的影响。那是对他心灵的猛烈冲击，从此他开始变得坚强和成熟起来。那是一种并没有留下绝望，没有留下更多痛苦，没有留下反抗命运不公的嚎叫的爱，它只留下了对生命和死亡的意义更加深刻的理解。

“直到那时候我才意识到，”他后来回忆说：“以往如此执拗于生命中那些斑驳事物，充满欢笑和泪水，以至于我除了那种情形一无所知，不知有朝一日它们竟然也会出现空白。当死神降临的那一刻，曾经构成生命中的那一部分已然变成了一片空白。其它所有的一切依然如故，树木、土地、太阳、月亮还有星辰；只是如它们一般真实的她，甚至比它们还要真实，原本在我的生命中每个地方都可以感受到，却不在了，就像一场梦一下子消失了。这个可怕的悖论使得我困惑不解。我将如何面对物是人非的一切？……在这令人窒息的黑暗之中，我的心里常常会突然产生一阵悲哀、一阵狂喜。生活不会是恒久不变的，痛苦的认识成了自我安慰的源泉。我们不再被囚禁在严酷现实的铜墙铁壁里，这实际上也是我们乐意听到的消息，我们为此感到轻松。随着我心里产生的这种超脱感，在我泪眼朦胧之中，自然之美产生了更加深奥的意义。她的去世带给了我必要的距离和超脱，使我能够看清生命和世界的整体，以及它们真实的面貌。当我看到在死亡的画卷上绘出的生命之景时，它看起来是那样地真实、那样地美。”

泰戈尔家族一直在经营着一份文学月刊《帕拉蒂》，他也常常在那里投稿。现在又新加了一份供青少年阅读的月刊《巴勒》（*Balark*），由萨提延德拉纳特的妻子创办。然而她并不能够征集到足够多的稿件，于是将补充稿源的任务交给了她这位年轻的小叔子。于是他就不得不每个月提供一些童谣、诗歌、故事、戏剧和小说之类的文稿。他为这份杂志写了一篇短小的历史小说《皇冠》（*Mukut*），几年后他为圣地尼克坦学校的孩子们排演了这个戏剧，时至今日这部剧作仍在上演。但是这个杂志的胃口是永远满足不了的。一系列的要求接着一系列的要求，他都不知道该写些什么了。一次，在从代奥克尔（Deoghar）返回加尔各答的途中，由于火车车厢内特别拥挤，以至于他无法安睡，“我想也许我可以利用这个机会为《巴勒》构思一个故事。尽管我竭力想要抓住一个故事，可是却恰恰适得其反，一阵困意袭来。在梦里，我看到了一座庙宇的石阶上沾满了献祭牺牲留下的鲜血一个小女孩站在那里，怯生地在问她的父亲：‘父亲，这是怎么了，这些鲜血是怎么回事？’父亲的心里一颤，尽量表现出生硬的态度来平息女儿的疑问。当我醒来的时候，我觉得我有了一个故事了。”

于是他开始创作小说《圣哲国王》(*Rajarshi*)，他将梦境中的情节编织进了关于一个特里普拉邦（Tripura）杰出国王的故事中。这部小说，尽管由于其历史情节剧（Melodrama）的元素受到了一定的影响，但它仍然不失为一部对传统印度教为取悦死神卡莉而献活祭品的陋俗的有力控诉。五年后他用同样的情节撰写了一部无韵体诗集，并于 1917 年将它翻译成英文《献祭》（*Visarja*）出版。这部诗集是在原小说的基础上的一大改进，既是一部文艺作品，同时也确凿无误地证明了罗宾德拉纳特的人文主义精神以及他对自己民族传统中看似愚蠢或者不人道的内容的斥责和摒弃。

马哈希还是一如既往地精明细心地关注着他的小儿子，并让他的梵社（Brahma Samj）秘书去将他的这位活泼的儿子继续栓在家族的战车上。结果如他所盼。以前对宗教从没有什么兴致，对宗教机构更不热衷的罗宾德拉纳特，现在开始认真地对待起他的新职责来。他谱写了供梵会会众吟诵的赞歌，写了一篇论罗姆莫罕·罗易王公的论文，以及几篇宣传他父亲的宗教信仰的文章；因为班吉姆·钱德拉·查特吉近来耽于鼓吹传统印度教的辉煌，他甚至还和这位令人敬畏的文学泰斗进行了一番交锋。但是这位文坛泰斗对这位毛手毛脚的年轻人太过和蔼友善，泰戈尔也认为这位孟加拉文坛名宿的误解早晚都会变得成熟。鉴于交战双方本质上都有着高风亮节，这一分歧很快消弭，并没有造成长期不和。

每个时代都有对进步的幻想，知识分子往往也被分成两拨：一拨是希望推进社会向前发展，一拨是希望踌躇不前维持现状。但是在上个世纪八十年代的印度，这种分界更加尖锐，因为西方教育和现代科学知识是全新的事物，而且也完全不同于印度传统的知识和生活方式。那些接受了这种新的生活方式的人为它所陶醉，而且总能从陈旧的传统中找出缺点来；那些害怕新事物的人，则满怀激情地死死抓住传统带来的平和的安全感。双方各执一词，在被认为是在保守的爷爷和西化教育下的孙子之间往来的一系列值得大家关注的信函中，罗宾德拉纳特清晰而又令人信服地描述了双方的观点，每个读到它们的人都会开始认同各方的观点。“恒河发源的山脉是何其纯洁和秀美，”年轻人向他的爷爷说道：“但是恒河之水却不可逆流回淌。它必须沿着恒河流经的途径，穿越脏兮兮的平原汇入大海，在那儿实现它的天命所归。”爷爷微笑着向他的聪慧表示嘉许，同时提醒他说：“人类可不是什么漂浮着的残骸废物，会没有任何抵抗地随波逐流。人类就像湍急的流水中的岩石，将它的积淀在激流中高高举起。”争论与暗喻就像是羽毛球比赛场地上的羽毛球那样你来我往地进行着，为旁观者平添了不少雅趣。

尽管泰戈尔探索新鲜事物是其与生俱来的恒久本能，但是他的文学敏感性却深深植根于他的母国文化，并在其中不断得以训练，因此他不会忽视传统。所以，在每个时代都有传统与现代的拉锯战，身在其中的他，不愿意去偏袒任何一方。他那对人性富有想象力的同情和理解力，使得他能够理解双方观点中存在的慷慨激昂的不公正。当他觉得公正和人性岌岌可危时，他也加入了慷慨激昂的队列中来。他痛恨任何形式的狂热，所以当他发现一种在印度爱国主义和感伤的民族主义名义下的极端反抗形式正在抬头，并不断地诋毁一切西方的事物、颂扬一切“雅利安的”（Aryan）事物的时候，他写了一些笔锋辛辣的讽刺作品，这些作品并没有增加他的名声，但是却表明这位年轻人是一位辛辣反讽的大师。他能够像斯威夫特（Swift）那样以笔为武器进行辛辣的挞伐。但是他生就厌恶任何形式公然的自我宣传癖，除非是在极端的挑衅之下他才会进入角斗场。

他接下来的一本诗集《升号与降号》（*Kari O Komal*），表明了对他而言他是多么有必要去进行冥思而不是去进行公开的论战。从本质上来说他是一位充满爱心的人，他热爱生命，热爱地球，以及所有在地球上活着的、动着的生物。尽管他憎恨残忍、不公正和丑陋，但是还是鲜有诗人能够像他这样深深地而且始终如一地爱着这个世界和他的同类，但是他却看起来那么离群索居、那么遥不可及。他的这本新书开篇就强调了这种信念；

我不希望为了这个美丽的世界而亡，
我想像普通人中的一员那样活着，
艳阳高照，鲜花怒放，
偶尔某个可心的人儿可以回应……

这本诗集中的诗歌数量颇多，也涵盖了大量不同主题和使用不同基调写给孩子的诗、爱国性的训诫诗、爱情诗和跃动着感官享受的快乐情诗，还有几首翻译自雪莱（Shelley）、雨果（Hugo）、布朗宁夫人（Mrs. Browning）、克里斯蒂娜·罗塞蒂（Christina Rossetti）、斯温伯恩（Swinburne）等其他的一些诗人，其中包括一名没有指出名字的日本诗人。这些诗歌中许多使用的是商籁体（Sonnet）的形式，不是正统意义的彼特拉克文体（Petrarchan）或者伊丽莎白式（Elizabethan）的诗歌模式，相反却是它们的变体；他用商籁体形成了自己的特色，自由地把握着诗歌的形式。尽管诗歌主题不同，但是诗歌的主基调却是彰显生活的欢快，以及玩味诱惑的急切。这种欢乐和急切有的时候就像是麝鹿醉于自己的麝香那样易于引人陶醉。

诗人发现了女性身体的神秘，并且醉心于它的魅丽。有一些诗歌描绘了女性的手臂、双脚、乳房、吻以及充满爱的行为，诗歌充满了好奇之感和不切实际的奇思妙想；就像是一个孩子发现了一个特别棒的玩具，他目不转睛死死地盯着，一会儿瞧瞧这里、一会儿瞧瞧那里。诗歌里悸动着成人血脉喷张的心跳。诗人幻想一位少女心中的欲想被青春的微风拂动，幻化成了她心房上的两朵鲜花。那就是为什么它们的香气如此醉人的原因所在。它们随着爱的呼唤而变大，然而在白天，它们却会感到羞怯而停止，并且乐意被遮蔽在长裙之下。吻，在他看来就像是嘴唇的幽会，在那儿两个醉心于彼此的人儿相互吮吸。离开家的两位相爱的人儿，在双唇交叠的地方进行了一番朝圣之旅。爱使他们的精神和身体结合在了一起。“我的四肢急切地想要和你的粘在一起。相爱的心灵想要融入你的肉体。”然而，爱的狂喜最终带来腻烦的产生。柔臂的相拥并没有抓住彼此太久，彼此渴望的嘴唇很快分开了。最终，记忆对这段疯狂的奇妙经历表达的敬意仅仅是一个微笑，或者，几滴眼泪。如果所有这一切只是感官转瞬即逝的短暂游戏，对精神的揶揄，那么为什么还要浪费感情，会有那么多的伤痛？年轻的诗人追问道。

并非所有感官上的纵情享乐可以使得他长久忘记使他到达彼岸世界的那个她的形象。常常是，当他一个人独坐仰望天空时，他就会被一种极大的空虚所包围。“这个清晨，从秋天温暖的梦境中醒来，我知道如今的一切并不是我心的渴求。某个她的离去，足以让我的生活成为无聊的虚度光阴。”有时候他又非常准确地记得她的存在。“她的眼神在那，但是她的妙目在哪？她的吻我仍能感觉得到，但是她的双唇在哪？”他明白欲望是一切哀伤的根源，是男人被紧紧裹在其中的广织的罗网。“当又有所欲，竟陷纷乱中。我未俘获她，却被她俘获。竭力缚芳心，竟被芳心缚。掠的世界富，打造囚监狱，我于狱中坐。欲望盛满舟，不堪载重负，陷入欲海中。”

大约在这个时期，他也创作了一部名为《虚幻幻想的戏耍》（*Mayar Khela*）的轻松音乐剧，或称轻歌剧（Operetta）。当然很难称之为剧，只不过是一系列的歌曲，或者如作者本人所描述的那样，它是“由一条戏剧性的情节贯穿其中的歌曲选集。”其中的一些歌曲非常吸引人，直至今日依然流行。这部剧的主题、结构以及基调，主要是由情感而不是由行动或者思想统领，所以当人们想要分析它的时候，总会发现他们陷入“空气之中，而且是稀薄的空气之中。”然而，如果我们可以将戏剧的主题思想从中剥离出来的话，我们可以这样归纳：自然编织了一张虚幻的网，我们这些可怜的人类深陷其中。我们追求爱情中的幸福，结果我们失去了爱情，也失去了幸福。

然而生活只是“梦境赖以建立的虚幻东西吗？”一个人能够仅仅透过自己的窗户，或者偶尔的窗外散步，就可以观察和了解到生活吗？直到他越过被遮蔽的生活的藩篱并充分地体验了生活，年轻的诗人才可能了解它的意义，感受到它的悲欢离合。

成年的到来

在我的心里，你带给我的快乐是那么的充实

1889年初，已经成为两个孩子父亲的罗宾德拉纳特携女儿玛杜蕾拉塔（Madhurilat，也称贝拉Bela）、儿子拉西（Rathi）及家人来到了肖拉普尔（Sholapur），他的兄长那时正在那儿做地区法官。在那儿，他用无韵体创作了剧作《国王与王后》（*Raja O Rani*）。这部剧作也被认为是他最接近典型的莎士比亚式的一部剧作，其中有大量的情节，大多涉及激烈的人物冲突，还有通过阴谋使之更加生动的次类情节（sub-plot）。

国王维克拉姆（Vikram）［旁遮普（Punjab）的一个土邦的国王］刚刚娶了克什米尔（Kashmir）的一位漂亮公主。他是如此深爱着公主，以至于他将所有的时间都用来陪伴在公主周围，完全不去管他的臣民的福祉。通过利用国王对王后的迷恋，她的来自克什米尔的亲戚们篡夺了这个土邦中的所有重要职位，并且通过肆意掠夺养肥了自己。抱怨之声传到了国王的耳中，可是他却充耳不闻。因为他认为人生苦短，儿女情长，所以没有时间可以浪费在“关心俗事”上。饥饿的民众聚集在王宫外面暴动，迫切要求得到食物。“这是什么噪音？”王后问道。“尊敬的王后陛下，没什么，只不过是些穷鬼的饥饿——俗不可耐的饥饿问题。他们以往满足于半饱的食物供应量，现在却要完全挨饿，他们就觉得有点过分了。这群粗俗没有教养的吵闹的暴徒，竟然毫无廉耻地索要着食物，把这宫殿甜蜜的宁静都给打乱了！”

王后还是有良知的，她恳求他的丈夫，但是他却不闻不问，反而还想把她拥入怀中。她深爱着的人的无耻贪婪和自私自利的贪欲使得他漠视自己的所有责任和人性，也使她懊丧不已，最终她离开了他，前往克什米尔的库马拉森（**Kumarasen**）王子那里寻求他的帮助，来清除她丈夫国度中那些正在喝着国民的血的寄生虫。当维克拉姆国王获悉他的王后对自己的遗弃之后，他怒火冲天，对她的爱变成了对报复的热衷。他受伤的男子汉气概变成了对暴力和征服的可怕狂热。他带领着他的军队攻进克什米尔，去好好教训库马拉森王子。没有谁能受得了他那愤怒的狂烈攻击，他的军队所向披靡，最终占领了克什米尔。库马拉森王子和那位王后被迫躲进了一个森林里。库马拉森王子特别自尊不愿投降，但是他又特别迫切地想要平息那个暴君的愤怒，使自己的臣民免于被占领所带来的苦难。于是，他将自己的头颅割下作为贡品送呈了国王。头是由自尊、悲恸的王后送抵宫廷的。当她将纳贡的头颅送到暴君的面前后，她立刻自尽了。

这部剧中的冲突是在爱情与责任、自负和昏庸的男人与自尊和充满人性的女性之间展开的。女性通过自己的不幸遭遇最终取得了胜利。在上部剧作之后不久写成的《牺牲》（*Visarjan*）这部无韵体（blank verse）的歌剧中，国王和王后的对抗被放置在了完全不同的背景之中。在这部剧中，王后和她丈夫的反对势力合谋。在《牺牲》中冲突更加激烈，也更加多元：有男人与妻子的，俗权与神权的，爱与职责的，人的意旨与宗教的既定原则的。这部剧作同样也以悲剧以及一个无辜生命的失去收场，但是在这个过程中爱的声音取得了胜利，在庙宇中逊位的神在人们的心中找到了自己的地位。

这段时间里，无论是他在创作新的戏剧，还是纵情于偶尔的闯入政治论战或者社会改革中，他的内心都是不平静，自己也是不开心的。现在就像在今后的生活中一样，每当他处在这种心绪中的时候，他总是想去旅行。如果他不能远行，那么他一定要更换住所。他将他的居所从乔拉桑格祖屋搬到了帕克大街（Park Street），后来去了大吉岭，接着去了肖拉普尔和在印度另一边的浦那（Poona），后来又回到加尔各答，接着又往西去了以玫瑰出名的甘孜普尔（Ghazipur）。西印度由于其丰富的历史，在他的脑海中一直是一个吸引他的地方。就在恒河边的甘孜普尔，身处几英亩的玫瑰园中，他想他终于找到了适合一个诗人居住的地方。他打算带着家人旅居的念头已经有很长一段时间了。但是很快，他就醒悟过来，而且发现“那个玫瑰园，当它被商业化了以后，不仅没有给这个歌手（bulbul），也没有给这个诗人带来任何灵感”。在那儿待了几个月后，他返回了加尔各答，在谢丽达(Shelidah)度过了一段时光，接着到了圣地尼克坦（Santiniketan），最后回到了肖拉普尔，与他的兄长萨提延德拉纳特呆在了一起。在那儿他听闻萨提延德拉纳特和他的年轻朋友洛肯·帕利特（Loken Palit）正计划去造访英国。他立刻决定和他们一同前往。

在所有的这些漂泊和住所更换的过程中，有一个小小的练习本始终带在他的身上，上面写满了诗歌。无论他是在凝视着冰雪覆盖的喜马拉雅山脉，还是在酷热肮脏的平原上汗流浃背，诗歌总会不断涌出。其中绝大部分诗写在甘孜普尔，是不是因为玫瑰之故，我们很难断定。传统的“夜莺”已经不见了，罗宾德拉纳特心中的夜莺却在引吭高歌，唱出了以前从未听过的旋律。这些诗歌被珍藏了三年多后，结集成《心中的向往》（*Manasi*）出版，这本诗集很快就确定了他的名声。诗人步入成熟期。这本诗集在罗宾德拉纳特从英国返回后出版。下面对他第二次去欧洲之行先进行简要的叙述会使对它的讨论更加合适。

尽管这次他给家人的信没有发表在《帕拉蒂》上，但是他却一直带着那本日记，做着记录，这在他回来之后就以《旅欧日记》(*Yurop-Yatrir Dayari*)为题结集出版了。这是一本特别迷人而且令人愉悦的日记，就像他语调轻松的所有散文诗那样，里面到处都是敏锐的观察和令人愉悦的幽默。最早的记录是在1890年8月22日，他搭乘轮船离开孟买的那天。在甲板上望着岸边的陆地不断后退，陷入沉思的诗人，以前也许没有听说过辩证唯物主义，当时却在思索着诗歌的特征，究竟能被每个时代的具体传播形式影响到怎样的程度。在印度古代伟大诗人迦利陀娑的时代里，一个与爱人百里之遥的情侣不得不以云为信使，将他的消息带给她，实现那样的目的需要几章诗歌。在蒸汽时代，一首十四行诗或者一首抒情诗就已经绰绰有余了；在原子时代甚至一个双行诗节都显得多余了。但是这些冥思，随着轮船在阿拉伯海(Arabian Sea)雨季泛滥的水域起伏颠簸，很快化为乌有。就像第一次乘船旅行一样，罗宾德拉纳特喜欢待在自己的客舱内，而不愿走出门。这次一待又是四天。

他在晚年学会了如何做一名出色海员的本领，并且多次出海旅行，但是他从没有像深爱自己故乡孟加拉的河流那样喜爱过大海。在他看来轮船就像是“一个慵懒的城堡”，在那儿，乘客们不知道该如何打发他们的时间。日记中就有一些针对喝酒作乐来消磨时光的乘客们的冷眼旁观和引人入胜的描写。船上有一位美艳的女士，她大方地展示着自己的魅力，以至于在餐厅里几乎所有的目光都死死地盯在了她的身上。那些人嘴巴机械地咀嚼着食物、眼睛贪婪地盯着她秀色可餐的双腿。诗人的双眼一定也在四处游走观望吧，要不然他怎么知道这种情形呢？接下来是周日的清晨。当其他的乘客在礼拜室内虔诚祷告的时候，这位女士却已经坐在甲板上，接受着一位狂热的信奉基督教的年轻人的忠贞宣誓了。

船到伦敦，他第一时间就去拜访了那所他曾经和司各特一家度过了那些开心时光的房子。获悉司各特一家已经从这所房子搬走，并且无人知晓他们去了哪里后，他倍感失望。但是年轻时候的爱意仅仅是一种回忆而已，伦敦有许多可以填补这份回忆的东西。英国的女孩常常乐意去阅读他在日记中所写的，关于她们的祖母或者曾祖母的记录。“走在这儿的大街上可是一件令人快意的事情。人们似乎总可以看到漂亮的面孔。我希望在家乡的那些爱国者将会原谅我对这些可人面容儿的倾倒吧，她们娇艳的红唇，高挺的鼻梁，顾盼的妙目，使得天空也更加明媚、蔚蓝。”

他又一次讴歌了欧洲社会，称赞那里被给予充分自由的礼遇的女性，有助于她们国家的壮大，而这恰恰与印度社会的情况相反。在印度，女性的唯一职责就是去精心照料男人，从而也将他们雄伟的气势阉割，使他们变得柔弱。尽管他似乎很享受在伦敦的短暂停留，但是冥思却又一次舍他而去。这种情况在他的一生中不断出现。一个有着博大同情心的人，一个世界居民——如果有这么一个称呼的话——他扎根故土，那般依恋，如果离开印度，他的诗、歌之泉就会断流，或者也只会成了涓涓细流。在 10 月 5 日的日记中他突然写道："我厌倦了这个地方，甚至也厌倦了娇媚的面容。所以我决定返回故土。"

离开伦敦前夕，他写给侄女印迪拉的一封信非常重要。究竟是什么激怒他，致使他爆发出下面的如此感慨，我们不得而知。"人只是一架，"他写道："必须严格遵循规则行事的钢铁制造的机器吗？人的思想是那样的丰富与不同，他们的欲望和诉求如此之多，这就需要时不时地调整，甚至是动摇和反复。这也使得人之所以为人，这也证明了他们活着，而不是一捆没有生命的东西。那些从没有感受到脆弱无助、从未在高墙之上心惊胆战地摇来摆去走过的人，他们的心胸是狭隘的，这样的人就算不得真正地活着。我们所谓的本能，看上去是我们在生活里常常轻蔑地提及的东西，恰恰是它引导着我们走出善恶观和大喜大悲的荒蛮丛林，走进了我们命运的无限可能。从没有了解过生命骚动的人，他们内心神秘之花的蕾瓣从不会怒放，这样的人看似快乐，胜似圣贤；他那一根筋的思想，甚至会以其强大的威势使大多数人印象深刻。但是，他却没有能力在生活中进入无限世界去真正历险。"

1890 年 11 月他返回印度后不久，诗集《心中的向往》（*Manasi*）就出版了。他那浮想联翩的想象、成熟的思想、抒情之美和由此产生的强大力量，就像是一位轻松自如地驾驭着一匹桀骜不驯的野马的骑手，牢牢地控制着他的坐骑，手中没有握鞭，马却服从他手上或者脚下最轻微的暗示，这使得哪怕是他的诋毁者也不得不信服，这才是一位真正的诗人。尽管后来他的重要诗歌的主题范围更加宽泛，这些诗歌却涵盖了其中一直存在的五个类型：关于爱情的诗歌、关于自然的诗歌、关于社会和民族问题的诗歌、关于宗教和神秘的诗歌，以及使用自然、传说中的现象或者历史轶事来体现作者玄学或者哲学思想的诗歌。毋庸置疑，当时这些类型常常没有明晰界定，更没有达到彼此融合的程度。人与神，自然之爱和人类之爱，直觉与思想，彼此交织、相互混合于他的意识之中，所以像在现实生活中那样，想要在他的诗歌中将它们彼此分开着实困难。

他回顾了传说时代中亚穆纳河（Jumna）河畔圣城布林达班（Brindaban）的浓密丛林里，最美的牧女罗陀（Radha）渴望见到黑天（Krishna），在一个风雨交加的夜晚离家出走，去寻找她的爱人的故事。他发现现在圣城布林达班依然存在于人们的心中，无论风雨交加或者寂静的满月高悬的秋日夜晚，人们心中也会溢满对爱的渴求。永恒的罗陀依然渴慕。于是一天，天空阴云密布，冽风狂吹，风沙漫天，远处恒河之上舟影皆无，他孤独一人坐在岸边，在想，她现在在哪呢？她和他呆在一起的许多年中，他从未告诉过她心中的秘密。而她认识的也只是那个个子不高、喋喋不休、孩子气十足，还未发育成熟的男孩子。

如果她现在还在这儿的话，他将如何偎依在她身畔，向她倾诉自己的心情。但是现在她走了，尽管世界的一切还在照常运行着，但是他却会永远处在无尽的孤独之中。

无论那种呼唤是多么毫无结果，欲望之火燃烧的是多么毫无意义，人类还是会禁不住地去爱和渴求爱吧？当一个人去爱和渴求爱的时候，心中的这种欲望会有限度吗？这种欲望，不管是心灵的还是感官的，能得到满足吗？在《心中的向往》中的一首诗里，他诘问的那种进退两难的窘境，他在其一生中不停地在面对着。既然他那般富有人性，他也就不能不去爱和渴求爱，他致力于将那种个人的渴求升华为人类永恒、普世的对于所有生命、光和灵魂的终极之源的溯求。

1887 年一艘载有 800 名朝圣者驶往普里（Puri）的轮渡，在暴风雨中遇险沉没，船上的人全部罹难。罗宾德拉纳特就这个悲剧写了一首诗，它不仅是这部诗集中最出色的诗，而且也许是他曾经写过的关于海上风暴最为出色的诗。那是一首壮丽恢宏的诗歌。它的韵律就像是大海因狂风掀起惊涛骇浪一般汹涌起伏。气势恢宏的想象，无与伦比的措辞，描绘出了暴风雨的黑色恐怖，声音随着死亡的雷声不断回响。如果在诗歌的末尾没有指出：在摧毁一切的恐惧中，那爱和信仰的微弱灯火依然继续去照亮人们的心灵，直至现在也没有被任何风暴扑灭，那就不是泰戈尔的风格了。用英语来对这首诗歌进行精当的艺术处理和翻译已然超越了本人的能力之外，只能简单进行转译，聊以说明诗歌作者的风格。

毁灭之神的战车发出隆隆的声音，震撼着无边大海的胸膛，来赴

自然可怖的节庆，

狂风拍打着它一百只翅膀，搅动得

天旋地转，海天混成一片，

无头、无脚、无家可归、冷酷无情的魔鬼被释放出来，到处窜行，

肆无忌惮地奔赴这个节庆的宴会

自然奏出疯狂走调的音乐，纷乱的舞步衬出凌乱的节奏！

摇摇欲坠的甲板上簇拥着八百名男女，恐惧让他们了失去知觉，

甲板下风暴女怪奥格里斯尖声高喊，死！死！死！

喷涌泡沫的大海，伸出百万只手臂，齐声鼓噪，死！死！死！

啊，我主，你却不在这里！没有同情，没有生命仅有

残忍群魔的狂欢，不去理会人的痛苦，忘乎所以！

然而在这个没有生命的和情感的物质世界里，人类

无畏地簇拥在一起。为什么毁灭恶神还没有
吞没掉人类的希望和欢乐？为什么急于同归于尽的母亲
却还是将婴儿紧紧地贴在胸怀？藐视地
面对可怕的狂怒，巍然站立。谁敢
从她的手中抢走孩子？在这个冷漠无情的、没有生命的世界里，这种爱从何处而生？
同情与残忍并肩而立。
可怕的难解之谜！极度的恐怖与极大的希望共筑了一个家园。
那么孰对孰错，谁又分得清？
日夜苦思，这个问题还是困惑着人类。
时而洋洋自得，时而灰心沮丧。恐惧、打击不断，
希望诉求不绝，
爱神裹着武器，驱走一切恐惧。
这只是两位神灵的二重之唱，
不断的摧毁与重生，不断的失败与胜利。
胜利与失败，循环往复吗？

还有一首优美的诗作《云使》（*Meghaduta*）是在圣地尼克坦的一个雨天所作。1890 年罗宾德拉纳特在那里度过了几天，之后便去了英国。当他望着天空中的乌云滚滚时，他想到了他的先辈印度古代伟大诗人迦利陀娑

(Kalidasa)，他当时就是在这样的天气里写下了那首伟大的诗歌。正是那首诗歌，使得所有那些因距离让他们与所爱之人分开的情人们之间的爱，穿越时空成为永恒。这首诗是为了纪念这位先辈而创作的一首新的《云使》，同时它也表明罗宾德拉纳特现在已经对自己的天才相当自信，所以他宣称，他与这位最伟大的经典诗人之间，有着同源关系，这也有点儿像是但丁向维吉尔 (Virgil) 表示敬意一样。

也是在圣地尼克坦，他写了另外一首璀璨的诗篇，献给阿诃利耶（Ahalya）——那位由于神的阴谋而被自己的丈夫诅咒变成石头、并且成为传说中的受害者的女子。这首诗想象经过漫长时间失去了人性的她，一定和那些无声的、没有情感的东西一样拥有了它们同样的意识，当然即使它们拥有意识，也与人类的不同。你感觉到了些什么呢，诗人问阿诃利耶，当你躺在那个被封闭紧锁的房间内，大地母亲就住在那儿，色彩斑斓的彩绘平台之下，你感觉到了什么呢？你有没有拥有大地母亲对孩子无声的爱，有没有拥有人类哺育者的耐心和痛楚？有没有过和这位伟大母亲无休无止、彻夜不眠地熬夜一样的经历，有没有面对吵杂、骚乱喧哗，以及面对横蛮任性、无法无天的孩子吵吵嚷嚷及哭喊声时感到的痛苦？诗歌继续暗示和猜测，在朦胧潜在的意识之中一定会有一些神秘的联系，将自然界和人类的世界统一起来。到那时候，大地慈爱的手已经从阿诃利耶身上除去了人类制造的罪恶。她又一次从大地母亲的子宫内诞生，成为一名新生的纯洁少女，光彩照人，就像是从被记忆遗忘的蓝色海洋中冉冉升起的朝阳。

但是不管他可能多么喜欢满足自己内心的渴望，或者多么念念不忘自然的种种神秘，他都不可能对他周围的世界所发生的一切漠不关心。这位爱国主义者、深爱着自己国家的人民，也是一位对自己的同胞愚蠢行为最严厉的批评者。在一首题为《野蛮的希望》（*Duranta Asha*）中，他严厉批评他们懦怯、没骨气、优柔寡断，还批评了他们老是吹嘘他们过去的辉煌以及雅利安人的遗产。“吃着大米、被母亲抚爱长大而又伪善的孟加拉人”，边吸着水烟筒里的烟，边洗脏兮兮的纸牌，脸上带着傻笑，然而“野蛮的希望就像是一条毒蛇一样在胸口嘶嘶作响。”恰恰相反，“惟愿我是一名阿拉伯贝都因人（Bedouin）！脚下无边的沙漠无限地延伸！马儿奔腾，沙子纷飞，我仰天长啸，胸中日夜充满怒火！手握长矛，勇气在胸，永远无家，但却像沙漠之风，自由无比！”

他辛辣的幽默和反讽的天赋在这些讽刺诗中得到了充分发挥，在其中的一首中他就恭喜了这样的一些“爱国志士”。他们忙于“建设我们的国家”，只不过，是通过为自己歌功颂德，并且诋毁不为他们歌功颂德之人的简单方式来建设。他们写满一张张请愿令，纸笔在手，渴望战斗。“孟加拉英雄”（Banga–Bir）取笑这些仅仅因为马克斯·马勒（Max Muller）并没有说我们是雅利安人，而去读完所有的关于克伦威尔（Cromwell）和墨索里尼（Mussolini）的内容后，才认定我们是最棒的书呆子英雄。

在一首非常幽默的诗歌中，他毫不留情地取笑了一位刚刚新婚、打算与他的未成年老婆做爱的浪漫年轻人。他的热情越是像个诗人似的，那个可怜的孩子越是害怕，开始哭着喊着要保姆、要李子或者她玩耍的玩具。他以一种更加严肃的口吻讨论了浪漫炽热爱情的悲剧，认为它将在婚后的最初几年之后降下温来。还有两首诗，其中的一首题为《女士心声》（*The Woman Speaks*）的诗歌满是克制的悲伤和轻微的指责，而在另一首题为《男士心声》（*The Man Speaks*）中，一个勇敢而且合情合理的请求非但不会讨好她，反而使她激怒。罗宾德拉纳特对于女性心理的了解，比他对男性欲望与虚荣自负的纠结的了解更加微妙和深刻。

有时候当禁欲主义出现在他这个印度人的心里时，他对生活的热情就会减弱，“变得像是裹着苍白思想一般。”就像普洛斯彼罗（Prospero）的魔杖突然折断那样，生命以及世界精彩的全景似乎成了虚无。为什么会有这种痛苦、狂热的追求和努力？所有的一切一定会烟消云散、化为乌有。看似得到的结果还是没有得到，最终一切只会仅仅换来叹息。有时候他觉得，现在的这种生活和以往的生活一样，他在现在所懂得的所有爱中，一直在追求着那种以多样形式出现的真正的爱，即对上天的爱。在精神上不断探求，下意识地追求着这个终极目标。宗教意识开始在他的内心翻腾，使他要与终极现实建立一种令人满意的关系，这种关系在《吉檀迦利》（*Gitanjali*）中得以最终体现。但是他对生活的热爱还很强烈，神秘意识还没有占据统治地位。因此，在一首题为《疑惑》（*Ashanka*）的诗中，他想知道：将所有的这些渺小的爱融入到这个大爱之中，但是却失去了百万颗星星的光辉，转而被仅有的一束伟大的光照耀得眼晕是不是正确?

马哈希态度坚决地认为，不管这个年轻的诗人在文学中取得了什么样的成就，作为儿子的他也应该有责任做一个普通的人，履行拥有大量田产的家庭之子的职责。罗宾德拉纳特再也不能逃避父亲的命令，而承担起了全权负责这个家庭地产的责任，而那个时候他们的田产已经拓展到了孟加拉和奥里萨（Orissa）的众多地区。这个年轻人不得不服从。尽管开始的时候，他还在逃避这个艰巨的任务，但是后来，他非常感激他的父亲迫使他做这件事情。他不仅需要这种锻炼来使自己成长为男子汉，而且他在孟加拉乡村中心地带度过的那些年也拓宽了他的视野，增强了他和自然之间的那种亲密关系，使他可以了解到他的国家不同的陆地景色，否则的话，他是不可能知道这些的。这对于他的诗歌来说是一个丰富的养料。就这样他更加熟悉了普通民众的生活，熟悉了他们日常的辛苦劳作，熟悉了他们与自然的冷酷，与更加严酷的社会正统观念，以及与格格不入的政治规则之间持续不断的斗争。

这被证实对他的天赋是一笔颇有价值的财富，也为他提供了成为成功的短篇小说家的真正基础，而且帮助他完成了对自己国家的社会、经济存在的隐忧的全面分析。这一阶段他所书写的信函大多是给他最喜爱的侄女印迪拉的，其中的摘录后来结集出版，名为《孟加拉速览》（*Chhinna Patra*），确凿无疑地证实了他作为一个普通人越来越广泛的同情心，以及作为一名诗人的越来越深邃的敏锐洞察力。由于最初并没有打算将它们出版，所以他写起来就非常自由，没有任何自觉意识（self-consciousness）在里面。它们不仅提供了对孟加拉的速览，也提供了对作者本人发展轨迹的速览。

他最喜爱的关于自然的两个方面是空间与运动、天空及河流，这两者使得他的内心感到满足。没有任何诗人像他那样深爱着不管是向上还是向下的空间，浩瀚的程度超越了感官所及的范围。他一次又一次地谈及他“对空间的渴望”，而且有一次写道：“歌德临死的时候想要‘更多的光明’。如果在那个时候我还有欲望的话，那它一定是要‘更多的空间’。”在其中的一封信中，他描述了一个晚上，他在读一本有关美学的英文书，他费力地读着深奥难解的定义并做着细微的区分。突然，他感到了厌倦和沮丧，感到似乎是误入歧途地走进了海市蜃楼的幻景，里面尽是揶揄之声。他将书扔在了桌子上。由于夜已很深，于是他打算上床休息，便吹熄了灯。当灯一被吹熄，月光从敞开的窗户一下子就泄了进来。望着皎洁的夜空，他在想一盏小小的人类之灯，怎么就能成功地将美景隔绝在外的呢？

他常去加尔各答看望自己的夫人和孩子。家里已经创办了一份名叫《萨塔纳》（*Sadhana*）的新文学月刊，取代了以前的那份《帕拉蒂》。这份期刊存在的四年多的时间里，给我们提供了一份关于天才多产且又多才多艺的罗宾德拉纳特的记录。它刊载了他的诗歌、戏剧、短篇小说、文学批评、论说文以及有关国家和民主的许多问题的辩论。自此以后，他的作品被打下了成熟的印记，无论从他的笔尖写出什么内容，都有助于对孟加拉语言文学作品的未知领域以及它的表述形式起到启发作用。如果他还继续探索的话，实际上他就没有停止过，那不是因为他还没有找到属于自己的形式，而是因为这种探索就没有终点。

那部优美的英文版独幕剧《齐德拉》（*Chitrangada*）就属于这个阶段，写于1891年，一年后出版。这也是他唯一一部在春季所写的剧作。在冬季，就像他说的那样，“抒情的激情容易冷却下来，人们也有闲情逸致创作剧作”。这是一部最典型、最卓越的抒情诗剧。每行诗中都透出了春的气息，这种气息随着感官狂喜而跃动。这部剧的主题是春天的魅力以及它对各种感官的诱惑。春天本身也是剧中的一个角色，这部剧是罗宾德拉纳特最美的巨作之一，作为一部艺术作品几乎完美无瑕，本身也跻身于经典之列。戏剧以无韵体创作，这也是他在那种形式上的最新的大胆实验。在《摩诃婆罗多》（*Mahabharata*）中记载的这个故事单调乏味，却被罗宾德拉纳特改编成了一部情节紧张、起伏、抒情、令人着迷，而且充满深邃心理学真知灼见的剧作。

齐德拉公主（Prince Chitra）从小被当作男孩抚养长大，勇武善骑，性格坚定，但却相貌平平，她也清楚自己“没有女人赢得青睐的丽质”。她双手可以拉开强弓，但是却不会爱神的眉目传情。一天她身着勇士狩猎服在林中追逐一头鹿的时候，遇到了一个躺在她的去路上的一个男子。她盛气凌人地命令他挪身让路，但是，他却根本没有理会她。愤怒的她便用弓尖尖的一端向他戳去。突然，他像燃起的火苗一样，腾身一跃而起，但是当他看到是一个穿着狩猎服的女子时，他笑着戏谑道：“现在我人生中第一次觉得自己是个温柔的女人，看到一个咄咄逼人的强悍男人站在自己的眼前了。”她问他是谁。“我是伟大的俱卢族（Kuru）阿仲那（Arjuna）。”他答道。公主大感吃惊。站在她面前的竟然是富有传奇色彩的伟大勇士，那可是每个像她这样年龄的闺中少女梦中迷恋的对象。慌乱之中的她，害羞地讲不出一句话来，甚至忘记了向这位伟大的勇士打招呼。他轻蔑地走开了。

第二天，她脱去男士的服装，穿上华美的女服，在森林里找出了阿仲那，并努力向他示爱。但是阿仲那却拒绝了她的求爱，并且说，他按照誓言正在过着禁欲生活，所以不能接触任何女性。羞辱难当的齐德拉感到内心受到了极大的伤害，愤怒地将弓摔成两半，同时向爱神玛达那（Madana）祈祷。爱神玛达那现身在她面前，身边还有他的伴从——掌管着永恒青春的春神伐森塔（Vasanta）。公主祈求道："请让我变得美艳无比，哪怕我只可以像我心底里刚刚被唤醒的爱那样美丽一天。给我让我完美的一天，我愿承担以后日子带来的一切后果。"两位神灵赐予了她变得完美的礼物而且不是一天而是整整一年。

齐德拉被变成了一位令人陶醉的少女。当她在森林边的池塘边荡着双脚戏水玩耍的时候，阿仲那看到了她，并拜倒在了她的美貌之下、被她深深地吸引了。他忘记了禁欲的誓言，向她求爱。这对彼此相爱的人儿在爱的狂热中度过了几个月。但是齐德拉却并非完全地开心。她羞愧于自己利用借来的美貌赢得了他的爱慕，她担心自己现在的身体已经成了自己的情敌。"我发现我现在的身体成了我的情敌。我每天痛恨自己以她的外貌出现，将她送入我爱的人儿的怀抱中，看她接受他的爱抚。天哪，请您收回您的馈赠吧！"天神使她相信，随着季节时光的流逝，繁花盛开的季节总会让位于硕果累累的季节，阿仲那一定会厌倦肉体的享乐，一定会去追求在她身体里的那个真正的她。同时天神还说："啊，孩子，回到你疯狂的喜庆的日子里面去吧。”

事情就那样发生了。放纵的快乐带来了必然的反应，阿仲那身上的武士精神开始渴望一种实实在在的生活，渴望“一种可以比快乐更持久的、可以在苦难之中依然延续的爱”。他的内心开始烦躁不安，“就像是一条从冬眠中苏醒过来的毒蛇”。一天他遇到了一些林中居民，他们谈论着齐德拉公主，说她不仅高贵而且勇敢，她有男人般的英雄气概和母亲般的慈爱胸怀。阿仲那开始想，这又一个齐德拉究竟是什么样的人儿。他问他美丽的情人，她告诉他，公主是一位普普通通且其貌不扬的女孩，没有任何女性的魅力，她具有的优点却像监狱的围墙将憔悴的她囚禁其中。但是阿仲那的好奇心已经被激起，他恳求齐德拉让他去见公主。

齐德拉心中暗喜，于是同意将公主引荐给他。然后她祈求神灵将她虚假的美貌拿走。神灵收回了他们的礼物，齐德拉恢复了原来的外貌，出现在了阿仲那面前，说道：“我就是齐德拉。曼尼浦尔（Manipur）公主既不是一个被顶礼膜拜的女神，也不是一个呼之即来挥之即去取悦男性的女人。如果你能将我当作在你危险的历险道路上伴你左右的志同道合者，并让我和你一起承担你人生伟大职责的话，你就会认识到真正的我。”戏剧最终以阿仲那的话“亲爱的，我的生命充实了”结束全剧。

在这部抒情剧出版的同一年，罗宾德拉纳特创作并出版了他的第一部散文社会喜剧《根本错误》（*Goray Galad*）。这是一部充满各种错误并伴以社会反讽的剧作。它那精炼的笔触、哲理的智慧堪比奥斯卡·王尔德（Oscar Wilde）。在大致相同的时候，他在伦敦也在创作着他的喜剧。这部喜剧涉及的是三个知识分子和他们情人间的浪漫情缘以及有关婚姻的窘境。情节简单，直截了当，没有次要情节的累赘，也没有任何不相关因素的干扰。欢快的闹剧自然而然地发展到高潮，没有使人感觉到有任何过分的张力，更不会使读者感到难以置信。顺便提一下，其中还有一个对当代维多利亚小说的讽刺。当时有一个浪漫的年轻人抱怨他日复一日的枯燥生活，碰都没有碰过一下温暖胴体的"没有荤腥的生活"，说："我不想这么活了，我宁愿是一个生活在一部英国小说中的人物。那样的话，我就可以和某个伊迪丝（Edith）、埃伦（Ellen）或者利奥诺拉（Leonor）云雨一番。女孩的父亲会禁止这段姻缘，但是女孩就会威胁自杀，然后在最后一章中，一切都会以婚姻的永恒快乐告终。五先令一本，说不准我能碰到几个不同的版本呢。"

大地的呼唤

他在那儿，做一名耕夫耕作坚硬的大地，做一名开路者破开巨石

已经追求到了缪斯 (Muse) 女神，就像《摩诃婆罗多》中的阿仲那一样，罗宾德拉纳特内心感到了对更加广阔的用武之地的渴求，以及作为人类一员，对过上更加充实生活的需要。他身上的艺术家细胞也在寻求着新的内容和新的表达形式。诗人的想象力也在诗人对现实生活的观察中找寻着更加坚定的支点，就像是一株盛开鲜花的攀援植物一样，需要一棵大树作为向上攀援生长的基础。乡村的生活使他直接接触到了祖国的大地；管理家族地产时，日常平凡普通的具体事务，使他能够直接看到广大人民是如何生活的。他逐渐爱上了他们，而这种爱又使得他能够理解他们的无助，那种无助那就像一位母亲面对她残障的孩子感受到的无助一样。

“我对这些劳作的人，我们的农夫们，神的无助的大孩子，有着很深的感情，他们必须食以果腹，否则就会失

魂落魄、坐以待毙。当大地母亲乳房干瘪的时候，他们也只能哭泣。当饥饿被一定程度地满足，他们就忘记其他一切。”在另一封信中他还说：“如果有某种潜意识力量能将所有人们的心连在一起，我内心里对他们福祉深深的关注，一定能够被他们感受到，并对他们起到一定的帮助。”

他的“深深的关注”并不仅仅是停留口头上或借助于诗歌来实现的。他在环境允许的情况下，尽其可能地去帮助这些“神的无助的大孩子”，让他们成长为自立自强的成年人，于是他率先在乡村社区发起了一系列的改革实验。这个国家默认或主动地处在外国人的统治之下，这种统治又依赖于那些被赋予权利的利益集团，所以希望当权者在他们维持“法律和秩序”的时候，能够给人们一点利益是徒劳的。此外，泰戈尔也认为这样的一种社会状态也是不健康的：人人都失去了进取精神，而一味指望——甚至在一些他们本来可以处理得很好的事务上——都从政府那里获得帮助和指导。

因此，他的社会发展改革项目是建立在息息相关的两条原则基础上：自立和启蒙。后者至关重要，主要是因为如果人们失去了进取精神，那不仅仅是因为他们失去了政治自由或者在身体和道德上变得慵懒，而且是因为他们的精神由于形形色色的社会制约和宗教迷信而变得不健全了。他们对最基本的科学知识一无所知。他们盲目、卑微地信仰各种宗教骗术，却对真正的科学奇迹半信半疑。他们的不幸和冷漠麻木足以证明，再没有比无知更加不幸，再没有比在无知中沉醉更加罪孽深重了。

他上学时期的那些痛苦经历以及建立在“死记硬背和考试”基础上的机械教学体系都强化了这种认识。也正是这种认识，逐渐使他觉得有责任去担当起教育家兼社会改革家的职责；这也正是他一生热衷印度乡村经济振兴的原因所在。他在这一领域内的第一次务实的实践，就是为他家庄园上的农民们的利益而进行的。许多年后，当他在制定他在圣地尼克坦进行的教育改革试验的时候，他在毗邻这个教育区的地方创建了同样规模的教育机构，命名为斯里尼克坦（Sriniketan）乡村社区发展实验中心（Sri 表示美与幸福的意思）。通过社会各界人士和服务机构的帮助，他把学校竭力建设成沟通普通农民与知识分子的桥梁，而不仅仅是教授书面知识的象牙塔。他希望他的学生成长为切实了解印度底层经济现状的社会精英。不管在像加尔各答还是孟买等一些大城市的知识分子中间有什么样的所谓进步，只要这种不关心农村现实的态度保持不变，印度就会保持停滞。

虽然他本人就是印度人民中间一位首屈一指的知识分子，但是作为一个人而不是诗人的他，从 1890 年到他去世的 1941 年的 50 年间，主要关注的却是印度农民。以他有限的资源，在他能够发挥作用的有限领域内，他帮助农民并使他们能够去建造属于他们自己的学校和医院、道路和水窖、创立合作企业、银行和自制的体系，这样就使得他们免于受高利贷和被诉讼养肥的小律师们的盘剥。1913年他获得的一大笔诺贝尔奖金，也被他捐给了在圣地尼克坦的他的学校，并且投资在了他之前在博迪萨（Potisar）的一块家族地产上所建立的农业合作银行，可谓一举两得。农民们以很低的利息获得了贷款，而学校每年也有一项固定收入。

当这位慈善的土地所有者关注着他的佃户的福利时，他身上的艺术家敏感性也使得他一直在观察着普通民众的生活：他们的喜怒哀乐及爱恨情仇、他们小小的坚韧行为和英雄做法、他们为了家庭或者宗教事业而牺牲的能力，以及在不公和压迫面前胆小的默然认命。他经常从微不足道的事物中找到重大的意义所在，在普通乡民的生活里为他的短篇小说（Short Stories）找寻到了足够的素材。至此，他已经写过诗歌、戏剧、小说和文论，在所有的这些题材中他都是一直摸索，直至找到并逐渐形成属于自己的形式。但是在短篇小说的创作中，几乎从一开始他就表现出了自己作为一位大师的能力。他遵循一种前所未有的形式和基调，这在他自己的国家中及其文学传统中都不曾出现过。他是首位给短篇小说赋予形式的人，尽管现在短篇小说已经大受印度作家钟爱，但是在艺术效果方面没有任何人能与他相提并论的，更不要说超越他了。

这些短篇小说中有许多就是由于受到他在博多河

（**Padma**，他在河上的住房也被称呼为“博多河”）生活期间他所观察到的某个场景、某个事件或者某个人物的启发而创作的。在这一阶段的通信里，他曾经提及了其中一些小说的创作经过。他看到了这条河上的一条石阶，一些布满青苔的古老石头，于是他想如果石头可以说话，那么它可以讲述多少事情啊！于是那条石阶就开口说话了（小说的名字就叫《河边的台阶》***Ghater Katha***），而且回顾了曾经有一个特别漂亮的女孩来到过这条河边。“她的倩影映在水中，她是那样地可爱，我那时曾经希望，如果我能捉住那个倩影，我一定会将它紧紧守在我的石中！”那个漂亮的女孩名叫库肃穆（**Kusum**），特别喜爱水，就像她属于那儿似的。可是过了不久，她就不再来了。石阶从她玩伴的只言片语中知道了小库肃穆已经嫁人，去了他的丈夫所在的另一个村庄。

岁月荏苒。一天，石头突然感到了曾经熟悉的脚步欢快的节奏，那是只有库肃穆的脚步才能踏出的感觉。可是，在她的脚步中再也没有了那种轻快感。库肃穆已经回到了她的村子，只不过成了寡妇。“随着恒河在雨季里积聚着它的美，”她也变成了一位风韵有加的年轻妇人。一天，一位个头高挑、长相英俊的托钵僧到了这个村子，借住在了离石阶不远的湿婆神庙。村子里的男男女女都来听托钵僧人的讲道，可是库肃穆却不在其中。日蚀的那天，远近村子的居民们聚在神圣的恒河里沐浴，其中有一些妇女就来自库肃穆婚后曾经生活过的村子。石阶听到其中的一名妇女说，托钵僧看起来特别像库肃穆突然消失并被认为已经死去的丈夫。

一个满月当空的晚上，库肃穆来了，坐在了石阶上。再没有其他人在那儿。过了一会儿，托钵僧走出神庙，走下台阶，突然看到了一位年轻的女性坐在一阶台阶上。当他犹豫着打算返回时，库肃穆抬起了头，在满月的皎洁光辉里，他们二人对视一望。很快清醒过来的库肃穆拉下面纱、遮住面容，并没有向托钵僧人致礼。托钵僧问道："你叫什么名字？"库肃穆告知了他。自这次邂逅之后，库肃穆每晚都会携花而来以示敬慕，并且凝神细听托钵僧所说的一切。

后来库肃穆又突然消失了，好长时间再也没有来过石阶，也没有来过神庙。一天托钵僧派人找来库肃穆，她来了并且低垂眼睑坐在了他的面前。当他问及她消失这么久的原因时，她回答说，她故意躲开是因为她为自己"邪恶的想法"感到羞耻，不配坐在一个圣人面前。当托钵僧人询问她的时候，她坦言她在梦中看到了托钵僧人与她行了云雨之事。自那以后，这个梦在白天的时候一直萦绕在她心头，可是她却不能将托钵僧人看作自己的丈夫或者情人。托钵僧人震惊万分。当他平静下来后，他乞求库肃穆原谅他，然后就从村子消失了。再也没有人听说过他。

库肃穆缓缓走下台阶，立在那里望着水面。"从孩提时代她就深爱着这条圣河，现在她身处危机，如果这条圣河不能将她拥入臂弯，还有谁会呢？我听到了哗啦一声溅水声，接着，万物俱寂。”

这是泰戈尔最早创作的故事之一，也非常典型。在他想象的世界中，自然界常常是一个积极的参与者。在这个故事里，自然界也是这样，甚至所谓“惰性”的东西也成为了故事的一个部分，帮助营造了一种既令人怜悯又令人敬畏的氛围。这些不是故事的情节，反而成了这个故事的精华所在。（在他的小说中甚至）高速路（**Highway**）都能以近乎同样的口吻讲述一个它所看到的关于隐秘的渴望以及崩溃的爱情的故事。在几乎所有他的故事中，作者将柔情和同情心只给予了女性，通常是年轻的女孩和小孩子。他对儿童和少年，无论是男孩还是女孩的描述，总是带有无尽的柔情，而且对他们年轻尚未成熟的思想近乎惊人的理解。相反的是，他的成年男性人物常常是被带着些许的讽刺进行刻画的，甚至有的时候他们是悲剧性的。但是，在这些早期的作品中，他并不是主要关注对人物性格或者个性发展的刻画，而是描述一种氛围，营造一种气氛，去突然暴露个性或者动机中不为人知的一面。迅速、直觉地抓住某一场景或情境下人物的潜在问题进行速写，有点像是他在抒情诗歌创作中具备的天赋，它往往会迅速地对外界的每一种印象和感觉快速做出回应。一旦留意到某个暗示或启发，想象力就会立刻启动，很快就会围绕着它编织出一则故事。

所以，当乡村邮递员——一位从城市里招聘来的受过教育的年轻人正来拜访他的时候，他能够看出那个年轻人厌倦了在一种安静、节奏缓慢的氛围中生活，于是猜想着他是如何度过生活和打发时光的。著名的短篇小说《邮递员》（*The Postmaster*）就是源于那次偶然的接触。故事中的邮递员也是一位在城市长大的年轻人，但他却在孟加拉的一个疟疾盛行的小村庄供职。这个村子的一个名叫拉坦（Ratan）孤女，已经没有一个亲人，成为了他的女仆。邮递员工作量很少，为了打发冗长的夏日之夜，他常常叫来这个女孩，一边吸着水烟一边与她交谈。他给她讲述着有关他特别想念的大城市的故事，在这段时间中还教她阅读和写字。以前从不知道爱是什么的这位孤女，渐渐被她年轻的主人深深地吸引，常常急切地等待着夜晚时光的到来。

一天，邮递员患上严重的疟疾，病倒在床。那个女孩夜以继日地在他床边护理着他，直至康复。邮递员想当然地认为这只是女孩作为仆人的忠诚，当他能够下床后他就辞掉了他的工作，准备回加尔各答。当拉坦求他带她一起离开时，他大笑不止。多么奇怪的念头啊！在他即将启程时，他给了拉坦一些钱，但是她拒绝了。她伤心欲绝，恸哭着求他不要为她担心，然后跑着离开了。当邮递员坐在船上时，他叹了口气，沉思着，这就是生活的合合分分！但是并不懂得人情世故的拉坦却盼着邮递员的消息，郁郁寡欢，终日以泪洗面。

这个故事和实际情况没有必然的对应关系，这从一封标着十六个月后的日期的信函中可以看得一清二楚。在这封信中，作者回忆起了那个晚上，当他打算拿起一本迦梨陀娑的书阅读时，“邮递员走了进来。一个活生生的邮递员不能不受到比那个死了的诗人更优越的待遇……于是我让给了他一个座位，将老迦梨陀娑放在了一边。邮递员和我之间有些联系。当邮政所还是我家庄园建筑的一部分的时候，我在过去每天都会见到他。我也正是在这个房间写作《邮递员》的。当这篇小说在周刊《西塔巴蒂》（*Hitabadi*）上发表的时候，邮递员来找我，当他不置可否地谈到这个问题的时候，满脸忸怩地讪笑着。”有一个在城里长大的邮递员被扔在了一个小村庄里的事实，就是促使作者展开想象所需的全部。有了它，作者就可以虚构出一个柔情被拒绝的纯朴女孩的悲剧，来表现人与人之间的诸种可能性关系。

以同样的方式，他一定也留意到了在加尔各答大街上沿街叫卖干果和坚果的那些体型高大、魁伟、来自喀布尔（Kabul）的陌生人。孟加拉人非常害怕这些喀布尔人（Kabuliwallas），常常把他们看作是粗鲁的野蛮人，因为他们常常以很高的利息贷出钱，而且稍被激怒就会动辄杀人；孟加拉人也把他们看作是粗暴的人，因为他们可能偷窃儿童，并且把他们装在大大的袋子里扛在肩上带走。

但是可以肯定的是，罗宾德拉纳特认为他们也是人，也一定像世界上所有的父母一样深爱着他们的孩子。所以这些可怖的喀布尔人，在泰戈尔同名小说里成了孟加拉小说中最为可爱的人物的名字。来自阿富汗（Afghanistan）崎岖山区的没有教养、粗野的巨人和五岁的不断说着颠三倒四的孩子话、不停欢笑的米妮（Mini）之间的友谊，确凿无疑而又感人地证明了跨越种族、宗教和社会偏见的人际关系。

这些故事种类繁多，技巧各异，但主要以富有启发的印象主义（impressionist）为主，注重将瞬间感觉经验转化为感情状态。故事涉及孟加拉生活的不同方面，描写了来自于不同阶级、阶层生活中不同类型的人物。由于它们出色地综合运用敏锐的观察和生动的想象，兼有怜悯和反讽而且兼及自然和生活，愈发显得非凡出众。它们也见证了作者把握事物本质的不同凡响的天赋、博爱的人性、对社会问题和社会不公正的宽容，以及无与伦比的形式感。同他的戏剧与长篇小说中的许多人物不同，它们要么仅仅属于某种类型，要么就是作者的代言人。在他的短篇小说中的人物，富有真实感，活灵活现。他们中的一些使人难以忘怀。在几个例子中，他们首先是作为伙伴活在他的心里，而且在围绕着他们创作故事前，他甚至给他们取好了名字。

他在一封信中写道：“如果我除了写作短篇小说，而不再做其它的事情，我是开心的而且我也使得一些读者开心。开心的主要原因是：我小说中的人物成了我的伙伴，当我在雨天把自己深锁在我的房间里的时候，他们在陪伴着我；在晴天的时候他们和我在风和日丽的博多河畔一起散步。今天一大早，那个坏脾气的名叫佳丽巴拉（Giribala）的小女孩就已经在我想象的世界里了。佳丽巴拉是一位活在孟加拉文学中最可爱的女性典范。这些故事里充斥着惋惜与讽刺，为荒废的青春而惋惜，对男人的自私自利以及贬低活人、赞扬死人的社会和宗教秩序的冷血进行着讽刺。”

有一位哑女苏芭（Subha），她从动物那里获得了远比从她的伙伴那里获得的多得多的真挚友爱和理解；忠心耿耿的妻子库默（Kumo）为了照料自己自负的丈夫竟然几乎失了明；不幸的纳呼玛（Nirupma）的妻子竟然仅仅因为她贫穷老迈的父亲出不起嫁妆而崩溃了；有一个卡丹比尼（Kadambini）不幸地在火葬她的柴堆上复活，但却只能像个鬼魂似的孤独无助地游荡，没有人认为死人能够复活，直到她又死去，“以死来证明她曾经活过来过”；倒霉的摩诃摩耶（Mahamaya）并不能够在她的情人面前揭掉面纱；一群具有悲剧色彩的女主角在一个无情的竺格瑙特（Juggernaut）的车轮下被碾碎。然而，并不是所有的女性都具有英勇气概或者呈现出悲剧色彩。一些女性恰恰是破坏了她们的生活、扭曲了她们的思想体系的主人公，一些是喋喋不休、怨天尤人并且把她们的丈夫逼向绝望的边缘；一些是爱珠宝胜过爱她们的丈夫。她们也并不都是印度人。他的一位最浪漫的女主人翁就是一位穆斯林公主，她为了她深爱的印度教平头百姓放弃了一切，真挚而勇敢。他以反讽的笔调娴熟地描写了她的希望的最终破灭（小说题目“Durasha”的意思就是崩溃的希望）。更加浪漫的是蒙古公主阿米娜（Amina）的故事，她准备为她父亲的死复仇，结果却发现她打算用匕首刺中其心脏的阿拉孔（Arakon）王子竟然是她曾深爱着的浪荡公子达力阿（Dalia）伪装的。

一些故事涉及了男人对于黄金的贪欲；一些涉及了冷酷无情女人刺激她们的丈夫和孩子去实现理想；一些涉及了紧紧抓住早已逝去的昔日辉煌的幻境不放的没落贵族的悲剧；一些描绘了拥有天分的浪荡公子的罕见典型，他们没有任何财富及舒适的生活，也没有爱的诱惑可以使他们受家的约束；一些关于任性的假小子，她们逐渐长大成熟，成了了不起的可爱女性；一些是关于这样的幻想：在其中自然和超自然的东西巧妙地混合在一起，使得人们疑惑它们究竟是故事还是对潜意识的探索，其中就有一个关于将骷髅悬挂在小孩罗比的教室供他们学习基础科学的故事。一些故事暴露了人们在政治上的无助以及外来统治者的冷酷无情和玩世不恭，这就像上面所提到的楚楚动人的佳丽巴拉那虚构的美好故事一样。在一个令人愉快但却饱含讽刺的幻想故事里，这个故事后来在1933年被拓展为戏剧《纸牌王国》（*Tasher Desh*），他讲述了一位王子和他的两位温和、仁厚的随从的经历。这些人物也是印度民间传说中的一些典型历险者。他们的船失事后被困在了一个奇怪的岛上，那儿的居民全部被划分了等级，像一副牌似的被贴了标签。有人是5，有人是6，有人是J（Jack），或者是小王（Queen）；有人是红方块（Diamonds），有人是红桃心（Hearts），有人是黑桃（Spades）等等。他们坐、立、战斗甚至做爱，都要严格按照既定的一套规则行事，可是他们却没有任何人理解这些规则，可是每个人却都在遵守着它们。我们在嘲笑五五六六们的时候，竟没有意识到我们实际在嘲笑我们自己的荒诞。

特别奇怪的是，当他对这个国度的普通民众生活的兴趣表现地最鲜明、最真实的时候，他的诗歌却在这个阶段中开始萌生了一种神秘感。后来这种神秘感渐渐发展，充满了他绝大部分的作品。这种神秘主义（mysticism）并不是一种他有意识接受的信仰或者哲学；也不是一种对纷扰现实的逃避，尽管他发现这种情况大有人在。他不是一位哲学家，他发现再也没有一种束缚比一个用来解释一切事物的封闭的、公式化的思想系统更令人生厌了。他甚至也很少对一成不变的信条表现出尊崇。他是如此深爱着这片土地和这种生活，以至于从未转身离开过它们。生活的神秘对他的吸引一刻也没有停止，他所遭受的痛苦，他所目睹的残忍和肮脏，不是使他感到厌恶而是使他更加热爱他生活的全部。“我们对于罪恶和道德的定义是多么地虚伪和不符合事实！”1894年他写道：“再没有比对一切生命的同情更高的宗教了。爱就是所有宗教的基础。”

他可以直觉意识到所有生命体、活动的物体，以及看似惰性的东西之间的亲密关系，这种意识中的神秘主义之根，早在他童年时期就已经扎进了他的心里了。在他人生的这个阶段“发芽”，只是意味着以前这种朦胧的意识现在变得清楚与更加明晰，而且也内化成了一种对引导他的天才和命运缪斯的追求，对他个性的内涵和更加崇高个性的追求。在1894年3月的一封信中，他写道：“我被我既不能理解也不能控制，且又令人困惑不解的神秘认识所淹没……我就像一架钢琴，里面藏着一套复杂的琴弦，但是我却并不知晓是什么使它可以演奏，谁会突然来演奏它，什么时候以及为什么演奏，我都不清楚。我只知道此刻在弹着什么，它的琴键是被高兴地还是悲伤地敲击，音符是高还是低，音调是高亢还是舒缓，音乐走调还是没有走调，但是等一下，我甚至真的知道那些吗？”

幸运的是，他并不是一位哲学家，可是他却满足于徜徉于哲学的海洋却不会为哲学里的“为什么”和“怎么样”而绞尽脑汁。事实上，如果没有音乐他就会感到不满足。诗歌是他最早挚爱的对象，不管他与其他缪斯的“约会”如何，对这一位他却始终魂牵梦绕。“写一首诗的乐趣，”1892年5月他写道：“远远超过写些一叠又一叠的散文带来的乐趣……要是我能一天写上一首诗就好了……”实际上他也几乎做到了。在 1894 到 1900 的 7 年时间里，除了出版了几部戏剧和其它散文类的作品，他出版了许多部重要诗歌集。

这些诗歌集的第一卷就是《金帆船》（*Sonar Tari*），名字取自诗集内的第一首诗歌。在一个阴雨交加的一天，天空中乌云密布、电闪雷鸣，诗人一人孤独地坐在俯视恒河的田地边缘。金帆船来了，他依稀地看到了操舵手。田里收获的庄稼已被集中起来，他把它们装满了帆船。金帆船出发了，但却没有人知道它将驶往何方，诗人一人形单影只地被留在了岸边，无尽地孤独。关于这首诗的真正意思是什么，曾经在孟加拉文学界有过一番激烈的争论。金帆船指涉什么，掌舵的人又是谁？作者自己的解释是金帆船象征着生命，它收获我们的成就，在时间的长河中满帆前行，把我们甩在了后面。金帆船在诗集的最后部分又一次出现，但是这次诗人已经登上了船。他往昔的玩伴，他心中的缪斯，梦中的情人，他的守护天使，懵懵懂懂，正在掌舵。他一遍又一遍地问她，欲将他载往何方。她却始终笑而不答，只是指了指远处，夕阳西沉海天相接的地平线。

我坐在船上问道，
“我们在那儿能找到全新的生活？
希望终究会得到它金色的收获？”
她冲我莞尔一笑，

只字未说。

这本书中还有几首十分优美的长诗，有关于众生之母地球的，有关于地球从他的腿上诞生的世界始祖海洋之神的，也有关于集万千魅力于一身的玛纳丝·桑德莉（Manas Sundari），她曾是他儿时的伙伴、少年时的梦中情人，现在则成了他的灵魂。有一首题为《我不让你走》（*I will not let you go*）的诗十分优美、感人。在诗中，诗人正打算出门旅行，家人一片忙乱，佣人在忙着打点行囊，妻子则在不断添补一些东西，以备不时之需。只有小女儿静静地坐在门槛上。当他即将离开的时候，她突然说："我不让你走。"小女儿心灵最深处的这些简单的话语概括了诗人生活中永远的伤感。一切都在进行着，奔腾不息的生命和琐事的洪流中，有一个永恒的声音在不断回响："我不让你走。"

尽管诗歌中洋溢着热情，但是这种热情却是饱含思想、充满沉思。满溢的沉思从此将会成为他诗歌中越来越鲜明的印记，洋溢的热情也会更加强烈，饱含的思想也会更加微妙。

1896年在《金帆船》之后他又出版了题为《齐德拉》（*Chitra*）的诗集。许多孟加拉读者常常将这本诗集看作是泰戈尔诗歌天赋最完美的结晶。毫无疑问，在这部诗集里的一些诗歌代表了他这一阶段所取得的最高成就，但是他的天才却像绵延起伏的山脉，横看成岭侧成峰，远近高低各不同。诗集的标题同样也表明了诗歌总的精神和基调，在第一首诗中就可以找到理解它的关键。诗中作者将宇宙的精神或者自然界称之为妙龄女郎，她的美在万千姿态中展现。虽然在外部的世界里她的美艳以不同的景致、颜色和声音在各处呈现，但是她却独守着自己心灵的家园，超然物外达到永恒。

泰戈尔对宇宙精神和现实世界的越来越深的理解，有着强烈的个人色彩。他常常根据自己直觉的感受和需要，将其形象化。他对美的热爱胜过一切，在最平凡的事物中他总能发现美。在外部世界中他可以感觉到它的点滴存在，在内心的最深处，同样也能觉察到它的存在。他知道在潜意识或超意识（Superconscious）的某个层面，这两者被紧密地连在了一起。充满并统治着宇宙的同样精神永驻在他的心里，引导着他的生活和促使他天赋的发挥。他感到了它的刻不容缓和息息相关，称它为自己的生命之神（Jivan-devata）。在他《生命之神》的著名诗篇中他说道："啊，我内心的灵魂，难道进入我的身体，你的欲望就被遏制？就像重压之下的葡萄那样，我已揉碎了我的心灵，用千杯喜忧，斟满您的酒樽。我已融化我金色的欲望之心，将为你短暂的游戏把它塑成新的形体。"他接着坦陈了自己的诸多局限和不足，恳求生命之神原谅它们。"哦，诗之主神，我如何才能将您的音乐，吟唱到恰如其分？"

这本诗集中最美的是一首写给广延天女（Urvasi）的颂歌。广延天女是一个印度神话中闻名遐迩的天女，她引诱圣贤，俘获了所有男性的心。罗宾德拉纳特描绘了她从原始海洋的泡沫中升起的情形。那时候她正在被天神在大海内搅动，全身赤裸、美洁无瑕，右手握着甘露，左手握着毒药。广延天女是位永恒完美的女性，男性一直渴求但却从未真正拥有过她，因为她“不是母亲、不是女儿、不是新娘”。

另一首诗，更加细腻精美，题为《向天庭作别》（*A Farewell to Heaven*）。诗中以内心独白的形式讲述了一个人，因为他在世上所做的好事而被回报得以在天上住了很长一段时间的故事。居住的时限已至，一切即将结束，这个人也将返回世上。这个人将天庭冷冰冰的欢乐以及祥和平静与世上交织的喜忧做了比较。这首赞美诗是对平凡俗世和单纯的人类情感的讴歌。

沉迷于音乐的诗人的心灵与他为同胞们的困苦而焦虑的良心之间在不断地挣扎，那种情感最终在一首题为《现在请让我回头》（*Turn me back now*）的尝试中得以宣泄。如果莫罕达斯·甘地（Mahatma Gandhi）是诗人的话，也会写出那样的一首诗。他谴责了自己满足于吹奏笛子，就像夏季午后一个逃学者那样，而那时候所有的人都在忙着或这样或那样的有意义的事情。于是他告诫人们赶快起身去看看愤怒之火燃至何处，去倾听一下你的同胞呼唤求助的嚎啕，去看看那些用百万之舌舔食无助之人的鲜血而且自负还在不断膨胀的政权的受害者。他描述了他的同胞们的境遇，食不果腹衣不蔽体，在自己的土地上无家可归，被剥夺了人类应有的权利，甚至失去了反抗的意愿。诗人啊，起来吧，去为那些沉默麻木的人们言说，去为那些疲倦、空虚、破碎的心灵送去希望吧。告诉他们高扬起头，紧紧地团结在一起，使他们坚信："你们所惧之人比你们还要害怕，他们在为自己犯下的罪行恐惧不已。"

但是罗宾德拉纳特并不是甘地，他那英雄般的冲动只会在偶然的场合下迸发。尽管他不仅在自己的理想追求中，而且在他的改革项目中期望可以像圣雄甘地（Mahatma）那样，但是他不可能仅仅那样地单纯。他并没有只是将自己局限于某一种理想或者某一个使命之中，因为他的后院里有九位缪斯总能把他吸引走。就在仅仅几天之后写下的一首诗里，他为过去日子的记忆和他嫂子住所阳台周围生长的金香木和茉莉烦恼不已。"她只手送出的那些鲜花何其甜美！"在另一首诗中他却又为自己一无所获而遗憾懊悔。"七弦琴就在我的手中，音乐却在我的脑中徘徊，我清楚地知道，音乐响到一半琴弦必然迸断。"

在他的诗集《金帆船》和《齐德拉》出版的期间，他又出版了诗集《江河集》（*Nadi*）和抒情独幕剧《告别时的诅咒》（*Viday-abhisap*）。以前他的戏剧大多是无韵体，现在他却抛弃了这种形式，喜欢上了连续跨行的对句

（Couplet）形式，这似乎更符合他的风格。他将这种形式化归纳入孟加拉语，并且用它取得了惊人的效果。就像在《齐德拉》中泰戈尔使用了一段简单的轶事那样，这次他使用了一个源于《摩诃婆罗多》的神话传说，只不过将它转变成了具有较高层次的心理冲突，即对知识（或职责）的献身和对爱的呼唤之间的冲突。这段轶事涉及到古代神与提坦（Titan）巨人间的世仇。提坦巨人的老师苏克拉（Sukra）知道可以长生不老和使死人复生的秘密。焦急地想要获知这个秘密的众神派遣卡查（Kacha）——他们老师的小儿子——去找苏克拉拜师。当看到这位漂亮的婆罗门时，苏克拉的女儿德瓦雅尼（Devayani）便深深爱上了他，于是说服爱她的父亲接受了卡查作自己的学生。完成了他的学业并且了解了使死人复生的法术后，卡查来找德瓦雅尼摊牌分手。下面是这部短剧的开始部分，包含了二人间的全部对话。

“那么说来你终于得到了，” 德瓦雅尼说道，“你曾经一直苦苦渴求的一切喽。众神觊觎的知识现在是你的了。但是，请你告诉我，除了离开之外，你就再没有什么渴求了吗？你所有的欲望都已经被满足了，没有任何东西萦绕你的心头，像看不见的刺扎痛你的心头吗？”

“没有。”卡查向她保证道。

“那么说，你一定是被神创造出来的快乐的那一位喽，” 她奚落道，“那么赶紧回到你的天堂去吧，用你的胜利成果平添你的荣耀去吧。他们在那儿弹奏着音乐，吹着海螺，挥舞着鲜花等待着你的荣归呢。啊，你这个婆罗门，在这儿你一定过的是一种索然无味、艰辛无比的日子吧，在异国他乡辛苦劳作，没有一个可以使你感到一丝安慰并让你开心的人儿。”

卡查如坐针毡地乞求道：“请不要那样挖苦我了，带着微笑和我分别吧。”

“微笑！这可不是在你们天堂，我的朋友。在这个世界里微笑可不是那样的廉价！在这个世界里，渴慕就像花朵上的害虫一样啮噬着心灵，像盘桓在心灵尚未绽放的莲花瓣上的蜜蜂那样一筹莫展。在这欢乐已经逝去的陬隅之地，记忆不繁衍以至相思成灾。赶紧离开吧，不要在这儿浪费你的时间了。”

卡查努力安抚并使她相信在隐居地所度过的快乐的日子将会一直牢记在他心间。他们回顾了往昔，她狡黠地提醒他，要不是她的介入，他的父亲是多么不愿意去教一个敌对种族的孩子。卡查承认并感谢了她的恩情，但是她并未满足于他的感激，以女性的含蓄暗示并迫使他承认他是爱她的，并且回忆说他曾经多么地不着调，甚至为了向她求爱并获得她的芳心而忽略了自己的学习。

“当我在料理花园的时候，是什么让你去给我取水的，又是什么原因使你觉得有必要逃学来宠爱我的小鹿的？为什么那时候，当夜色像慵倦低垂的眼睑一样笼罩着寂静的河岸时，你在草地上一定要坐我的身边唱着从天国学来的歌曲？如果知道你后来是这个样子，为什么你还要把这个头脑单纯的少女诱惑到你的圈套里？那只是你为了得到我父亲的好感而精心策划的计谋吗？”

卡查被她充满深情的话语弄得手足无措，辩称他是真的深深地爱着她的，但是由于职责所在，哪怕是牺牲掉自己的幸福，他也必须要回到他的族人中间，让他的知识为他们服务。他继续祈求谅解。

“谅解？！什么谅解？啊，你这个婆罗门，在一个被晴天霹雳击中的女人心里，还有什么谅解可言？你将回到你的天国，在那里所有的谅解都会淹没在你成功的自豪中。但是，在这儿的我，会剩下什么呢？还有什么样的雄心壮志，还有什么样的高尚使命，可以给我挫败无聊的生活，为生命注入意义？在这个森林里我不得不拖着耻辱，漫无目的地过着孤独的生活；在这种生活里有着千根针刺般的记忆，在我的一动一挪中深深刺痛着我，内心深藏的羞辱噬啮我心灵的每个角落。羞辱完全拜你所赐，啊，你这个没有良心的冒险者，闯入我的生命花园的凉荫下，舒舒服服地度过了开开心心阳光般的日子。为了消磨时光，摘下了那里所有的鲜花将它们编织成花环，最后竟然将它折断，将一个女人心里的荣耀完全践踏在了泥土里。但愿这就是我分手时刻的诅咒——希望为了它而抛弃了我的知识永远不会给你带去回报！你将永远为它所累，永远不得享用，你将只能讲授它但却永远不能将它使用。”

这段动人的戏剧性片段之后是一部完整的戏剧《马丽妮》（*Malini*），也是用的无韵体创作的构思巧妙的戏剧。它在戏剧精神和情景发展上，比上面讨论过的抒情剧，更加富有戏剧性。由于包含了理念和饱含冲突的对宗教的忠诚，从这些角度来看，它可以说是属于早期的《牺牲》类的戏剧。在这里，婆罗门教和印度教的正统理念的力量被同样地巧妙安排，映衬同情与普世之爱，就像佛祖宣扬的那样。尽管生下来就是一个婆罗门和印度改革者的儿子，泰戈尔对于印度教的感情严格来说是比较折中的，他还是或多或少地局限在对《奥义书》的哲学智慧、梵文文学遗产以及中世纪文学的崇拜里。另外，他对于佛教也是充满无尽的崇拜。据他看来，在佛教中，印度种族和思想得到了充分的发展。

他很快就写了许多描绘佛教传说与佛教主题的诗歌和戏剧。剧中国王的女儿马丽妮是他创作的第一个重要的佛教徒女主人公。但是剧中最生动且最令人信服的人物并不是这位可爱、圣洁却喜爱空想的少女，而是她的主要敌人、坚守印度正统的领导者，他在自负的个性中象征性地体现了他坚守的宗教信仰的力量和固执。戏剧的冲突不仅仅体现在对“虫蛀了的佛像”的顺从与自由选择的信仰之间，而且也体现在反应悲天悯人的诗歌与反映社会需要的散文之间。“悲悯就像是遥远夜空中的那轮皎洁的明月，将它充满魅力的光辉洒遍天空，但是这是一种隽永的现实吗？明天天将破晓，饥饿的民众将会用他们的千百只网，在这生存之海里捞取活路，他们的喧嚣将会充满天空。”但是更大的冲突却是个人的忠诚对象的冲突。如果一个人不得不做出无情的选择，他能够背叛自己的良知、宗教、国家、信念、友谊或者爱的誓言吗？这个棘手的问题是没有答案的，尽管悲惨，选择还是要顺其自然的。马丽妮能做的选择就是原谅别人和要求获得别人的原谅。

接下来是在1896年出版的重要诗歌集《晚收》（*Chaitali*）。标题意思是指，在骄阳烤干地面上的最后一滴雾水前，在杰特拉（Chaitra，本义指的是杰特拉月，印历1月，公历3、4月）的月中将最后的稻穗采拾完毕。作者似乎隐约地感觉到了他生命的春天阶段行将结束。感情的奔放以及青年时期的鲁莽和不理智，很快就会在越来越严肃和强大的精神热浪中，脱落掉它的枝叶和花瓣。这部诗集中的诗歌几乎都是短小的，而且大多数是商籁体。主题是从他在博多河两岸所观察到的平凡日常生活中得到的，有的浸染着过去短暂的遗憾或者回忆。在这些诗歌的气氛中，可以隐约看到些许阴郁的悲伤，也可以隐约地预感到这些诗歌和表现方法的分水岭。在他下一个人生阶段的被印度历史淹没之前，他将从当下收获一些不朽的时刻。一个在岸上擦洗锅的女孩，她的弟弟在她身边跑来跑去；一位上白班下班回家的劳力；一位衰老蹒跚而行的老人；

一位冲洗浑身泥巴的水牛并亲昵地叫着它名字的青年。这些和其它的一些微不足道的瞬间情景都被进行了细致入微的描绘。

罗宾德拉纳特在这一时期诗歌的创作成果，是那样的丰富和多样，更不必说他对散文的贡献了。他的短篇小说在文学中创造了一种崭新的形式，在印度文学的成就中创立了一种到目前为止还没有人超越的高度，甚至也没有被他自己在后期创作的小说所超越。他创作了轻松幽默的社会喜剧，尤其最重要的是这两部《拜贡特的巨著》（*Baikunther Khata*）和《独身者协会》（*Chira Kumar Sabha*）。前者讲述的是一个好心年迈的万人嫌，他常常坚持将自己写的手稿读给他碰到的任何人听，大家对他往往避之而唯恐不及，而且他也极其容易上当受骗，是纯粹一个头脑简单的家伙。后者讲述的是认为离开女人完全能行的那些人的窘境。这两部剧作至今仍然在孟加拉的舞台上大受欢迎，从来都是一无例外地让观众倍感开心，总能紧紧地抓住观众的心。除了他的创造性散文（creative prose），他这一阶段反观性散文（reflective prose）的数量和质量都是令人吃惊的。几乎没有哪个主题是他不曾涉及到的，包括哲学和科学在内，他宣称他为几乎所有的事物开创了全新的思路。

一本在孟加拉之外还几乎不为所知的名为《五元素日记》（*Pancha Bhuter Dayari*）的书，也许记录了他的散文在这一阶段最典型的特征以及最出色的某些成就。该书由关于生活和文学的对话和争论组成，这些对话和争论是在空气、土、水、火和乙醚这五种东西之间展开。五种元素在戏剧中充当了喜剧人物：火和水是女性，爱好打听别人的事情、多愁善感；另外三种是男性，土是冷冰冰的机会主义分子，空气是一位理性主义者，乙醚性格模糊。在书中充满智慧和打趣、理智与轻浮的话语，激烈碰撞并擦出精彩的火花。作者本人则担当了一位调停者的角色，时而挑拨，时而揭露，时而将他们不同的观点分类，像是一位眼中闪着萧伯纳（George Bernard Shaw）智慧之光的印度柏拉图（Plato）。

将他在这一阶段最后时期出版的很薄的书与他的这本日记进行比较，人们会发现，当作者不是去以一种东方圣人的姿态传播智慧，而是真正地体现自己的特色的时候，他会是多么的伟大。他在这卷书中也记录了他的智慧和幽默，只不过不是像五种元素那样微妙、耐人寻味，而是平铺直叙直白地在诗中以格言、警句、讽刺短诗和寓言来表达。他的同胞深爱着这种饱含睿智的格言警句，也喜欢去引用它们。药和智慧一样只要是以裹着糖的片剂形式提供，便可以更加的适合人们的口味。但是作者本人似乎并没有给它们赋予很高的价值，这也许从他给诗集的标题《琐事》（*Kanika*）就可以看出。

人民诗人

主啊，请让我的国家的诺言与希望，行动和言语成为现实

尽管罗宾德拉纳特在作品中说，他只想从他河中的小舟去观察那宜人的景象而对生活再别无所求，但他还是躁动不安地想要一种更加积极和更加热闹的生活。尽管他害怕市场上的喧嚣聒噪，他还是被一次又一次地吸引到了那里，而且从此再也离不开它。

当时躁动不安的情绪在盛行。沉睡的民族主义巨人开始在他的国度里引起骚动，英国政府当局开始感到紧张不安，甚至心惊胆战，在其仁慈的外衣下面，刀剑叮当作响。1898 年镇压民族主义者骚乱的镇压法案（*Sedition Bill*）被通过，伟大的爱国主义学者提拉克 (Tilak) 因此而被捕入狱。诗人奋起投入战斗。在法案通过前的一天，他在加尔各答的群众集会上朗诵了文章《论扼杀》（*Kantharodh*）。他愤声疾呼反抗政府的镇压政策，积极为提拉克辩护募集资金。不久以后，大瘟疫在加尔各答爆发，他帮助尼威蒂塔修女（Sister Niveditan）组织赈灾，并为这场可怕传染

病的受害者们提供医疗帮助。诗人正在逐渐变成了他同胞们所受伤害的医治者，也成为了他民族希望的高级精神导师，他不仅愤声疾呼而且在斗争的前沿积极伸出援助之手。

他在这一阶段所创作的文学作品，与他的政治活动的风格和气质高度一致，民谣、叙事诗以及戏剧插曲，通过这些他不断地在重塑印度历史。这些足以使得柏拉图也会对他表示热情的称赞。“献给众神的赞美诗，对令人肃然起敬的行动的讴歌，”这位希腊哲学家在他的《理想国》中说，“是唯一可以在我们的城邦中被接受的诗歌类型。因为如果你一旦打算去接受令人愉快的缪斯，不管是以歌曲还是诗歌形式，我们就应该让快乐和痛苦，而不是律法支配我们的城邦。”那位哲学家是不是忽视了快乐和痛苦本来就是生命的活力，如果没有了它们，律法的统治也只是确保了整齐划一的死气沉沉。不管怎么说，假如柏拉图对罗宾德拉纳特做出了那种称赞，那种称赞应该不会持续太久。

这一阶段的两部重要作品《民谣集》（*Katha*）和《故事集》（*Kahini*），都是叙事诗和戏剧对话的代表之作。两部作品里满是从印度教古老的过去、佛教的口头传说，以及更近时期的英雄事迹和在拉其普特人（Rajput）、马拉特人（Maratha）、锡克教徒（Sikh）祭祀记录中，精挑细选的传说和历史轶事。这些作品集抒情诗人、戏剧家和讲故事人的天赋于一身，使得它们中的一些成为了泰戈尔留给他的同胞，无论老少，都很喜欢的而且最为出色的遗产。如果将这些作品与有着印度传统色彩的史诗《卡尔纳和贡蒂的对话》（*Karna Kunti*）或者《甘陀利的诉求》（*Gandhari's Prayer*）相比的话，人们就会想到他那捕捉一个场景可能具有的戏剧化效果的惊人能力，而这种能力也只能是在《摩诃婆罗多》的篇章中才会拥有。

诗人对于基本的道德和精神价值的越来越强烈的关注，是这些诗歌的主要特征。除此之外，当然还有优美的诗歌艺术、精巧的叙事技巧和绝妙的戏剧力量。一位以自己的财富为豪的锡克教信徒来拜会该教的精神导师，同时献给他两只镶嵌着稀世宝石的镯子。导师故意让一只镯子滑落在了下面的河中，那位信徒赶紧跳下水中，去找回那只价值不菲的礼物。可是却没有找到，他于是祈求导师告知镯子坠入的具体位置。导师将剩下的那只镯子也抛入了水中说："那儿！"

还有一个故事，是关于一位向年轻的婆罗门传授神圣科学知识的古代印度教圣人的。一个家境贫困但是却很好学的小男孩来求圣人做他的弟子。圣人问他是不是婆罗门以及他的父亲是谁。孩子跑回到母亲的面前询问，回来后告知他的母亲说他没有父亲，神所给予她所有的财富就是这个孩子。圣人拥抱着孩子说："你就是最出色的婆罗门，因为你已经继承了最高贵的诚实传统。"

还有一个关于佛祖弟子禅僧优婆屈多（Upagupta）的

佛家故事。这个年轻帅气的小和尚正在马图拉（**Mathura**）城墙外面的地上睡觉的时候，突然，他感觉到什么东西撞在了他的胸口上，他一惊醒来。发现原来是城里的美艳名妓仙赐（**Vasavadatta**），她正摸黑赶往与情人幽会的路上，结果不小心撞到了他。她将灯笼照向小和尚，看到他是那般英俊，于是邀请他一起回她的家中，因为“这个坚硬不平的床不适合你”。和尚看了看她，轻声说道：“啊，可爱的人，还不是时候。去你现在要去的地方吧。时候到来我自然亲自去找你。”又过了些日子，一天当和尚再次经过城墙的时候，他看到了一位病得奄奄一息的女人被抛弃在了那里。原来是这位美艳的名妓染上了天花，城里的人由于害怕这种致命的疾病就将她抛弃在了城墙之外。和尚坐在了这位已经失去知觉的女人身边，抬起了她的头靠在他的腿上以便她能更好地休息，接着往她干干的嘴唇里喂了些水，同时给她的身上涂了些清凉芳香的檀香油膏，并祈祷她能够康复。这个女人张开双眼的时候问道：“你是谁，啊，好心人吗？”和尚回答道，“仙赐啊，我来履行我之前和你的约会来了。”

在另一首题为《微不足道的损失》（***The Loss is Negligible***）的诗中，诗人讲述了下面的这个故事：一个冬天的早晨，喀什（**Kashi**）的王后与她的随从来到恒河沐浴。沐浴后的王后心情愉悦，可是寒风凌烈，她觉得如果能在篝火边烤烤将会更加的快乐。看见附近有一所简陋的茅屋，她就让自己的随从点着了它。风助火势，很快火苗变成了冲天大火，王后特别开心，于是返回了宫殿，心情愉快地度过了一个早晨。与此同时，吓坏了的村民已经跑到国王的宫殿告诉了国王他们的不幸遭遇。国王派人叫来王后，质问她怎么能做出那样的事情。王后笑着说："只不过是微不足道的损失啊。"国王应声道："还是你自己来判断吧。"于是命令王后让出所有的珠宝和其它所有贵重的东西，并且让她离开了王宫："去自己挣取或者乞讨你的生计吧，"他告诉她道："只有那样你才可能明白为了你的一刻愉悦而烧毁了这个穷苦人的茅草屋而给他带来的损失究竟有多大。等你挣够重建茅舍的钱，我再将你接回王宫。"

"献给众神的赞美诗和对令人肃然起敬的行动的讴歌"，并不能完全让这个抒情奔放、禀赋迥异的诗人感到满足。所以，即使是在重新阐释他的国家的道德遗产，进而让它与他自己普世人文的世界观一致的时候，他同时也在连续的三卷诗集中的一系列精美抒情诗歌里，操弄着他的奇思妙想和变化多端的形式，倾诉着他自己的极大痛苦。每一卷集都是他和他国家文学发展中的一座里程碑。不管柏拉图如何评价"那令人愉悦的缪斯"，不管从她身边走失多长时间，她始终是罗宾德拉纳特最初的也是最后的爱人，他总能带着重新获得的热情回到她的身畔。

就在接下来的一部《梦幻集》（*Kapana*）中的第一

首诗中，他就意识到了自己对于空间的强烈需求，哪怕被剥夺了光明，也告诫自己的精神不要放弃翱翔，哪怕翅膀的挥动再是怎样的徒劳，也绝不放弃。“如果尘土飞扬，而音乐停止会是怎样，如果所有的伙伴都已飞回它们的巢穴，周围已被可怕的幔帐遮住，只剩下一个疲倦不堪的你爬行着会是怎样。即使那样的话，我的鸟儿，啊，我失明的鸟儿，不要收起你的翅膀，绝不要！”

还有一些关于自然的优美诗歌，尤其是那首题为《年终》（*Year's End*）的瑰丽颂歌。孟加拉年终在孟历四月到来，那时热风吹起，猛烈的沙尘暴横扫平原，接着就是一场好雨。该诗实际上就是在那样的一天写成的。人们在它热情奔放的节奏中，依然可以感受到摧枯拉朽以及带来新生事物的时代精神的强烈震撼。

并不是他所有的诗歌都回响着诗人激情的渴求，或者饱含他经过深思熟虑获得的真知灼见。有的诗歌就像是一首讲述了鞋是如何被发明的诗歌那样，就是以轻松的口吻、轻快流畅的形式，饱含孩子般的稚气写成的。但是总的来说，诗人的直觉、对自然的世俗般的热爱以及在不断变化的气氛中令人愉悦的酣畅淋漓表达，随着忧郁的反思整体上有了弱化。他看到了破败的寺庙，为庙宇中端坐的被忽视的和不再被膜拜的神深感同情，油然地想到人类已经找到了其他的神。一首动人的诗歌也许能引起弗洛伊德（Freud）的兴趣。它谴责了毁灭之神湿婆在狂怒中竟然将爱神马纳达（Manada）化为灰烬。由于他的骨灰被风携带洒遍了整个大地，所以性爱的苦恼从没有间断过地折磨着人类。诗人对精神危机和摆在他面前的十字路口的预感，反映在了他的几首诗中。生命之神越来越强调自己的贡献。“我将我的心抛入人世，你将它捡起，据为己有。我捡起忧伤，想象着它会变成快乐；你却已经将那种忧伤变成了快乐。”

但是这位异教徒并不会轻易离开他的潘神（Pans）；这位热爱生活的人，不会为了那丝毫没有乐趣的苦行般的唯一忠诚而放弃他的许多爱人。就形式创作中的十足的快乐、轻松的心境、思想的活泼、语言的生动，以及天分极致的发挥来说，无论以前还是此后，泰戈尔再没有创作过比这本诗集更好的作品，他也正是以这部作品结束了他人生的第四十个华年。好像他预感到他人生的一半已经结束，在下一半宏伟但却幽暗的人生开始之前，他开始在创作中纵情于对一段无忧无虑、转瞬即逝生活的享受。创作出的那本诗集取了个恰如其分的名字《薇思集》（*Kshanika*），名字本身就是关于转瞬即逝东西的意思。他为达到预想的效果，对语言和风格进行了大胆创新，相对于主题和想象的处理来说这点显得更加重要。他对口语语言及其省略发音随心所欲的使用，使他从中获得了意想不到的力量、活力以及乐感，可以说这种革新极大地改变了孟加拉诗歌的未来。在人民的语言中，他终于找到了属于自己的真正语言，也使得它成为了真正的文学语言。在他的一首充满魅力的抒情诗中，他祈求他的“无与伦比的她”，去原谅他心绪的不断起伏变化，以及不能去注重端庄得体，因为在雨季中，天气突然放晴，大地欢舞，人的内心又怎么能够压抑它的狂热呢？那“无与伦比的她”也许就是孟加拉读者以及他的缪斯吧。

但是这种高亢精神、天生的玩世不恭以及漠不关心情绪的强烈流露，本身也是一个转瞬即逝的插曲，那是他留给了这个他亏欠许多却即将逝去的世纪分手的礼物。他给予新世纪的却又完全不同。在他的作品中再没有出版时间如此接近但是却又彼此那样尖锐矛盾的两本书了，它们是：标志着 1900 年结束的《薇思集》和标志着 1901 年开始的《奉献集》（*Naivedya*）。后面这部包含 100 余首诗和圣歌的诗歌集，无论从写作的天数还是从作品的内容来讲，都堪比世界上成就最高的宗教诗集。其中几首后来被选入了英文诗《吉檀迦利》（*Gitanjali*）。《薇思集》中快乐的浪荡子变成了一个历经磨练的皈依者，完全承担起了对上帝和人类的职责。这位艺术家被神的人性所征服，诗中再没有空间可容纳他飞扬的想象力、机敏的思想、激荡的感情和欢快的韵律。赤裸的精神在神的面前战战兢兢、无限卑微，只能以最简单的语气述说自我。“啊，主啊，日复一日我应该站在您的面前，交叠着双手。”他已经意识到了自己的无助，所以他只好从主的那里寻求光明。其他的一切全因他的存在。“让您的明灯照亮我的陋室。我昏暗的油灯仅仅加热了空气，燃出污浊的油烟。”他不再恐惧痛苦，正是恐惧扭曲了真理。“当我凝视您博大胸怀的最深处，竟然看不到任何悲伤、死亡或者分离的痕迹。只要我离开您，我就会面对黑暗的自我，而死神就会呈现恐惧且令人痛苦悲伤的面具。”

那卷有一百首诗并配以恰如其分标题的诗集《奉献集》，是作者献给他那令人尊崇的83岁的老父亲，来感激他给予诗人的恩情的，因为在一定的意义上讲，这些掩于诗卷之中的精神和道德财富是马哈希给他的礼物。当他把草稿读给他父亲听的时候，父亲是如此的高兴，欣然给了他这卷诗集的出版资费。

许多年前当罗宾德拉纳特还是个少年的时候，马哈希听说他最小的儿子谱写了宗教歌曲，便派人叫他来唱那些歌曲。其中现在很出名的一首是以这几行开始的：

眼睛看不到您，只因您就是那眼中的瞳仁，
灵魂看不见您，只因您就是它最深处的秘密。

马哈希被深深地打动了，说道：“如果这片土地的统治者属于人民，而且也懂得他们的语言，他们肯定会好好褒奖这位年轻诗人的。”由于没有这样的统治者，于是马哈希就自己奖励给了这个年轻人一大笔钱。

尽管这些诗歌充满热情洋溢的真诚以及虔诚的献身精神，但是它们仍然不能被称为宗教诗，因为它们表达的始终是传统世俗的内容。即使在他的彼岸世界以及上帝良心的心境之中，罗宾德拉纳特不能够也不愿意将他的脸从今世的生活和眼前的土地上挪开。对他而言，摆脱痛苦并不意味着超然物外。“在一千种令人开心的盟约之中，我感受到了自由的包围。”在他心中，热爱上帝和热爱生活是同时共存、携手并进，彼此相互支撑、相互充实的。那些赞美神灵的诗歌同时也是对人民的讴歌，就像在这著名的诗句里一样：“心中没有恐惧，头颅抬得更高……”他对祖国的挚爱并没有给沙文主义（jingoism）或者排外主义（xenophobia）留有任何的空间。他拒绝将外国人看成他的国家一切不幸的唯一根源，而且还认为那些造成这些问题的人以及遭受这些不幸却不抵抗的人，在神的眼中他们犯着同样的罪过。当诗人这样写的时候，他并没有料到仅仅几年之后，这个真理将会被甘地公开宣扬和拥护。

在即将过去的那个世纪的最后一天，他创作了一首十分出色的诗歌《世纪日落》（*Sunset of the Century*）。在诗中他将狭隘的民族主义（nationalism）谴责为“民族的自私”。他在波尔战争（Boer War）的残酷和恐怖中也看到了即将到来的更大悲剧的不祥警示：“世纪的夕阳降落在了西方一片血红的彤云和仇恨的旋涡之中。”

奇怪的是，就是在这个充满强烈的宗教与道德理想主义的时期，罗宾德拉纳特写了两部小说《倾巢》（*Nashta Nid*）和《眼中钉》（*Chokher Bali*）。这两部小说奠定了印度文学现实主义和心理分析小说的基础。在这之前所写的小说，不管是班吉姆·查特吉还是泰戈尔本人所写，都属于历史罗曼史或者历史情节剧，或者是两者的杂糅。在印度文学里严格意义上的现代小说，不管是现实主义的还是心理分析的，再或者是问题小说（problem novel），都是以这两部小说开始的。

《倾巢》是关于一份日报的主编繁忙而无暇顾及他年轻浪漫妻子的家庭悲剧故事。这位心生厌倦的妻子，在与他丈夫的多才多艺的可爱表弟呆在一起的过程中得到了慰藉和刺激。他们相互启发、彼此鼓励去从事写作，双方成为了小有成就的作家。一些复杂的纠葛出现，幸福的小巢被倾翻。同样的问题在《眼中钉》里也得到了剖析，这是一部内容更加丰富、结构更加严谨的小说，同时背景也被设置在了更加复杂的环境之中。这部小说围绕着人类关系的窘境展开，描绘了在一个看似保守、经济宽裕的孟加拉中产阶级家庭中所发生的故事。这个家庭中一位失去了丈夫的母亲与她溺爱的儿子生活在一起。人们往往会认为不可能有什么大不了的事情会发生在这样一个有着诸多制约和严格社会关系的家庭之中，现实生活中不可以发生的事情在印度家庭里从来就没有发生过。但是，激情、野蛮和暴力在看似平静如水的心中放纵、彼此交锋，激烈的较量在持续着，直至这个家庭被外人看不见得浓烟烈火几乎燃烧殆尽。

总而言之，本世纪的第一年，在泰戈尔的人生中是有着重要意义的一年。无论是从他文学取得的成就、精神取得的发展、对公共事务的投入参与，还是从作为一个普通人的斗争角度来看，他几乎在每个方面他都取得了丰硕的成果。这一年还标志着他作为个体的自由的终结，在那种自由中他只对缪斯和家人拥有义务。从此刻起，他的灵魂将越来越忠诚地誓守于神。这位缪斯的情人将成为精神的导师，这位诗人将穿上预言者的魔法长袍。

他根本不知道接下来将会发生什么。他所知道的只是他再也不能心无旁骛地料理他的家族产业，命运之神正在召唤着他去投入更加广阔的用武之地。在加尔各答的持续不断的喧嚣、使他心烦意乱的琐事，是那样吵闹和令他厌恶至极。他需要亲近自然和土地，他需要平静心情从事创作，他需要活动来填补写作之余的闲暇时光。还有比圣地尼克坦更能满足他所有这些要求的地方吗？他的父亲老早以前就在那儿建造了一所房舍，后来又增建了一座庙宇，但没有神像、圣坛，也没有其它任何特别的宗教礼仪或者任何仪式所需的行头。

1898 年罗宾德拉纳特已经将他的妻子及五个孩子——三个女儿两个儿子，带到了谢丽丹，并且亲手调教起了他们。尽管他曾忙于做他长子的英语老师，但是他本人仍然是他所有孩子的最重要的老师。童年时糟糕的教育给他带来的一切痛苦使得他就教学的基本原则思考了许多，也写了许多文章。现在通过将这些原则付诸实施，他又有了全新的见解。但是仅仅随意教授自己家的孩子还是不够的；他需要一个更加宽广的天地来进行系统的实验，于是他想，为什么不搬到圣地尼克坦并在那儿开办一所小小的实验学校呢？他的想象中出现了种种理想画面。画面中呈现了一个林中圣地（tapovana），或者说是古印度时期林中隐士居住的地方，在那儿学识渊博的圣人和他们的弟子生活在一起，同时教授他们生活要朴素以及情操要高尚的原则。他将恢复这种古代的理想，将那种英国统治者从维多利亚的贫民窟中借鉴而来的枯燥和机械的教育体系，取而代之以一种全新的、富有创造力的体系。在这种全新体系中，教和学都会是令人愉悦的。他将把古代精神和现代背景相结合，将古老的东西以全新的模式重塑。

1901年12月22日，他在圣地尼克坦，与五名学生（其中一位是他的长子）以及同样多的老师一起举行了他的学校落成仪式。他根据古代森林的隐士住所的名称，将这所学校命名为梵文学院（Brahmacharya Asrama）。正统的印度教徒一定会对这个亵渎神圣的学校倍感不舒服，因为五位老师当中三位是基督徒，一位是以前作过他长子英语教师的英国人。但是那恰恰是泰戈尔追求的方式，用他自己的形式阐释传统，根据自己的见解对死者表示敬意。然而代价是惨重的，因为他既没有得到正统人士的支持，他们对他这位大不敬的创新者侧目而视，也没有得到激进分子的支持，他们为他喋喋不休地念叨传统而对他敬而远之。最终他只能茕然孑立。对诗人来说那是一种理想的状态，但对于一位需要资金和人脉来充实自己学校的改革者来说，可就远远不是了。甚至于连他的崇拜者和怀有好意的祝愿者，都倾向于认为那所学校至多是诗人一时兴起或突发奇想的一个念头而已。他发现很难为他的学校募集到足够的资金，招收到足够多的学生，最终不得不出售了他在普里的房产和一部分个人图书馆来弥补开销的不足，他的妻子也慷慨地卖掉了一些珠宝帮助他继续维持。

但是，这所学校并不是诗人的一时兴起或突发奇想的一个念头。这是他誓将进行到底的全新尝试（sadhana），一种为了使他的同胞受益而创造性地努力的一种尝试，也是一首哪怕到了生命最后一刻，他都会持续努力去创作的史诗，即使它未被完成也要让它随他成长。毫无疑问，它是只属于诗人的一个梦想，因为除了诗人还有谁能“将一朵尚未诞生的花朵的最早消息带给一个充满怀疑的世界？”要不然还有什么法子可以解释这样的悖论：在他创作的事业处于惊涛骇浪的至关重要的十年中，在他在当时印度的国际大都市已经打下了首屈一指事业的基础时，在他开始获得甚至是他的诋毁者吝啬的掌声时，他却选择接受一个校长的职务。那个职务可是属于印度当时最不被看好的职业，而且那所学校也处在孟加拉荒原上一个默默无闻的角落里。可是他就那么做了，他更喜欢一种几乎简朴到了极点的生活（顺带提一下当时的圣地尼克坦可提供不了现在所谓文明生活的任何享受），而不是加尔各答那便捷的生活方式和光怪陆离的迷人社会。他的做法足以证明，如果有这必要的话，这个全新职位本身是一种使命而不是一个游戏。

他对于影响人们福利的问题一直深感兴趣。在所有的这些问题中，似乎没有比现在盛行的教育体系更加值得他关注了，因为这个体系不仅没有能够促进，反而还阻碍了正在成长的这一代人的身心发展。他是最早看透这个体系的诸多弊端和自欺欺人者之一。似乎在他看来，这样的做法是错误的：孩子们不是被鼓励着用自己的母语自由、开心地表达自我，而是从很小的时候就被迫去掌握外国语言的错综复杂的用法，从而将他纤弱、尚未发育成熟的心智用在了平衡自己的拐杖上，却完全忘记了去使用自己的腿。他依然没有忘记他上学的那些日子，那时候“我们不得不呆呆地坐在那里，就像是某个博物馆里僵死的标本，而与此同时，一堂堂的课程就像砸向花朵的冰雹一般从上面砸向我们”。

孩子在心底里对自己所处的环境特别感兴趣，所以也特别善于接受感官印象。他早在使用他的大脑去学习之前，就已经使用自己的四肢和感官去接受新鲜事物了。为此，必须给予他一个能够刺激和满足他的好奇心，并且能使他轻松和快乐地接触周围世界的环境。他应该被鼓励着去做他自己喜欢的事情，尽可能少地依赖老师去学习。这种使孩子们能够去喜爱和理解自己的环境，在大脑被过度使用之前用四肢和感官去学习的教学艺术，率先在圣地尼克坦被发展。这些基本原则后来被圣雄甘地（Mahatma Gandhi）改进，形成了以后印度人众所周知的基础教育体系，但这些原则在甘地之前老早就已经存在了。

就泰戈尔看来，最好的老师就是自然界。所以他学校的课程是在空旷的室外和树下进行的，学生们被鼓励在他们不同的心境和人生阶段去研究和热爱自然。他坚定地认为科学的教育必须源于对自然研究的基础上，自然而然地产生，对感知的培养，必须利于孩子的好奇心和能力的形成。泰戈尔说，在孩子情感和感知能力的培养上，音乐和美术的影响同等重要。真正的教育必须是对整个完整的人的教育，是将情感和感知看作与智力同等重要的教育。泰戈尔说，充分发展的个人不会局限于自我狭小的天地，相反会拓展到他所处的社区。因此，在他的学校，培养个人的进取心和自立自强时同样强调社区服务。

教育也不是一株引种来的有异国风味而且只能在暖房里成长的植物。如果它不竭力将根系深深扎入土壤，使自己适应自然环境，那么它对人们就没有价值可言。当时的知识分子在一定程度上，甚至现在的知识分子都必须承认的一个令人痛心且羞辱的事实是，他们都在从西方套用他们的思想和行为模式，实际上甚至套用他们的情感和知感。为此，泰戈尔评论道："我们国家的教育机构是印度乞讨知识的钵盂；它们削弱了我们国家的自尊心；它们鼓励我们去愚蠢地展示用借来的羽毛所做的装饰。"生活从不模仿，它不断吸收和归化，所以他警告他的同胞："如果整个世界最终变成了一个言过其词而被夸大的西方，那么这种没有节制地对西方的拙劣模仿就会消亡，因为它已经被碾碎在了自己荒诞的行径之下。"

这些就是他教育理想的主要原则，他以自己仅有的资源实践着它们，尽管开始的时候有些寒酸。他并没有将这所学校时刻攥在手心，而是将学校留给了他的助手们去打理，自己则去忙更加崇高的事情了。他绝不是一个躺在扶手椅上的空想家，尽管有时候他给人的印象就是那样。他坚定地信仰自己所做的一切，并在上面倾注了自己所有的精力和心血。他不仅监管着学校的日常事务、负责梵文学院的管理，而且还参与到所有的活动中去，同时还亲自给孩子们授课。他深爱着孩子，喜欢与他们呆在一起，喜欢教他们知识。他始终坚信每个孩子都从上帝那里带来了一条信息，所以他才相信上帝并没有对人类失去信心。发现在孟加拉没有合适的、可供使用的启蒙读本和教科书，他就亲自编写，而且也鼓励他的同事做同样的事情。诗人不仅可以歌唱，而且可以辛苦劳作。

孤独的朝圣者

……让我的生活简单明了，就像您满奏音乐的芦笛一样

好像是为了检验他的这位新皈依者，上天让他承受了一系列逝去亲人的痛苦和磨难，就像他曾经对待《旧约》（*Old Testament*）中的约伯（Job）一样。他在圣地尼克坦住下才几个月，他的妻子玛瑞娜妮就患了重病，被送往加尔各答的医院救治，但她在那里于1902年12月23日与世长辞了。二十年来这位温婉优雅、深居简出的夫人极其投入地照顾着他，并且为他生育了五个孩子。尽管年纪轻轻而且生活在贵族社会中间，她却穿着朴素，几乎没有佩戴过什么珠宝首饰，心甘情愿地使自己适应她丈夫的理念。只有当他不让她为孩子穿着华美服饰时，她才喃喃地抱怨几声。她也很快学有所成，不久以后就可以不仅娴熟地运用自己的语言，而且也可以娴熟地使用英语和梵语了。在她丈夫的劝说下她将一本简写梵语《罗摩衍那》翻译成了孟加拉语。她也参演了他的戏剧《国王与王后》，并且在她的表演中将她饰演的角色进行了淋漓尽致的表现，难

怪她最终可以赢得丈夫的倾心。当她病倒卧床的时候，他也给了她悉心的照顾，这足以说明那一点。整整两个月，他日夜悉心护理着她，并且拒绝聘请专业护士。那时候还没有电风扇，当时在场的人在他们的文字中记载了他们对这位悉心的丈夫的尊崇。那时他常常坐在床边，手摇蒲扇轻轻地为他的妻子送着凉风。在她去世的那个晚上，他彻夜在露台上徘徊，并且严令禁止任何人前去打扰。

像往常一样，他的情感在诗歌中得以宣泄。那些诗歌结集成册，最终以一部包含 27 首诗歌在内的诗集出版。这部诗集以其无比的柔情和简洁的语言引人注目："我那个夜晚是躺在床上悲伤地度过的，双眼疲倦却夜不能寐。"在他还未能够回报她给予他的那么多馈赠，她就匆匆地溘然长逝了，现在他能做的就是将他打算给她的一切献给上帝。"她的黑夜终于看见了黎明的曙光，您将她拥入怀抱；我把对她的感激和回报致献给您。"他心神恍惚地在屋子里到处找她，最终却意识到他将永远不能在人世间再见到她。"我的房子如此狭小，可是已经逝去的一切，在这儿却无从找到。您的宅第无限宽敞，我的主啊，我已来到您的宅前将她寻找。"他在她的遗物中，发现了自己曾给她写过的一打信，那些信被她就像宝贝一样细心保存着，让他颇为感动。他祈祷对她的记忆像她曾经给他的家带来秩序那样可以为他的生活带来秩序。这些诗歌在一年后被收集在诗集《回忆》（*Smaran*）中出版。

掩饰的悲伤往往要比直白的悲伤更加令人震撼。一般来说，鲜有读者会猜想到泰戈尔关于无忧无虑、快乐天真的孩子的诗歌会是在这个充满忧郁沮丧和焦虑的阶段写成的。他的妻子去世后不到几个月，他的二女儿丽努卡（Renuka）就病倒了，医生建议到更适合她体质气候的山区居住。于是这位父亲就带着她和自己两个最小的孩子——失去了母亲的女儿米拉（Mira）和儿子萨明德拉（Samindra）先是到了哈扎里巴格(Hazaribagh)，接着又去了位于喜马拉雅山脉的阿尔莫拉(Almora)。他不仅要照顾病痛中的女儿，还要照顾两个最小孩子的饮食起居，现在他们没有了母亲要完全依赖着他。为了孩子们，他不得不藏起忧伤、悲恸和焦虑，去参与到他们感兴趣的小事情中，去倾听他们的咿呀之语。就这样他写下了一些诗歌，后来结集以《儿童》（*Sisu*）为名出版。那是“一个关于孩子的诗歌集，在世界文学史上都是独一无二的”，捷克斯洛伐克学者里莱斯妮（Prof. Lesny）这样评论道。这些诗歌中的一些后来被翻译成英语并被收录在了《新月集》中。

这些诗歌不仅是孩子们津津乐道的精美之作，而且它们还见证了罗宾德拉纳特对孩子们深深的体贴入微、对他们任性想法的直观理解，以及对他们天生聪慧的坚信。它们使我们了解到了“当我们还是婴儿的时候，我们周围的天堂是什么样子”。“采珠人潜水寻找珍珠，商人们出海远航，而孩子们却将鹅卵石搜集，然后又把它们撒开……

在无尽的海滨，孩子们快乐地相聚。”

1903 年 9 月，在丽努卡母亲去世后的第九个月她也离开了人世，那时她才仅仅 13 岁。这位早慧老成、多愁善感而又不同凡响的女孩颇得她父亲的喜爱。她的去世给他带来了很深的触动，但是他却将忧伤深深地掩藏，没有丝毫流露。他埋头进行自己的创作，继续不断地用自己的作品充实着《孟加拉之镜》（*Bangadarshan*）的版面。然而令人困惑不解的是，正是在这一个阶段，他在这个杂志上刊载了被认为是他纯粹为了娱乐读者而创作的唯一小说。这部作品构思精巧，就像是英译本《沉船》（*Nauka Dubi*）那样没有任何哲学或者复杂的东西所累，也没有沦于悲剧的气氛。那是一个由于妻子身份出现阴差阳错后而带来窘境的故事，故事语调轻松略显幼稚，其中还不乏对景色宜人的自然之境的描绘。

女儿丽努卡去世四个月后，诗人又一次承受了失去亲人般的悲痛打击。一个年轻有为，名叫萨蒂斯·罗伊（Satis Roy）的诗人，泰戈尔对他犹如亲生儿子一般挚爱。他是一位和他一样的理想主义者，曾经是圣地尼克坦的一名教员，也许随着时间的推移会成为他的得力的助手，但是却突然染上天花死了。整个学校因为惧怕传染暂时搬到了谢丽丹。不久之后，他的父亲马哈希于 1905 年 1 月 19 日与世长辞，时年 88 岁。这位杰出伟大人物的去世标志着在印度历史上一个极其重要时代的结束，一个印度宗教和文化复苏的时代，一个有着为印度政治觉醒铺平道路、对文化和道德坚定支持的人们的时代。从那以后政治运动式微，道德和文化的理想也没有在印度舞台上占据统治地位，尽管那些是甘地或者泰戈尔的伟大梦想。

强势铁腕的印度总督寇松勋爵（Lord Curzon）在他任期的最后一年1905年，宣布孟加拉分治，这进一步刺激和挑衅了印度民众。由此拉开了离间这个国家两大宗教团体的序幕，最终导致印度处于分裂状态长达42年之久。期间印度处于印度历史上史无前例充满暴力和恐怖的大屠杀状态。泰戈尔老早以前就已经警告过他的同胞警惕这个危险，现在他挺身而出投入论战之中，发表言辞激烈的演讲并且谱写爱国主义歌曲，甚至领导了抗议瓦解印度的游行。学生们被赶出大学，因为再也没有比胆大妄为地歌唱爱国主义歌曲更为严重的罪过了；为了给他们提供教育，他和一些教育家制定并推行了一个给全国教育通用的教育大纲，并成立了国民学院。著名的哲学家奥罗宾多·高斯（Aurobindo Ghosh）成了第一任院长。正是由于这个学院，泰戈尔作了关于文学创作原则的一系列著名讲座，后来结集以《文学》（*Sahitya*）为题出版。他希望通过领导大家反抗外邦统治，可以将新唤醒的争取民族自由的激情与再造一个生机勃勃民族的计划成功地紧紧结合在一起。在一系列著名的讲座和文章中，他作出了规划并且列出了纲要。在其中他预言到了圣雄甘地后来所领导的全国范围内的非暴力不合作群众运动的几乎所有原则。

但是泰戈尔不是甘地。他缺乏圣雄甘地不知疲倦持之以恒的耐心、冷静的判断、处变不惊的意志力、善用策略的禀赋，以及杰出的领导才能。他庄严地驾驭了这个风暴一段时间，但是当它不可避免地演变成一场充满暴力的强劲风暴时，他立刻悲伤但却明智地从阵地上退了出来。由于从这场他曾英勇激励的斗争中退出，他广受严厉的批评，但是如果人们想到泰戈尔敏锐的洞察力就不会那样了，因为知道自己的局限性，所以他明智地从自己不能引导正确方向的那条道路上退了出来，他更明白自己不会因为公众的谩骂而偏离自己认为是正确的道路。那也是一种英雄主义。他的英雄主义歌曲显然没有任何沙文主义或者粗鲁的狂热激情因素，依旧在继续激励着民族的斗争。在一定意义上讲，埃兹拉·庞德（Ezra Pound）所说不无道理，“泰戈尔将孟加拉歌唱成了一个统一的民族”。

不管他从那场斗争中的退出对于那次政治运动来说是不是一个损失，但是对圣地尼克坦以及孟加拉文学来说，却绝对不是一个损失。除了大量的有关社会、民族和教育问题的文章、文学批评、民间文学以及充满哲理的歌词歌曲外，他还写了一些幽默讽刺的特写，同时还创作完成了又一卷重要的诗歌集，即1906年出版的《渡口集》（*Kheya*）。这部诗集的题目象征着诗人恋恋不舍的期待心情，期待渡船前来将他渡到彼岸。他最近遭受失去亲人带来的许多打击和失望，却使他的毅志力变得坚强，使他为即将到来的巨变做好了准备。诗集中绝大多数的诗（一些是歌曲）充满梦幻般的朦胧和象征意义；其中 11 首被收入后来的英语诗集《吉檀迦利》，还有一些被收录在《园丁集》、《收获集》、《情人的礼物》和《渡船》这些诗集之中。

> “囚徒，告诉我是谁煅造了这条坚不可催的锁链？”囚徒答道：“是我自己在小心翼翼地铸造这条锁链。我本以为我的锁链将会缚住世界，而唯独让我自由。于是我夜以继日，卖力地敲打着炉火中的锻铁。当锁链铸成，我却发现已经将自己束缚在这条锁链之中。”

诗人还在诗歌中将自己描绘成了一个乞丐女。她正在四处乞讨的途中偶遇了王子。王子停在她的面前，伸出一只手说道：“给我点东西。”她羞愧地满面通红。她能给他什么呢？她从口袋中羞涩的取出了一枚铜币，放在了他的手中。当她回到家后，打开口袋，竟然发现里面有了一枚金币，代替了被她送出的铜币。“啊，为什么我不送出我全部的钱币呢？”她痛苦地说道。

在另一首诗中，他成了一位夜晚翘首期待情郎的女士。“暗室之王降临到了死寂的夜晚。”后来他将这个象征意义在他著名的剧作《国王》（*Raja*），也就是著名的英文版《暗室之王》(*The King of the Dark Chamber*)中进行了精彩的阐释。

1907年交织着痛苦和所取得的成就。社会生活带来极大失望之后，随之而来的是个人极大的悲痛。不管他在加尔各答、圣地尼克坦还是其他地方的斗争进展如何，他一直笔不辍耕地在进行着创作，并且创作出了涵盖大量主题的最出色的散文。除了最重要的长篇小说《戈拉》(*Gora*)——开始时这部小说是以刊物连载的形式出现，他还出版了四卷文学论文集，涵盖了不同的文学类型：阐述普遍意义上的文学及文学观的《文学》(*Sahitya*)、《古代文学》(*Prachin Sahitya*)、《现代文学》(*Adhunik Sahitya*)以及《民间文学》(*Lok Sahitya*)。这些题材范围广泛，所作分析冷静理性、透彻简明，语言风格引人入胜，使之成为了文学的典范。罗宾德拉纳特是率先将整个印度文学类型纳入其全面的文学赏析之中的印度作家之一，从古典的到当代的，从贵族的到平民的；同时也是将每种类型纳入整体的视角，进行审视的印度作家之一；或许，他还是第一位饱含激情、富有洞见，而且又极其敏锐地欣赏淹没在沙海遗忘角落里的印度民间文学瑰宝的印度作家。

1907年，他的家庭最大的悲剧降临。他的幼子萨明德拉，一个活泼可爱而又极富天赋并有可能成为像他父亲一样人物的男孩，却在他母亲去世五年后的同一天，突然死于霍乱，年仅 13 岁。在仅仅五年时间里，一系列的剧烈变化几乎让他的家庭生活彻底地分崩离析。他已经失去了自己的妻子和两个孩子；还幸存的三个孩子中，大女儿与她的丈夫在孟加拉以外生活着，大儿子在前一年已经被送往美国接受农业科学培训，三女儿也在几个月前嫁了人。他的小儿子突然英年早逝，使得他完全陷入了孤独，在嘈杂的人群之中更加令人难以忍受。于是有一段时间，他躲在了谢丽丹的房子里，过起了离世索居的生活——那是能看到压在他心上悲恸的巨掌是多么沉重的唯一形式。他已经掌握了不去用他自己的悲恸搅浑缪斯的清泉的能力；他的诗歌正在逐渐成为献给神的贡品，那是一种更高层次的爱，剪掉了一切浮华的粉饰。

他还没有受到他同胞特别的喜爱；但是他却远远超越了他们普通的偏见和激情，远远领先于他的时代。甚至他的文学天赋也仅仅是赢得了吝啬且有限的认可。据说过去很长时间里学者和语言学家常常将他文章中的段落留给学生说："用好的孟加拉语改写它"。实际上，就像现在看起来一样奇怪和令人难以置信，甚至直到 1914 年（他获得诺贝尔奖之后）加尔各答大学入学考试的必考科目孟加拉语写作中，就包含一段泰戈尔作品的选段，要求学生"用纯洁正确的孟加拉语改写"。他唯一的一次登上大受欢迎的巅峰，就是他鼓动大家反抗孟加拉被分离出去的时候。但是那一刻短暂即逝，现在他却因让人民失望而大受谴责，比以前更加不受欢迎了。他与统治者格格不入，而且他们也曾发布秘密通报，要求他们的官员以及拥护者不得将孩子送进他的学校或者给予他任何形式的帮助。他在政治上是一名嫌疑犯，受到当局的监视。就这样，即是内心需要使然，也是外界的环境迫使，他茕然孑立，完全依赖内心精神源泉的支撑，坦然地面对上帝。他在这一阶段的宗教诗，以其满怀激情的虔诚和十足的质朴在《吉檀迦利》（*Gitanjiali*）和《颂歌集》（*Gitimalya*）中达到巅峰，而所有的这些诗歌无不是凝聚着他心血的结晶。他对宗教的真知灼见，和所有的伟大圣人和神秘主义者的一样，无不是从他所经历的深沉的悲恸和孤独之中诞生出来。

他深邃的宗教洞见最为突出的方面在于，它不是消耗或扭曲了他对这个人世和生活的热爱，而是丰富了这种感情。他对主的追寻，不仅仅局限在他心灵的秘处，而是在他游戏的这个外部世界的所有显现之中。家里逝去的孩子，他在圣地尼克坦的所有孩子们的身上又一次找到了他们的影子；在他们生活的激情之中，他又找到了自己的激情。可以在他1908年所写的戏剧《秋天的节日》（*Saradotsav*）中看到他做的究竟有多好。这部剧作是一场漫长的、天真无邪的恣情欢闹，是一首对生之乐的讴歌赞美。它也大受他的学校里的孩子的喜爱，因为这部剧作就是为他们而写，由他们在露天排演。就像泰戈尔许多戏剧要做到的那样，在这些剧作里，自然界不仅仅是背景，同时几乎也是一个参与者。也许还可以像爱德华·汤普森 (Edward Thompson) 恰如其分地评论的那样，也可以将其用歌舞象征性地评论爱默生（Emerson）的至理名言那样来评论：“给我健康和一天时间，我将会使得皇帝们的隆重仪式显得荒谬不已。”

接着他又创作了一部剧作《赎罪》（*Prayaschitta*）。尽管还是以散文剧的形式写成，而且中间穿插歌曲，但是无论从主题还是基调来说，都与之前的那部剧作大不相同。它并非一部情感剧（drama of feeling），而是一部行动剧 (drama of action)，剧里充满冲突与阴谋以及利益的倾轧。尽管像泰戈尔所有的戏剧一样，它也有一个观念和一种道德贯穿始终。这是一部对他的第一部也是非常早的时候创作的小说《王后的市场》（*Bou-Thakuranir Hat*）的戏剧化改编，中间添加了一个以圣雄甘地为人物原型的杰出人物形象。这个人物预见到了甘地的非暴力民权抵抗运动以及免除税费是对一个不公正的统治者残暴行径的回应。同时这部剧作也是泰戈尔对同胞们对他从政治斗争的阵地逃跑的谴责地回应。那不是逃跑；而是完全地抛弃，这种精神在这部剧作的最后一幕得以令人震撼的展现。

诗人正处于他事业令人注目、成果丰硕阶段的如痴似狂状态之中，所以难免会将他生活中最强烈的体验与神的奇遇进行戏剧化的体现。他曾经从美中探寻到主的存在，亦在悲痛中发现了他。真理只是美和善或者丑和恶吗？灵魂和主的关系是什么？我们一定要按照我们的标准，或者它自身的标准来接近真理吗？这些问题都是在他最具有象征意义，在一定意义上也是最有特色的剧作《暗室之王》（*Raja*）中要找寻的答案。紧随这部哲理性的寓言之后的，是另外两部在 1911 年接着写成的剧作，一年后即出版。尽管两部戏剧的中心人物都是一个小男孩，但是它们彼此不同，与以往的剧作也有着差异。

英文版的《邮局》（*Dak Ghar*）也许是他所有剧作中最受欢迎的戏剧，而且 1913 年由爱尔兰演员主演在伦敦舞台上而大获成功。当时观看演出的威廉·巴特勒·叶芝（W. B. Yeats）证实道："这幕小剧在舞台上表现了它结构的精妙严谨，给懂得欣赏的观众以脉脉温情、祥和平静。"作者于 1921 年在德国柏林看到的这部剧作的舞台版本给人的感觉像是一部童话故事。就此他给 C. F. 安德鲁斯（C. F. Adrews）的信中回忆道："我记得当我写它的时候，是我自己的真情实感激发我的灵感去创作的。阿马尔（Amal）代表的是心灵接收到去寻找宽广大路的召唤的人……"引用泰戈尔早前的一行歌曲来说，他或者还是一个渴望逃向远方的人。不管它更深层的象征意义是什么，这部剧作体现了作者怀旧的渴望，他希望自己像个孩子似的从严酷禁锢的家庭牢笼中挣脱出来，去获得自由。"

另一部剧《坚定寺院》（*Achalayyatan*）并没有以英文出版，实际上也很难解读。这部剧作是对印度社会自负、伪善、一成不变的刚愎自用的戏谑讽刺，也是对它荒诞的正统观念毫不留情的嘲弄。剧中的主角是一位名叫潘卡可（**Penchak**）的小男孩，他被他的哥哥，一位印度正统派的坚定支持者吸收为一名坚定寺的新信徒。这座寺庙四周高墙环绕，与外界完全隔绝。饱受难以抑制的好奇心和嬉笑开心折磨的这个小男孩，被这里的“囚犯们”鄙视为不可救药的蠢货，而且常常因为他唱歌的习惯被苛责。“唱歌有什么难啊？甚至小鸟都能够唱。”他经常逃学与周围的农民、工人和其他贱民混迹在一起，而且发现在他们简单的游戏、诚实的劳作以及生活的欲求中有着无穷的乐趣。最终和尚和长老们都害怕未曾谋面的那位大师现身出来，于是亲自带着下层民众和被剥夺了种姓的贱民来反对这个坚定寺，最终拆毁了它的围墙。从那以后，时代有了很大的变化，六十年前泰戈尔所说的情形似乎已经变得特别普通。非常明显的是，今天的这一代根本就不清楚他们享受着这个人的恩泽。他当时竟然有那样的眼界和勇气去言说自己正在做的事情，并为此付出极大代价致使自己不受人们的欢迎。

但是泰戈尔并不喜欢把他自己的同胞贬低为愤世嫉俗的斯威夫特（**Swift**），或是对旧的秩序不耐烦而将善恶一起践踏脚底、性情急躁鲁莽的革命主义者。他太爱自己的祖国及其传统，因而并不能够蔑视一切的传统价值。他在为新、旧价值各自辩护时，是多么的公正无私，在他于这一阶段创作并出版的小说《戈拉》（*Gora*）中就非常明显地表现了出来。《戈拉》不仅仅是一部小说；它也是关于转型时期印度的一部史诗。当时印度正处于其现代历史生死攸关的关键时期，当时知识分子的社会良知和知识觉醒正处于翻腾的阵痛之中。再没有其它任何作品能够像他这样娴熟、到位地分析了印度生活中充满水火不容般矛盾的复杂情形，以及植根于复兴印度教和开枝散叶向普世的人文主义发展的印度民族主义的特征。作为一部小说，它使读者觉得兴趣盎然。无论是从传统规范的常态来看，还是从革故创新的奇特之处来看，这些特征都是那样明晰可辨，至今同样也是值得我们关注。随着作品人物的生活和成长，他们之间以及他们自我的冲突被作者以深邃的洞见、强烈的同情心并饱含讽刺地进行了一番刻画。尽管书中充满大量的论辩，从主题的类型来讲也是不可避免的，但是作者并没有失去叙事的主线，叙事的兴趣一直被保持到了叙事的结束。

写这样一本小说的原因值得一提。据说小说的主人公戈拉，小说名字源于此，就是受到尼威蒂塔修女（Sister Nivedita）性格的启发而创作的。她是一位爱尔兰女士，娘家姓玛格丽特·诺贝尔（Margaret Nobel），后来成了辩喜（Swami Vivekankanda)——一位善辩的新印度教改革者的弟子。凡是阅读过她的书的人，都知道她是一位多么热情地拥护印度教一切事物的人。她虔诚而且勇敢，喜爱并且崇拜着泰戈尔，在她这个比印度人更像印度人的人给他宣讲印度教的时候，他一定常常面带微笑在倾听。有一次她到他在谢丽丹的家里做客，夜晚当他们坐在舟屋外甲板上的时候，她常常坚持让他给她讲故事。于是，他就开始为她讲述了一个有关戈拉的故事，后来他把它记录了下来。

戈拉是一位被捡来的孩子，他的父母在 1857 年一场英军中印度兵起义中被杀害。一位善心的婆罗门女士把他当成自己的孩子将他抚养长大。戈拉皮肤白皙、帅气，体格高大结实，傲慢且充满激情，长大后成为了一个印度正统主义的狂热信仰者以及一个种姓制度的强烈拥护者。在他为了他信奉的唯一真理和神圣的信仰而进行的一次战争中，他疏离了他唯一真正的好友，抛弃了他深爱着的同时也深爱着他的女孩。当他发现自己有着异族的血统并且变成了被剥夺了种姓的贱民的时候，戏剧的反高潮（anti-climax）突然到来。在曾经盟誓虔诚效忠的正统印度社会中，他无论如何再也没有了一席之地。这个意识使他找回了自己的真实感觉并且明白了民族传统的真正意义。“今天我成了真正意义上的印度人。在我的心里再也没有了印度教徒、穆斯林和基督徒之间的对立，在印度的每个种姓都是我的种姓，所有人的食物都是适合我吃的食物。”

要正确去理解自己国家的历史和命运，他让小说主人翁在小说的末尾意识到了这一点，泰戈尔在大约同一时期所写的一首致印度的赞美诗，同样直接进行了这样的表述。原诗过长以至于不能全部在此引用，但是几行也足以说明一些问题。

唤醒我的心灵，轻轻地唤醒
在这位于人文浩瀚之海边缘的
朝觐的圣地
那就是印度。
我站在这里伸出双臂
拦住了人们。他们本就神圣，
以欢快自由的音符讴歌他们的荣耀。
竟没有人知道呼声从何而来，向谁而呼
洪水一般不断涌来的人们
疯狂地向前冲去，将自己淹没在了海里：
雅利安人和非雅利安人，德拉维人和中国人，
塞西亚人，匈奴人，帕坦人以及蒙古人
都混杂融合在了一起并且消失在一个整体里。
现在大门已经向西打开
礼物在手他们召唤着，他们前来
他们将给予并且索取，见面并且汇合，
任何人不得被
从这位于人文浩瀚之海边缘赶走
那就是印度。

两年后，他在一篇才华横溢的论文中，详细阐述了这个观点。这篇论文最初是他在加尔各答所作的公开演讲，后来以《印度手记》（*Bharatvarsher Itihaser Dhara*）为题出版。同年他在一首著名的歌曲中也表达了同样的感情，那首歌就是今天印度的国歌。

已经开始做一名无忧无虑歌唱者的罗宾德拉纳特，在这个世纪最初十年经历过的全部痛苦，失去亲人和经历的挫折，不断的挣扎和遭遇的屈辱，不仅在他周围的世界而且也在他的内心里，最终成为他诗歌关注的中心并最终得以升华。在1909年至1910年间，那些诗歌从他的充实、纯洁的内心倾诉而出，并在1910年以《吉檀迦利》（*Gitanjali*）为名出版。157首诗歌中的51首由他本人翻译成英语并以同名出版，使他闻名于世。它们是那样的出名，为此我们也没有必要再就内容和评论作任何赘述。大家知道孟加拉语语言质朴、情感真挚、饱含崇高的意境。就像诗人在其中的一首诗中所写：“我的诗歌已经卸下点缀的配饰。她丝毫不以着装和点缀为豪。佩饰只会破坏我们心灵的交汇；它们会隔在你我之间；琮琤之声将会淹没我们的细声密语。”诗歌之中既有对神的虔诚之爱，也有对人类普通的爱；悲伤中饱含坚强的力量，欢笑中浸满对真理的谦恭；数百年积淀思想的背后，依然拥有单纯的奇迹；所有这一切使得他创作的诗歌闪耀着永恒的魅力，同时又广泛地吸引着人们。就在（孟加拉文原版中的）第一首诗中，诗人创作的主旋律不断奏响：“永远不要在成就中自我赞美！唯让您在我的生命中感到满足！”爱是主旋律。他之所以虔诚地爱着神，是因为他深爱着这个世界；当他与世界作别时，他的临终遗言将会是充满感激，因为他在这里看到了无与伦比的美景。

一段五十年硕果累累的职业生涯在1911年结束了。冥冥中好像知道自己发展中最为重要的一个阶段已经结束，而一个崭新的阶段即将开始，他撰写了他从幼年时期到步入成人门槛之间的回忆录（*Jivansmriti*）。为什么他没有将回忆录写到现在，为什么他却将他人生最为辉煌的阶段从那幅人生画卷中忽略出去，我们不得而知。那些回忆录也没有像日记那样按照编年史的方式撰写。就像他在介绍这些回忆录时所说的那样："生活中的回忆不是生活的历史，但它却是一个艺术家原创的作品。”艺术家就是一个印象派画家（impressionist），他在意识的画卷上绘出的并不会精确地再现真实发生的一切。“二者交相辉映，但绝不是一回事。”

遭遇西方

您拉近了遥远的距离，让陌生人成了兄弟

12 年来在许多前沿领域的不懈奋斗为罗宾德拉纳特带来了丰硕的成果，但是压力同样也是特别巨大，不仅仅呈现在他的身体上，而且也体现在他的心理上。生活的高度紧张不可避免地在他身上引起一系列反应，罗宾德拉纳特在他 50 岁生日的时候就已经发现身体不适、精神疲倦了。此前的两次国外旅居给他带来了帮助和刺激。现在他又处在了诸多的十字路口，他满怀希望地将目光投向了西方。他从未有过反西方的情绪，即使是在他最强烈爱国和自我反省的阶段。他从西方文明的价值观中，就像从自己国家的传统中一样自由地获取灵感和营养。他之所以自由地获取，是因为他知道他能得到丰硕的回报。因此在 1912 年初他就为前往欧洲的第三次旅程做好了准备。

同时孟加拉文学界为了弥补他们过去对这位伟大诗人的忽视，于 1912 年 1 月 28 日为他举办了 50 岁大寿的庆典，庆典在加尔各答市政厅举行，由孟加拉著名的文学团体孟加拉文学联合会主办。泰戈尔本已打算于3月19日从加尔各答起航出发，可是就在前一天晚上，他却突然病倒了，医生严令禁止了他即将开始的这次旅行。他已经登船的行李不得不在下一站马德拉斯（Madras）港口取下送回。他对遥遥无期的推延备感失望，于是像以前一样躲到了他深爱的博多河畔的谢丽丹去找寻心灵的慰藉和力量。就是在这儿，他第一次开始将他的《吉檀迦利》中的一些诗歌翻译成英语。还是让他自己来述说那一段故事吧，尽管他在述说的时候使用的是孟加拉语，下面的节选却被译成了英语：

> “你提到了《吉檀迦利》的英文翻译，”他从伦敦给他的侄女印迪拉写信道，“直到今天我依然不敢想象，人们居然会这么喜欢它。我不会写英文是明摆着的事实，甚至从来不曾虚荣地为此感到难为情。假如有人写了一个英文便条请我喝茶，我都感觉不能同样胜任用英语去回复。也许你认为我已经克服了那种迷惘。根本做不到。我已经用英语写作这事儿，感觉起来也是那么的虚幻。在我打算登船的那天，由于我一想到离开就激动得发狂，结果晕倒了，行程也被迫耽搁。后来我就去了谢丽丹休养。除非一个人的大脑特别得精力充沛，否则他是不能做到充分休息的；惟一可以使我平静下来的方式，就是从事一些轻松的事

儿……”

“于是我拿起《吉檀迦利》开始一首一首地翻译。你一定好奇，这么疯狂的远大抱负怎么就能占据在一个身体如此虚弱的人的心里。但是，请相信我，我决不是不顾一切轻率地逞能。我只是感觉到了一种迫切的心情，那就是用另一种语言为媒介，重新去捕获那种情感与心绪，它们曾经在逝去的往昔里让我体会到了赏心悦事的狂喜。一本小小的练习本逐渐充实，带着它我登上了驶往伦敦的轮渡。”

被迫在谢丽丹休养的期间，他还创作了许多首歌曲，《吉檀迦利》的虔诚之心在这些歌曲中同样开花结果。在《吉檀迦利》中他向他深爱的主敬献了“一些歌曲”，而在《颂歌集》中他则向他虔诚敬仰的主敬献了“用歌曲的繁花编织的花环”。其中 17 首由他翻译成英文后来选入了《吉檀迦利》。

这次未能成行的旅游使诗人产生的失望之情和焦躁不安的心绪，在这部诗集没有翻译的诗歌中得以很好的表现。“我坐在岸边虚度着光阴，期待着早该出现的渡船……西方天堂的华厦之上洒满朦胧的半月素洁的光辉，我的心里隐约听到了遥远他方悠扬笛声的召唤。”接着，“现在我该泛舟远航了。哎呀，岸边苦候的倦怠真是受不了……”他又责备自己的没有耐心。“当我一旦放开舵手，您就会立刻接管。一切都会顺其自然。何苦还要心烦？”同时他在歌中向主诉说道：“现在一切喧嚣得以抑制，让你我低声耳语。让心灵的歌声轻声述说自己的秘密。”英文版的《吉檀迦利》中的第一首诗中说：“您在不断塑造着我，那就是您的乐趣。这架虚弱的病体，被您一次次掏空心灵，重新填满崭新的生命。”

终于在1912年5月27日，罗宾德拉纳特踏上了驶往伦敦的轮船，陪同他的是他的儿子拉丁德拉纳特（Rathindranath）和女婿普拉迪马（Pratima）。英国画家威廉·罗森斯坦爵士（Sir William Rothenstein）使得泰戈尔在欧洲名声大噪。威廉·罗森斯坦在1910年曾访问过印度，而且在他呆在加尔各答的时候认识了阿班宁德拉纳特（Abanindranath）和加甘宁德拉纳特（Gaganendranath）。“每当我到他们的祖屋乔拉桑格的时候，”威廉·罗森斯坦写道，“我总会被他们的叔叔吸引，那是一位身着洁白腰巾和肩巾而且长相极其俊朗的男子。当我们散步的时候，他静静地坐在那里倾听。我立刻就被他吸引住了，于是问他是否可以为他画幅肖像？我不仅在他身上发现了外在的体形之美，而且还发现了内心的魅力，我想用我的铅笔画出来。没有人曾经向我暗示过这位叔叔竟是他们那个时候杰出非凡的人物之一。”

当时泰戈尔在伦敦除了罗森斯坦并不认识其他人，当到达那里的时候，他做的第一件事情就是去拜访他，当获知威廉·罗森斯坦对他的诗歌感兴趣的时候，就将他涂鸦那些诗歌英文翻译的笔记本给了他。“就在当天晚上，”威廉·罗森斯坦写道，“我读了那些诗。我觉得那是一部有着神奇魔力的诗歌集。当我将它交给安德鲁斯·塞西尔·布雷德利（Andrew Bradley）阅读后，他赞同道：‘它让我们感到，在我们中间终于又有了一位伟大的诗人’。我给济慈去了信，但他没有回复；但是当我再次致信的时候，他让我将诗歌给他送去，当他读完以后，他和我一样被激起了极大的热情。他来到伦敦仔仔细细地阅读了诗稿，指指点点地说了诗中的隐含之意而原诗稿基本未作任何改动。”

济慈对那些诗歌当时感觉如何，在他为伦敦印度社团（India Society of London）出版的第一批限量版《吉檀迦利》所作的序中他自己做了表述。“有好多天，我随身将那些诗歌携带着，在火车站时阅读，在公共汽车上阅读，甚至在餐馆吃饭的时候也在阅读，有时候我又不得不合上书，以免某个陌生人看见我被它打动到了何种疯狂的程度。”济慈对这些诗歌的欣赏鼓励了罗森斯坦。他于6月30日在汉普斯特（Hampstead）的家中招集了一些朋友举行了诗会，会上济慈为一些精英作家大声朗读了这些诗歌。也正是在这儿，泰戈尔碰到了C. F. 安德鲁斯（C. F. Andrews），他后来成了他一生的挚友和伙伴。当时还只是剑桥大学兄弟会传教士的安德鲁斯记录了那个令人难忘的夜晚：“我与内维森（H. W. Nevison）沿着汉普斯特的希斯（Heath）大街步行回家，可是我们彼此都几乎没有说话，我想一个人静静地回味诗歌带来的奇妙壮丽感觉。我和内维森分开后便穿过了希斯大街。那是一个夜朗星稀的夜晚，然而天空中却似乎满是印度文化的神秘气息。当我独自一人时可以清楚地感觉到那种神奇：

在那漫无边际的海滩，孩子们相聚于此
那漫无边际的海滩恰是那美好的
孩子相聚之地。”

在《吉檀迦利》出版后，埃兹拉·庞德评价道：“一个多月前，当我去济慈先生家的时候，我发现他正在为一位伟大的诗人，一位‘比我们中的任何一个都伟大的人’的出现而激动不已，真不知道该从何说起……我们出乎意料地发现了属于我们自己的新希腊。文艺复兴之前时代中的那种平衡感又被带回到了欧洲，我似乎真的感觉到了在我们时代的机械桀桀之音中，一种更加神圣的宁和真地降临到了我们的心头……我这么说并非仓促得出的结论，也非情感上的瞬间爆发，更非舞文弄墨的鼓吹……他的内心有着自然的平和与安详。这些诗歌似乎也并非是感情的爆发使然。他与自然融为一体，找不到一丝不和谐的声音。这与西方的模式截然不同，在西方的叙事中，如果想要创作‘伟大的史诗’，人类就要被描述成竭力想去成为自然的主宰。这与希腊史诗中对于人类的描述完全相悖，在那里人类是神的朋友，掌握着自己的命运……当我离开泰戈尔的时候，我觉得自己就是一个穿着兽皮、手握石质武器的野蛮人。”

“总而言之，我在这些诗歌中找到了一种共通的终极感觉，那种甚至可以触类旁通地让你想起四十种东西的感觉。而这种感觉在西方纷杂的生活、都市的喧闹、批量生产的文学，喋喋不休的聒噪，以及现代广告漩涡之中往往被我们所漠视。在《新约》（*New Testament*）的第一部分中也有同样的感觉，一些赞美诗带来了快乐，但是这些感觉却往往被我们在世俗的联系中破坏殆尽；有那么多的蠢货执着于对它们的谬误宣讲，如果能在某部并不带有我们的思想的像约翰·加尔文（John Calvin）、伦敦大主教以及一些我不愿提及的家伙所宣讲的伪善之词的作品中找到类似它们的诗性品质，那简直就是一件乐事。”

“如果这些诗歌有瑕疵的话——我不认为它们有——如果它们有‘普通读者’所谓的缺点的话，那就是它们太过虔诚。我只能对这种读者深感同情，因为他不能明白它们的虔诚是但丁（Dante）的那种诗性的虔诚，那是一种美仑美奂的感觉。”

然而，《吉檀迦利》出版的时候，泰戈尔并没有在英国。尽管他这次到访英国所呆的时间很短——四个月多一点点——但是这次的旅程却是令人兴奋而且成果丰硕的，当然这要归功于罗森斯坦以及他的其他旧识、好友的热情帮助。似乎他在《吉檀迦利》中早就预料到了那种情形，于是他在里面写道："您让我结识了之前并不认识的朋友。您在不属于我的家中给了我一席之地。"在其他的一些名人中，他结识了萧伯纳（George Bernard Shaw）、赫伯特·乔治·威尔斯（H. G. Wells）·伯特兰·罗素（Bertrand Russell）、约翰·高尔斯华绥（John Galsworthy）、罗伯特·布里奇（Robert Bridges）、约翰·梅斯菲尔德（John Masefield）、斯德哥·摩尔（Sturge Moore）、威廉·亨利·哈德逊（W. H. Hudson）、斯托福德·布鲁克（Stopford Brooke）。"泰戈尔高贵的气质以及潇洒的举止，"罗森斯坦写道，"悠然自得的心态以及平和的智慧，给所有见到他的人留下了深刻的印象。"泰戈尔本人也震惊于"他在新结识的朋友中所发现的这种宽广的视野和敏捷的思维，"所以他才说，"那些只懂得英语的印度人并不了解英国人。"

罗森斯坦建议伦敦的印度社团（India Society）为它的所有成员出版一本泰戈尔诗选，而济慈也欣然同意为其写序。于是《吉檀迦利》最先用英语出版了 750 本限量版，之后伦敦的麦克米兰出版公司（Macmillans）才推出了普通版本。许多评论家，既有英国的也有印度的，认为很难相信泰戈尔竟然能够用英语写得那样好，于是将《吉檀迦利》的成功归功于济慈的大量修改、甚至重写。这种印象依然在一些地方存在着，这就使得有必要引述一些罗森斯坦本人对此的说法了。他比任何人对此都更加了解，因为他不仅在将它送给济慈前阅读了原稿，而且经过济慈之手后的终稿就在他的手里，并且完好无损地保存在他的家中。“我知道在印度，据说将《吉檀迦利》的成功很大程度上归功于济慈对泰戈尔英文译文的修改，很容易证明这是个错误的认识。我就有《吉檀迦利》英文和孟加拉文的原稿。济慈只是在一些地方做了少许修改的建议，但是诗歌的主体还是像从泰戈尔手中出来的那样原封未动地出版了。”

1912 年 10 月罗宾德拉纳特乘船前往美国，陪同他前往的是他的儿子和儿媳。他的这个从伊利诺伊大学毕业的儿子建议他到厄巴纳（Urbana）度过一段安静的时光，就是在那里，泰戈尔用英文创作了意义严肃的系列英文散文，后来作为哈佛大学讲座讲稿并以《人生的亲证》(*Sadhana*)为名出版。在这些讲座中，他以自己的方式阐释了“印度古老的精神文明”，这些又在印度历代圣哲的言谈身教中得以完美地展现。

正当罗宾德拉纳特身处伊利诺伊的时候，印度出版社版的《吉檀迦利》于 1912 年 11 月在伦敦出版。从整体上来说，这本书大受英国出版界欢迎。《时代文学增刊》（*Times Literary Supplement*）就这样写道：“阅读这些诗歌时，人们会感觉到它们并不像是出自一个外国人的文学奇珍，而很可能是在英国所写的诗歌预言，如果我们的诗人能够做到情感和思想如此完美地结合的话。我们往往将宗教和哲学分离，结果却使得我们在二者中一无所获……一些人也许不愿意折服在这位印度诗人的魅力之下，就因为这里的哲学并不是他们的。如果它让我们觉得古怪和异样，在我们诋毁它之前，我们应该问一下我们自己这个问题：我们的哲学是什么？我们不安地思索，我们却没有诗人所能表述的一切。”

实际上，拒绝“折服在这位印度诗人的魅力之下”的评论家们，在当时可是大有人在。其中就有一人在伦敦的《新时代》（*New Age*）上写道：“我们中的任何人都能随意写出这种东西；但是任何人却都不可以自欺欺人地认为它是优美的英语、出色的诗歌、有很棒的感觉，或者良好的道德标准。”一些评论家自我安慰地认为英国将“文明使命”推行得如此之好，以至于连印度人也写出了那么好的东西。“泰戈尔先生胜利的重要意义，”一位评论家在《伯明翰邮报》（*Birmingham Post*）上认为：“就在于它标志着英国文学的一支已经开枝散叶达到了它的巅峰，只是它的重要性并没有被意识到而已。”然而，《吉檀迦利》在英国媒体受欢迎的形势依然是一片大好，它的作者自然是对此倍感开心。

然而在泰戈尔同胞中间的反应却是相当复杂。巴桑特·库马·罗伊（Basanta Kumar Roy）当时生活在美国，后来在美国出版了泰戈尔传记，给我们讲述了当时在美国的几个孟加拉年轻人，当他们读到一位英国大使在一份英文评论中做出如下评价时狂怒不已的情形："这么多世纪以来在印度还没有出现过这样杰出的诗人和音乐家。"其中的一位年轻人"用当时很时尚的美式英语吼道，去他妈的（D—n it）"，其他的几个则援引许多其他著名的孟加拉诗人作为比泰戈尔更加伟大的例证，他们中就有纳滨森（Nabin Sen）以及 D. L. 罗伊（D. L. Roy）。"他的爱情抒情诗歌，"他们继续说道："是对我们古代的毗湿奴诗人的拙劣模仿，他的哲学也只是吠陀哲学。让那些欧洲人和美国人为泰戈尔发狂吧。这些对我们来说可没有什么新鲜的"。

不管怎么说，由于泰戈尔的名声早已经越过了大西洋，所以他的名字在英国的报纸上被火热地传播着。当普通的美国民众对这位住在厄巴纳默默无闻的居民几乎一无所知的时候，来自学术界以及其他圈子的邀请函就已经蜂拥而至了。哈丽特·门罗（Harriet Monroe）在 11 月份的芝加哥杂志《诗刊》（*Poetry*）上刊出了 6 首《吉檀迦利》里的诗歌。也许这是西方刊登他的诗歌的第一份杂志。芝加哥大学接着就邀请他去做讲座。正当泰戈尔在厄班纳的时候，巴桑特·库马·罗伊来拜访他，并且说服他将他更多的作品翻译成英语，因为他觉得当他的作品被大家所知的时候。"你迟早会获得诺贝尔诗歌奖的。在印度或者亚洲还没有人获得这一桂冠呢。"泰戈尔当时竟天真地问："亚洲人有资格申请诺贝尔奖吗？”

也许那只是一种疑惑，根本就不能算作是天真，因为当诺贝尔奖出炉的时候，在西方许多地方到处是对一个亚洲人获得这个奖项的抗议声。“诺贝尔文学奖颁发给一个印度人，”一份美国报纸评论道，“引起了极大的不满，这在白人作家群里丝毫不令大家感到吃惊。他们不明白为什么这一殊荣就授给了一个非白种人。”加拿大的多伦多《环球时报》（*The Globe of Toronto*）写道：“诺贝尔奖第一次跑到了不是我们所称的‘白人’手里。当然，这需要一段时间让我们调整自己适应这样的观点，那就是任何叫罗宾特拉纳特·泰戈尔的人都应当获得一个文学世界奖项。（我们不是也没有被告知东方和西方永远不能汇合吗？）只是这个名字的发音挺奇怪。我们第一次看到印刷出来的它显得那么不真实。”洛杉矶的《时代周刊》（*Times*）抱怨欧洲和美国年轻的当代作家被打击了，原因就在于这个诺贝尔奖竟然授给了“一位印度诗人，很少人能够发对他的名字的发音，他的作品在美国更少有人熟悉，对于那一殊荣的获得予以认可的人就更加微乎其微了”。

1913 年 1 月，罗宾特拉纳特来到芝加哥，并在那里作了“印度古文明中的理想”和“论恶的问题”的讲座。从芝加哥他又到了罗彻斯特参加了宗教自由大会（Congress of Religious Liberals），会上他作了“种族冲突”的主题演讲，接着去了波士顿，在那里他作了系列讲座，后来结集出版《人生的亲证》（*Sadhana*）。

访问过纽约之后，泰戈尔于 1913 年 4 月返回伦敦，在那里的卡克斯顿大厅（Caxton Hall）他作了一系列的讲座。在不到一年前，他刚到伦敦的时候，他还是一个名不见经传的陌生人。现在他却成了一个名噪一时的人物。他的剧作《邮局》被搬上舞台，就在年终之前又有三部作品被翻译成英文出版：《园丁集》、《新月集》和剧作《齐德拉》。这三部作品没有一部会被认为过于虔诚、宗教色彩浓厚或者太过哲理说教，可能就是希望给外国读者一个更好了解他的作品的视角。但是这些作品的第一印象是那样的生动和持久，从此之后，泰戈尔在西方常常被认为主要是一个宗教和哲理诗人。他自己合乎圣经宗旨的个性、威严的风度，以及对古代林中圣贤理念的反复述说，更加有助于肯定这种一边倒的印象。将他视作志同道合者的埃兹拉·庞德竭力想纠正那种曲解的形象，可是却没有引起任何回应。在《自主之妇》（*Freewoman*）杂志上评论《园丁集》时，他说："为什么这个岛上善良的人们就不能给予这位杰出的艺术家应得的礼遇呢？为什么他们不能花费些心思为他的礼遇作出更好的设计，而是将他的生活捆绑在了棉絮之中，以一个伪善道德家的雕像四处炫耀？对我而言，这在现在，甚至在将来始终是个谜。"

9 月泰戈尔乘船返回印度，那时他已经是名利双收。当他待在圣地尼克坦的时候，诺贝尔奖授给了他的《吉檀迦利》的消息在 11 月 13 日到来。这则消息给这个国家带来了不小的震动，整个印度处在了一片欢腾之中。在圣地尼克坦这个与世隔绝的地方，孩子们甚至都不知道诺贝尔奖为何物，但是他们却明白他们深爱的精神导师（Gurudev）受到了世界的敬重，所以他们也欣喜若狂地奔走相告。那么诗人感觉如何呢？毫无疑问，他倍感振奋、得意洋洋、自豪、幸福，最主要的是它证明了自己的实力，他将不再是一个普通的人了，如果他是那么感觉的话。他满怀爱国之情的内心也是愉悦的，那是因为他祖国的名字将会出现在世界文学的版图上，而他是促成此事的因素所在，这点尤其让他感到自豪。然而诗人又是那样敏感以至于惶惶不安，担心他不受任何干扰地追求诗人梦想的平静的日子，做小孩子们老师的日子，以及与主亲密低语的日子将一去不复返了。五天后他给罗森斯坦去信说："它引发公众激动地完美结果是令人觉得可怕的。它简直就像给一只狗的尾巴上系上了一只锡罐一样糟糕，让它一路走来不发出一点声响，不引起人群的好奇，简直是不可能。过去的几天里我应付来电来函忙得几乎窒息，那些对我从未有过好感或者从未读过我一行作品的人，在表示他们的欣喜时是那样地兴高采烈。简直无法形容我是多么厌倦这些，那么嘈杂而又不真实的一切。"

那种想法压在他的心头使他痛苦难当。当他发现自己绝大部分的同胞竟然需要外国人的认可来刺激他们，他们才会去吝啬地感激他为祖国语言和文学做出的贡献，进而给出溢美之词，这使他那颗爱国之心感到羞辱。这种令人悲伤和痛苦的思想在 11 月 23 日终于得以公开的表达。当时由加尔各答 500 名社会名流组成了一个代表不同行业和团体的庞大代表团，乘坐专列来到圣地尼克坦给他送去这个国家的祝贺。诗人以措词率直但却不乏诗意的语言告诉了他们，他不能接受如此虚假的敬意。这些听众中，曾经一直是他热情的崇拜者的那些人理解的那种冷落，对于他们来说是可以忍受的；其余的人，则灰心丧气，永远再没有原谅过他们所谓的诗人的“不友善的回应”。

虽然这个奖项的授予是基于一个人作品的价值所在，它在诗歌技巧上的卓越表现以及高度的理想主义，得到了广泛的认可，但是它授给一个亚洲人的事实却赋予了它以往所颁发的所有奖项没有过的价值，使得它成了前所未有的一种现象。他给各地带来了不小的震动，而且也使得罗宾德拉纳特从单个人变成了一种象征，象征着西方对东方被湮没的潜能以及对东方即将苏醒的勉强认可。泰戈尔第一个生动地让西方人意识到这样的事实：现在已经得到了充分的证实，亚洲的“思想”还在沉睡之中，应该慎重地将它看作至关重要的一个存在，而不应该把它看作博物馆中的一件有趣的标本。

由于不同的偏见还导致了其他的一些反应。虔诚、乐观的基督徒在泰戈尔的诗歌中看到了即将到来的黎明。“我们一直在焦急地等待，”《施洗时报》（*Baptist Times*）上面写道：“等待着基督教思想在一位印度思想的代表身上真正起作用的指示。我们确定无疑这位就是我们一直寻找的人，一位被送到上帝的战车前引路，使得主的道路平坦的人。当我们记起这位诗人所说的每个字都被数以百万翘首以待的人急切地接受时，我们不是可以直言不讳地说一个崭新的、信仰基督教的印度马上就要到来了吗？”英革牧师（Dean Inge）的确需要足够的勇气和清醒的头脑去提醒和他一样信仰基督教的人，“泰戈尔不是一位基督徒；但是他的态度提醒我们，基督教曾经也是亚洲人的信仰，那是在最初的《福音书》（*Gospel*）时代。他比那些基督徒看起来更像基督徒。”像以往一样，还会有一些聪明人总是坚信自己能够看穿一切事物。他们中的一些人就从这个奖项里面看到了大英帝国在鼓吹它的荣耀；其他的一些人则凭空地认为瑞典文学界是支持德国的，他们故意地在使英国统治阶层感到难堪。人类的聪明才智简直是无穷无尽。

然而，事实却很简单。最初正式的提案是由英国诗人斯德哥·摩尔写了一封信提出的，那封信简短但却直白，值得引述一下。“先生，”这位英国诗人给瑞典皇家学院的诺贝尔委员会的秘书写道，“作为英国文学皇家学会的一名成员，荣幸地向您推荐罗宾德拉纳特这个名字作为一个——至少在我看来是具有资格的候选人——来候选诺贝尔文学奖 T·斯德哥·摩尔。”选举委员会的记录表明这个提案对于瑞典学院不啻于一记惊雷。以其雄辩有力的支持说服诺贝尔委员会作出决定的两位委员是维尔纳·冯·海登斯坦（Verner von Heidenstam）（他本人也在三年后被授予诺贝尔奖）和佩尔·哈尔斯特龙（Per Hallstrom）（诺贝尔委员会的秘书和成员）。在给诺贝尔委员会的正式报告中，佩尔·哈尔斯特龙说道：

> 毫无疑问的是，这儿有一个比目前现代欧洲诗歌所能提供给我们的还要出色的东西。它的特色是如此与众不同，它在诗歌中一跃而出呈现的整个世界，我们都那么陌生，在我们没有更加深入的证据和研究前，我们不能仓促决定。它以其独特的气质，使得我们无法将那金钱世俗的奖项与这首纯粹的宗教诗歌相联系。它就像是献给大卫的赞美诗（Psalms of David），或者是献给圣·弗朗西斯（St. Francis）的颂歌。
>
> 如果只是讨论现代欧洲诗歌的话，不管它有多么伟大，做这样的一些比较都是荒谬的；但是当涉及到《吉檀迦利》，它就一点也不荒谬了……这本诗集中有着非凡的诗学之美是显而易见的。诗歌表述形式也是充满着古典的朴素，诗歌的意象在充满思想的语言自然流动中油然而生，它不需用刻意塑形，就像是词

> 语的天然雕饰。人们常会想到歌德（Goethe）诗歌中的那位婆罗门少女，她从流动的溪水中用双手轻轻掬起一捧，水在她的手中变成了柔顺的固体……所有的英国评论家都表达了同样的观点，那就是他们见证了一个崭新纪元的形成，不仅仅是与对东方生活的理解有关，还与它会对欧洲艺术产生极大的影响有关……在当代诗歌中，人们总是要去歌德那里找一些可供比较的东西，但是这并不是意味着我想表示这两位诗人在各自的特点上有什么共同之处……我们被告知，泰戈尔的同胞们认为一个崭新的文学时代以及他们语言历史中最伟大的阶段都因为这个人的出现而开始。至于一个不知道原诗的人，也可以从译文中猜测出来的说法，丝毫没有任何夸大。毫无疑问的是，自歌德1832年去世以后，欧洲再没有诗人可以和拥有高贵的人性、丝毫不矫揉造作的自然以及古典里透出平静的泰戈尔相媲美了。

实际上，再没有像孟加拉和斯堪的纳维亚（Scandinavia）在地形气候和社会环境上的差异那么大的两个地方了。前者为热带雨林的低地，后者为冰雪覆盖的高原。可事实是，尽管存在这些巨大的差异，在恒河三角洲（Gangetic delta）所写的诗歌，在一个斯堪的纳维亚人白人的心中找到了和泰戈尔所有的同胞一样忠实和深沉的回应。这不仅证实了《吉檀迦利》的品质共性，而且说明了泰戈尔几近狂热的信仰即使存在着爱国主义者、政治家和神父们所筑起的障碍，但是他的心跳一定会在全体人类的心中同样跳动。

令人出乎意料的是，这些诗歌在一个身处更加遥远的冰岛地区的年纪轻轻、默默无闻，年仅 15 岁的毛头小伙子身上同样留下了深远的印象，而这位小伙子就是后来更晚些时候获得了诺贝尔奖的那位杰出的小说家哈德尔·拉克斯内斯（Halldor Laxness）。回顾当时印象，他写道："这个奇异、遥远而又微妙的声音一下子就飘进了我这个年轻人的耳中，进到了我灵魂的最深处；而且从此以后，在某些特定的时刻，我总能感觉到它出现在我心灵最深处的迷宫之中……多么令人嫉妒的一位神，这位泰戈尔之神：伟大的挚友、敬爱的人、盛开的莲花，在遥远的河中泛舟奏笛的不知名的人！在如今的西方，我们的神要么是巨大的全球有限公司，要么就是珍藏心底的幼年玩伴的虚幻影像。他是我们突然深陷危险或是临死之时哀诉的对象。这就是为什么对于一个西方人来说像泰戈尔一样的精神现实，在未来的很长一段时间内仍然会是一个东方奇迹。"

家与世界

当大家了解了你，就不会再有异乡人，就不会再有大门向你紧闭

在西方长时间的旅居帮助泰戈尔拓展了他本已足够宽广的同情心，加深了他对激励了西方人去取得巨大成就的知识和精神推动力的理解。从此刻起他属于世界，不再仅仅属于印度。或者说，他之所以这么认为，不是因为他变得举世闻名了，而是因为他与世界同呼吸共命运了。曾经有过许多举世闻名的人，但是他们要么给世界带来了灾难，要么就是变得目光短浅。泰戈尔将世界的命运和自己的命运紧紧联系在了一起，在世界任何地方，只要有苦难或者不公正，他就会深深地感受到那种痛苦。这种在他身上是那样真实的世界良心，使他在他的祖国招致不小的误解。

在他众多的外国友人中，在这个时期与他一起呆在圣地尼克坦并且后来与他本人以及他的工作关系最为密切的是两位出色的英国人，即 C. F. 安德鲁斯和 W. W. 皮尔逊（W. W. Pearson）。两人都比传教士还要更加虔诚地信

仰基督教，他们两人都从原来的机构中辞职出来，为的是可以更加自由地以他们理解的基督精神去帮助人，后来成了泰戈尔的同事和一生的朋友。

那时还不是圣雄的甘地，实际上甚至在他自己的国家中也还默默无闻，当时他正在南非进行着他孤独但却英勇地反对种族歧视的斗争。泰戈尔早就以一种诗人预言家的深邃眼光，在他的戏剧和诗歌中预言到圣雄的即将出现，所以和甘地也神交已久。所以当安德鲁斯和皮尔逊在1913年11月离开他，远赴南非去实地研究非暴力不合作运动的时候，他让他们带去了预祝甘地胜利完成使命的良好祝愿和美好祝福。“让我多花一点儿时间来叙述一下，”后来安德鲁斯回忆道，“当威利·皮尔逊和我离开了圣地尼克坦并且踏上了南非土地的那些刚开始的那段日子里，我们努力去获得全新的洞察力和精神上的启迪。在我们所有的谈话中，关于诗人和他的学院的回忆，总是清晰地呈现在我们的面前。这是我们俩对他共同的热情和对他的深爱之情首次完全的流露，这又以其明亮的色彩使我们的生活更加丰富多彩。当我们在谈论他的时候天空本身也突然变得更加绚烂了，好像它也正分享着我们的思想似的。对我们来说，我们又找到了和圣雄甘地的一段崭新友谊，这让我们两人倍感开心。这两种爱慕之情以一种极其亲密的方式融合在了一起。我们常常静静地坐在夜晚的星空下，彼此用令人愉快的语调交流着，就像我们以前与那个精神导师在圣地尼克坦他的房子外面的露台上，一起度过的那些美妙夜晚一样。那可是些美好的时刻，圣雄也颇有同感，体会到了我们对那位诗人的热爱之情。他常常和我们说他很希望能够拜访诗人。就这样，我们被吸引进了同一种爱慕之情中。”

加尔各答大学于 1913 年底授予泰戈尔博士学位，盛大的学位授予典礼于 12 月 26 日举行。那是一个好事连连、令人激动的一年，在这一年中他收获了许多奖项和荣誉，可是在创作成就方面却不尽如人意，在这 10 年之中唯有这一年他没有出版一部以孟加拉文创作的作品。在伦敦出版的三部作品，《园丁集》、《新月集》和《齐德拉》都是翻译过来的。不过，还是有几首歌曲是他在这一年中创作的。一些是当他在国外旅居的时候写的，一些是在印度创作的。当年年初在美国，他创作的唯一的那首歌曲，由于使用了买与卖的暗喻而显得意义重大。诗人想象着自己带着沉重的瓷器到处兜售。国王通过武力威胁要掠走全部瓷器、年迈的百万富翁承诺用黄金买走它们、一位娇美的少女用微笑诱惑着，但是担子里沉重的货物还在，直到一个玩耍着海螺的小孩拽着他的袖口说，所有的东西都是我的。当他双手将他的瓷器交给那个孩子去玩耍，却没有收取任何费用时，他才终于从他的负担中解放了出来。

他继续去谱写的这些歌曲，既有歌词也有乐曲，结集为《颂歌集》（*Gitimalya*）和《吉檀利》（*Gitali*）并于

1914年出版。这两部作品是他曾经创作的最优秀作品中的一些，继续保持了《吉檀迦利》的宗教风格，但是基调有了些许变化。他的信仰更加坚定，他对人类命运更加有信心，他也更加快乐地去面对生活和生活中需要承担的责任。就像他在一首诗中所说的那样，当玫瑰绽放的时候，生活中的荆棘也就找到了它们的意义。在一定意义上讲，泰戈尔的歌曲是给他的同胞最大的礼物。歌曲不仅能为有学识的人和老年人带来快乐，同样也能为没有受过教育的人和年轻人带来快乐。在抑扬顿挫的微妙音调变化的神韵中，纷沓而来的是各种各样不同的情感和心绪。歌词、节奏和象征，水乳交融、自然而然地形成了现在的音乐。这些歌曲是诗人以文字的形式献给世人最饱含真挚的情感奉献，它们是在剥去种族意识的表层后，心底最深处灵魂的自然流露，它们的魅力是永恒的。在老年时期，诗人常常说即使他所有的成就可以被遗忘，他的歌曲也会被世代传唱。

一次，一位年轻的教师，也是圣地尼克坦的新成员，直言不讳地问他："您谈了那么多关于主神的话，那么这里面究竟有多少直接（从神那里）获得的呢？"沉默了一会儿，泰戈尔缓缓地说道："坦率地说，有的时候我能感觉到他的降临，尤其是当我的心灵完全被一首新的歌曲占据而心无旁贷的时候，那种感觉会更加强烈和亲密。"他在一首歌曲中表述了同样的内容："我在此岸歌，您在彼岸站。隐约且朦胧，魅力却无穷。”

他的这些歌曲见证了他现在正在经历的精神危机和情绪波动。他时而情绪高涨时而又感觉懵懂，但是他却坚信他的主是希望他去深爱这个世界的。“如果心灵不去热爱，为何您却让清晨的天空充满欢快的歌声，夜空布满繁星，大地繁花似锦，风中传送您的声息？”他知道自己将会越来越多地被纷杂的工作所纠缠，于是他以埋怨的口吻说道：“如果您一定要使我事务缠身，为何您却还用那样的美将我吸引？”

他心里忐忑不安，并不确定等待他的未来是什么样子。“我正行走在我孤独的小路，手中灯火却一下熄灭。使我突然陷入黑暗，风暴成了我在夜色中唯一的伴侣。我迷失了本已清晰的小路，心中战栗不安，并不知晓浓浓黑夜将在何时何地找到它的黎明。”他一定非常平静地面对着他的挣扎，并不害怕带来的痛苦。“如果你从悲伤中脱逃，你又如何将它战胜？毒药一定会在自己的烈焰中将自己焚烧殆尽。不要害怕烈焰；一旦它将自己焚烧殆尽，也就不会再有烈焰的燃烧。”

他曾经有一段时间常常会想起本世纪初的一些岁月，现在这种对逝去往昔的眷恋之情已经消退。他以前曾有过的对生活前行脚步的刚毅信心，对可以在其中丰富自己思想并自由交流的推崇，已经完全得以恢复。这从1914年5月1日他给斯德哥·摩尔的信中可以明显看出：“一个国家的文学并不仅仅只供这个国家里的人们享用。实际上它的真正价值往往体现在：它可以成为另一国度人们的绝对需要。我认为西方人可以有机会通过《圣经》这个媒介来吸收东方的精神，这对他们来说是很大的幸运。正是因为它的旋律与你们的孑然迥异，它才丰富了你们的生活。在时间的推移中，也许你们会摒弃它的一些教义和说理，但是它却已经起到了作用，它已经在你们的意识体系里形成了分歧，而这对于你一生的成长却是不无裨益。西方文学在我们身上起着同样的作用，为我们的生活输入了些许补足，输入了些许甚至对我们意识形成冲突的东西。但是这恰恰是我们所需的。仅仅使我们着迷或者使我们感到吃惊，还不足以使我们感到满足，我们必须接受震撼和刺痛。因此，我们在你们的作品里不仅仅找寻艺术性的东西，而且还去找寻生动有力的东西。那就是为什么拜伦（Byron）在我们上一代的年轻人身上产生极大影响的原因。尽管雪莱（Shelley）的理想主义有些含糊不清，但是他的狂热还是唤醒了我们的心，而那种狂热源于他对生活的信仰。以上这些完全是我站在一个外国人的角度上来说的。我们不得已错过了你们文学中纯粹艺术的大量内容，但是有着宽泛人性和深刻真理的东西却一定可以从遥远的时代和偏远的国家被输送而来。我们希望你们的文学可以带给我们异乎寻常的西方生活的洪流，即使它会带来一些它经过时卷起的废弃物。”

大约就在这个时期，泰戈尔的年轻好友普拉玛塔·库德哈里（Pramatha Choudhury）已经与泰戈尔的侄女印迪拉结了婚，创办了一份文学杂志《绿叶》（*Sabuj Patra*）。正如它的名字所示，这是一份代表文学创作中新实验的杂志。尽管库德哈里（他的笔名是比尔巴尔，Birbal）本人也是一位才华横溢的作家，但是维持这份杂志的威望和使它受大众欢迎的重担还是落在了泰戈尔的肩上。似乎他就需要这种刺激似的，为了应付那份杂志带来的压力，他创作了大量的文学作品，无论在数量还是在质量上都特别的惊人。题材类型涵盖了诗歌、短篇小说、论文和长篇小说。这一阶段他所创作的作品，并没有他在九十年代所创作的故事新颖和有魅力。那时他正生活在博多河的船屋上，每天观察自然界不断变化的景色以及两岸的生机，然后以满怀的热情，不失超然的心态，以及富含讽刺的心创作出了那些作品。后期的作品主要涉及中产阶级的生活和他们面临的问题，尤其是关于印度家庭的女性悲剧。如果说这些作品缺乏新鲜水果的甜美芬芳，那么它们却具有奶酪般的精工细作，以及美味可口的香气。

作者对自以为是的印度丈夫的胆小和自私的嘲弄和讽刺和他对以圣像和传统为名义所造成的不公正的谴责一样的微妙和尖锐。海蒙蒂（Haimanti），同名小说《海蒙蒂》中一位无助父亲的勇敢女儿，最后以死亡得以解脱。聪慧、漂亮而且意志坚强的莫利奈（Mrinal），拥有自己的主见，勇敢地摆脱了她的丈夫和家庭从而也使自己摆脱那种毫无意义的生活。题目为《一位妻子的信》（*A Wife's Letter*）的小说以一位妻子写给她丈夫的一封信的形式，讲述了她在经历了15年压抑痛苦之后终于离开了他的故事。这位妻子就是泰戈尔塑造的"娜拉"（Nora），她冲着丈夫气势汹汹地讲出了她的独立宣言。毫无疑问，由于他控诉了社会的不公平，作者在孟加拉媒体上受到了无尽的谩骂，受到了那些愤声抗议政治不公平的领袖们的谩骂。在第三个故事《无名女》（*Aparichita*）中，他展现了一位有教养而且活泼的女孩和一位多愁善感的柔弱年轻男子并不般配的一对，后者总是虚幻地认为他屈尊娶了前者就是对她的帮助。所有的这些故事都是以第一人称单数形式叙述，每则故事的中心人物被迫去展示自己内心最深处的感情。还有一篇非常优美的故事《波西塔米》（*Boshtami*）讲述了一位女性和家庭断绝关系反而成了上帝的虔诚信徒。实际上，泰戈尔在孟加拉一个村庄真的认识这样的一位女性，后来，他在《创造的和谐》（*Creative Unity*）中就满怀崇敬地描述了她。

暑期假日是在喜马拉雅山的兰姆加尔（Ramgarh）度过的。起初他很开心，感觉直到那之前他似乎一直都在"过着半饥半饱的生活"。他致信安德鲁斯说："现在我的生活充实了。"但是很快一种不安的心绪爬上了他的心头，接着就是一种莫名其妙的痛苦，不祥的预感，一个巨大的灾难很快就会降临到他如此深爱着的这个世界。整个政局并没有任何阴云笼罩的危险讯号，这场世界大战说爆发就在八月突然爆发了。很难解释他究竟是怎样以及为什么能够预感到这场战争的到来。他就是感觉到了它，并且是坐卧不安地感觉到了它，这些从他所写的书信中看得非常明显，而且当时和他生活在一起或者在他周围的人也可以证实这些。“老天知道那是一种对死亡的忧虑，正在撕扯开我的心。”他向安德鲁斯写道。他也在一首诗中表达了同样的心绪。“瞧，毁掉一切的死神来了。痛苦海洋的汹涌洪浪席卷而来，漆黑的夜色中雷声滚滚，血色彤云中电光闪烁，一个疯子在他的死亡游戏中癫狂长啸。”

诗人焦躁不安，像往常一样，他从一个地方搬到另一个地方，时而到圣地尼克坦，时而到谢丽丹，时而到大吉岭，时而到阿格拉（Agra）或者阿拉哈巴（Allahabad）。世界大战爆发后，他并没有因为亚洲没有被卷入其中就认为那仅仅是欧洲的不幸。在他看来，这场战争是对整个人类心灵的创伤，所有神的子民都应该感受到战争的痛苦和恐怖，而不应该置身事外。在他给圣地尼克坦的学生们的一次演说中，他强调父辈们的罪过一定会惩罚到他们的子孙们头上，所以无论人类在哪里犯下了什么罪过，所有人都应该对那个罪过以及他们应受的惩罚负责。在一首十分动人的诗歌中他写道：“世上的一切忧伤、罪孽、犯罪、悲痛，以及暴力的欲望，就像涌过河岸的潮水一般不断膨胀，亵渎着上天。但是，那些备受折磨却又勇敢的人们啊！握住你们的船桨，驾好你的帆船，在疯狂咆哮的怒浪中，绝不要失去心底里的希望。你们在谴责谁呢，我的兄弟？低下你的头颅吧！那罪过即是你的也是我的。它是时间长河的心灵中积弊的溃疡，是心中淡淡的恐慌毒烟，是恶霸暴徒的傲慢行径，是贪得无厌者的无尽贪欲，是不肖之子心生的怨恨，是人类心中不断积聚对神灵的亵渎。所有这些最终在时间长河的血肉之躯中爆发。巨浪带着令人作呕的气息涤荡着大地和海洋，摧毁一切。”

这首诗歌以及其它一些诗歌（包括关于莎士比亚的一首十四行诗），都是在这些令人不安的岁月中写下的。在这些日子里，他不断地从一个地方搬到另外一个地方，心情也是时而悲伤万分，时而情绪高涨，时而怀念过去，时而满怀希望，他隐约觉得自己似乎处在了人生的又一个新阶段的边缘。在他的身上究竟什么在逐渐消退、什么已经消亡，将会出现什么，他并不清楚。他所知道的是他必须继续前进，不断更新，如果必要，甚至甩掉以前的自己。这些诗歌在 1916 年以袖珍诗集《白鹤集》（*Balaka*）出版。这本诗集是献给他年轻的英国友人皮尔逊的，这也标志着他的喜马拉雅朝圣之旅，是他所攀登的诗歌最高峰之一。这本诗集的名字取自作者在克什米尔时候所写的一首诗歌。当时作者在夜晚入神地遥望：“杰赫勒姆（Jhelum）河的弯弯曲曲闪烁着光辉的水流，它在朦胧的夜色中就像是一把弯刀。”突然，“一阵穿越空气传来的闪电，破击空气般的声音”将他从沉思中唤醒，抬头望见了一群天鹅正挥动着翅膀，飞往遥远的某个地方。在他看来天鹅们的迁徙飞行象征着所有事物一直处于运动，或者看似不动的状态之中。四季循环，象征着时间和精神的长河，象征着对生命无尽的追问，以及全体人类内心永远的呼唤：“不在这里，不在这里，而是在其它某个地方！”。

这个呼唤在这些诗歌中不停地回响，无论诗歌的主题和形式如何，不管诗歌倾诉的对象是建造了令人难以置信的泰姬陵的沙·迦汗（Shahjahan），还是诗人生命中已经失去了的天使，他已故的嫂子迦丹波利，都是对使一切处在流动之中并不断更新超越自我的神奇动力的讴歌。他一定无意中见到了她以前的照片，因为这首诗就是说的她。毫无疑问，回忆是痛苦的，但是他不是像青年时期那样沉浸在那种悲痛之中，诗人此时却倍感安慰，因为他觉得在一定意义上，现在在他生命中的她，比以往还要真实。“如果你并不在我面前，那是因为你就是我眼眸中闪耀的那抹辉，你还是那世上万绿丛中一点翠、空中苍苍那缕蓝、我的内心深处最和谐的旋律。没有人知道甚至我也不知道，你就是我歌中的音乐，诗人心中的诗人。”

生命不断自我更新，冬天抛掉自己的面具像春天一般展现自己，他给圣地尼克坦的孩子们所写的有着快乐幻想色彩的诗剧《春之循环》（*Phalguni*）就体现了这样的观点。

这部诗剧既在圣地尼克坦也在加尔各答被搬上了舞台，泰戈尔在其中扮演了双重角色——盲诗人巴乌尔（Baul）和吟游诗人。剧作情节特别简单，甚至可以说就没有情节，那只是为恣意融会诗歌、舞蹈和作者在春天的快乐心情的表达而刻意找寻的一条线索而已。一群淘气的年轻人追到了冬天老人，剥去了他的外衣竟然发现他却是春天。观看了第一场演出的爱德华·汤普森（Edward Thompson）觉得“它是原始森林中响起的音乐，就像是竹子、南风、野花的精灵。如果它们具备了人的嗓音，一定可以歌唱。”在作者于1921年访问德国期间，这部剧作也在舞台上演。期间从观众席上突然站起了一个学生，用蹩脚的英语（据罗宾德拉纳特后来回忆）说，他本来被告知一个来自东方的老人将会给他们演说，结果怎么听到的却是东方的年轻人在这儿述说呢？

在写完《春之循环》之后，泰戈尔和甘地于1915年3月会了面。甘地已经结束了他的使命并且赢得了在南非的斗争而返回到了他的祖国，但是他还不清楚自己接下来要做什么，也不清楚是否要待在那里。他早先已经解散了他在南非的凤凰村（Phoenix colony）和学校，并送了大约20名男孩来印度。安德鲁斯作为这两位伟大人物之间的联系人，曾建议直到甘地到来并且做好所有安排之前，孩子们可以暂时在圣地尼克坦得到食宿，泰戈尔欣然接受。当甘地来看那些孩子们的时候，他们已经在圣地尼克坦呆了数月之久。看着两帮孩子泰戈尔的小羚羊们唱歌、跳舞、顽皮嬉戏；甘地的小圣徒们，相对于他们的年龄来看又是那般的聪明和稳重，手牵手地生活在一起，一定是件非常有趣的事情。他们相处得特别好，泰戈尔也开始像喜欢自己的孩子一般喜欢上了甘地的孩子们。他发现他们“非常好”而且“非常可爱”，但是，就像他给安德鲁斯的信中所表述的那样，他希望他们不要“过于完美”。

尽管甘地在圣地尼克坦待了不到一周的时间，而且那时候他还没有成为圣雄，一个在后来的几年中形成了极大的号召力的称谓。但是他却以他的人格魅力给圣地尼克坦的居民们留下了深刻印象。这是他第二次来到圣地尼克坦。就在一个月前他还来过一次，当时泰戈尔并不在那里。甘地在圣地尼克坦度过的六天，为他与泰戈尔这两位现代印度的缔造者之间一生的友谊打下了坚实的基础，同时也消减了他们之间的差异，增进了他们对于彼此个性和理想主义的了解。这种差异是那样的明显和似乎不可协调，以至于他们各自的许多支持者受到了它的误导。在似乎冲突的表象面具之下，是一种只有他们自己清楚的深层和微妙的同源关系，但是它却阻碍了一些像安德鲁斯或者贾瓦哈拉尔·尼赫鲁（Jawaharlal Nehru）一样的普通朋友以及特别敏感的崇拜者。这些双方所谓的信徒或者“虔诚的追随者”看到的绝大部分是面具上的怪象，但却并没有看到隐藏于面具之下的笑脸。

甘地以他典型的实事求是、求真务实的方式与梵文学院所有的人结交朋友，指出他们的弱点，并且指导这儿的人们如何去完善自己的理想，使之更加美好。他告诉他们必须身体力行，不可以借助于雇工，应该像维持自身卫生那样，自己承担起维持学院清洁的职责，同时承担起包括做饭、洗碗等在内的所有任务。年轻人常常会被新鲜的经历所吸引，所以无论学生还是老师，都热烈欢迎甘地的建议。当泰戈尔被告知这些时，他笑着说这个实验包含着自律（Swaraj）的关键。就这样，这个实验在 1915 年 3 月 10 日正式被发起了。第二天甘地起身去了仰光(Rangoon)。可是这次实验并没有持续很长时间，这既没有让泰戈尔也没有让甘地感到吃惊。他们的理想主义也并非没有坚实核心和幽默之感。这一实验的记忆在学院每年 3 月 10 日的甘地日（Gandhi Punyaha）的庆祝中得以保存下来。在这一天雇佣的员工都会被放假一天，而学院的老师和学生们则承担起做饭和一年一度的春季大扫除。这是印度传统中象征循环的一个典型例子。

拥有改革者的热情的甘地也没有放过诗人的个人饮食习惯的毛病。一天晚上吃完饭的时候，当甘地看到泰戈尔在吃白面圆煎果（Luchi）时，他说诗人正在吃的用印度酥油炸制的这种带着很大味道的白面薄煎饼有毒。罗宾德拉纳特笑着轻轻地答道:“那么它一定是一种慢性毒药，因为我一直吃着，都有大约半个世纪了。”

甘地和泰戈尔那位诗圣努力想使得政治神圣化，而那位诗人则更努力使得神圣看起来很美。甘地的实践总是超前于他的理念；泰戈尔则是放飞思想，脚踏实地。不管脚步多么稳健与坚定，它们总是跟不上翅膀的频率。甘地，这位苛刻的苦行主义者却比人文主义者更有人性；在理论上枯燥乏味，但是他却给数百万人们的心灵带来安慰。泰戈尔，这位无宗教信仰的推崇者却在甘地看不到的地方看到了天国。现代印度的这两副面孔，一张粗糙，一张清秀，但却同样地耀眼，代表了印度成就法（sadhana）也就是对生活真理的认识的两个方面。再也没有人会比圣徒一般的英国人 C. F. 安德鲁斯能够更加敏锐地感觉到他们共同的影响，能够理解他们之间的内在同源关系。让他自己评价一下他那么敬爱的人吧："就我个人而言，我的一生当中从没有遇到过像泰戈尔那样能够完全满足友情的需要、心理上彼此理解以及精神上保持一致的人。他一出现就会给你带来启发和灵感。和他在一起就是和他在共同从事某种创造性的工作，这种荣幸很难用语言来形容。而且，到目前为止这也是我一生中最大的荣幸。从个人的友谊来看，再没有其他人能够比我幸运了。沐浴在这位诗人的友情之中时，圣雄甘地的另一份友情带给了我无尽的快乐与幸福。他不可思议的精神天分以一种完全不同的方式吸引了我。他那独特的个性就像泰戈尔的一样伟大且富有创造力。但是，他的个性却带有更多的苦行者的要求。在他性格的周围似乎围绕着更多中世纪的，而不是现代的宗教信仰色彩。从本质上来讲，泰戈尔是现代的；圣雄甘地是我们时代的阿西西（Assisi）的圣·弗朗西斯（St. Francis）。”

孟加拉总督卡迈克尔勋爵（Carmichael）在1914年初的时候，作为瑞典皇家科学院的官方代表，将诺贝奖证书和奖章转交给了诗人。5月20日，即甘地离开后的第九天，他参观了圣地尼克坦。已经取得了世界认可的泰戈尔在印度的英国政府眼中，已经成了受尊崇的人。政府官员受到警告不许送孩子到泰戈尔学校的日子一去不复返了。现在孟加拉最高的英国权贵来表达他的敬意。泰戈尔给这位尊敬的贵宾以热诚的接待，并且为了欢迎他的到来，在学院里也进行了精心安排。批评泰戈尔对异邦统治者的代表毕恭毕敬的“爱国者”大有人在。泰戈尔知道，无论他做什么，在他一些同胞的眼中似乎都是错的；他也清楚，由于他的激进主义，他会不断地受到诋毁。同样道理，他的保守主义也会不断备受谩骂。他清楚地了解这一点，可是他还是受到了公众批评的伤害。他不愿去学政治家们收买公众之心的艺术，但是他也为不能赢得他同胞的心而感到遗憾；他们同样也为他不能认同他们的迷信而不肯原谅他，而这些迷信中最大的就是：他们满腔爱国热忱地认为他们就是上帝的选民。

他的作品中对于这种虚无缥缈的名声或者流行的良好愿望的反思是多么的勇敢。实际上，泰戈尔对于不公正的批评还是敏感的，而且那些批评即使不怀恶意的话也总是不公正。在标有1915年2月1日的致安德鲁斯的信中，他在努力分析这种敏感性：“你是对的。我心情沮丧、身心疲惫有一段时间了。但是我现在又神志清醒、身心健康了，而且也欣然愿意再活上一百年。当然前提是，如果评论家们能够放过我的话。在那个时候我的身体特别疲惫；因此即使是最小的伤害，也会被认为是极其荒诞的很大行为。但是，我还是很开心，在我身上依然有那个孩子的影子，他是那样喜好人们称赞的甜蜜嘉奖。我一定也是觉得自己绝不比那些批评家高明到哪里去。我不想坐在讲坛之上；还是让我和我的听众坐在一起，而且当他们在讲话的时候，我会去认真倾听。我特别想知道，当他们不赞同我所述说的内容时失望的真正感受；当我说‘我不在意的时候，’请任何人都不要相信。”10年前他在一首诗歌中说过了同样的内容：“他们说你疯了。请等到明天，现在保持沉默。他们会带来他们的桂冠。”只是这个明天用了太长的时间才终于到来。

不管之前那阵沮丧之情是什么原因引起的，但是他现在“又神志清醒、身心健康了”，这在著名的《四章》（*Four Chapters*）中可以看得清清楚楚。那是他在那个时候写给文学期刊《绿叶》（*Sabuj Patra*）的作品，后来被整理成小说《四个人》（*Chaturanga*）出版。它使他拥有了最正常和最健康的务实善断的能力。作品内容紧凑，情节缜密，富有张力，同时还暗含同情与讽刺。泰戈尔将几者紧密地糅合在一起，同时他又超然物外，不为感伤或者偏见所动，俨然成了一位擅长于此的大师。因此，这本小说也成了泰戈尔最为出色的小说之一，一位资深的评论家将它描述为“一部没有任何瑕疵的艺术作品”。这部作品中仅有四章内容，人物也只有四人，其中一人叙述了故事。中心人物是一位叫萨奇斯（Sachish）的年轻、狂热的理想主义者，他在不同的阶段对真理和内心满足的追求被描述出来。他是在他的叔叔加格莫汗（Jagmohan）的影响下长大成人，他叔叔强势的理性主义以及天生的高贵思想在生活中很早就把他变成了一位无神论者和积极的人文主义者。在第一章中，加格莫汗的无神论人文主义精神和他的弟弟的自私和贪婪形成了鲜明对比。

萨奇斯反感于他父亲令人难以忍受的正统观念，成了他叔叔的生活方式的遵循者。他偶然间碰到了一个女孩，一个孤儿，而且被他的亲哥哥诱奸并抛弃在了街上。他将这个已经怀孕的女孩收留下来，并将她带到了他的叔叔的家中，他的叔叔为她提供庇护之所，同时将她当作亲生女儿一般来对待。为了使她对自己的未来有信心，萨奇斯愿意娶她为妻。那位女孩虽然感激她的这个恩人，可是她却爱上了那个诱奸她的人，宁可选择自杀也不愿意再嫁他人使自己蒙羞。这对萨奇斯坚信人类理性主义的教养无疑是一个巨大的打击。不久以后，加尔各答市遭受了一场瘟疫，由于城里没有足够的医院，那位人道主义的叔叔将他自己的家变成了一所专门收容穷人的医院，自己也亲自照料起染病的受害者。他染上了这种可怕的传染病，死去了。“那是他活该。”他那位正统派的哥哥评论道。

萨奇斯在他的叔叔去世以后终日郁郁寡欢，四处游荡去找寻一种可以填补自己心灵空虚的信仰。他无意中遇到了一位典型的毗湿奴教圣人带领的教众团体并且成了圣人的信徒。他一直很喜欢他宣扬的这种“出世”信念，直到他遇到了一个年轻、可爱的寡妇，她是这位印度教导师的心有不甘且桀骜不驯的弟子，而她却深深地吸引了他。这个女孩名叫黛米妮（Damini），像他早期作品《眼中钉》中的百诺蒂尼（Binodini），是泰戈尔罕有的少数几位有血有肉如此真实的人物之一。读者们一旦了解了她们，就不能够再把她们忘记。黛米妮爱上了萨奇斯，而且根本不在乎那位印度教导师，因为他虚伪的同情与坚信人类之爱就是虚无泡影的并没有欺骗得了她。萨奇斯竭力想要避开她，可是却总是禁不住地想念她。一次当这个团体在一个山洞中宿营度过一个夜晚的时候，萨奇斯无法入睡，朦胧中总是害怕会有躲藏在山洞的史前野兽用它黏糊糊的爪子爬向他的身体。就在那个时候，他突然感到有什么碰到了他的脚。慌乱之余，他奋力踢去。可是，竟然是黛米妮的胸口，重重地挨了他那一脚。

萨奇斯还是禁不住地想念黛米妮，最后不得不祈求她让她自愿放弃对他的爱从而让他得以解脱。凭着女性的直觉，她明白他正努力穿越心中可怕的地狱，而且也明白爱情只是横在他们二人之间的欲望巨兽，他是绝不可能真正地接受这份感情的。她放弃了对他的追求，嫁给了作品中的第四个人物也是这个故事的讲述者斯来比赖斯（Sribilah），他也深深地爱着她。她婚后的日子里洋溢着幸福，可是并没能够持续多久。她在山洞中挨的那一脚让她受到了致命的伤害。她的放弃不仅让萨奇斯从她的魅力中走了出来，而且也让他最终从沉迷的那个宗教中走了出来，因为它不亚于一种逃避。他返回到了加尔各答的凡尘俗世之中，也成了一名伤心的智者。

就在小说《绿叶》出版的同一年，泰戈尔这一阶段的重要小说作品《家庭与世界》（*Chare Baire*）也得以出版，作品中三个人物均以日记的形式展示了他们的思想。故事的背景设置在世纪初政局跌宕、风雨飘摇的十年，当时的泰戈尔也一度深陷于那个漩涡之中。这部小说也是他对批评他逃避和背叛的评论家们的一个回应。那个回应确实起了作用，但是不过是激起了更加严厉的指责罢了。由于他对革命的爱国主义者肆无忌惮地欺骗好友并诱奸了好友妻子的生动描写，致使作者被认为是不道德和不爱国的，进而被谩骂不止。直至这部作品出版后的三年，评论家们依然将这部作品批判得一无是处，尽管它对他们的思想产生了影响。

这部作品的氛围充满张力，反映了它所描述时代的冲突。那是一个全国人民情绪高涨、风雨飘摇的时代；一个消失很久的暴力激情重又激荡的时代；一个充满理想和利益冲突的时代。忧郁的叙述者闪烁着智慧的思想，截然对立的观念彼此不断地冲突。故事自始至终都是在讲述新与旧、真正的政治运动与飘渺的理想主义、途径与结果、家庭培养的美好品德与外来的狂野之风的冲突问题。虽然这是作者的自我宣言，但同样它也不啻于是对甘地爱与真理，以及无论掩饰多么好、邪恶途径终究会毁掉一切的观念的反映。当人们阅读这部作品的时候，他就会开始去了解尽管泰戈尔和甘地在方式上有很大差异，但是在精神上，他们却是多么的接近，再没有比这部作品更好的任何印证的方式了。

这个故事的情节，就像是泰戈尔的所有故事一样，特别的简单。它是古老俗套的三角关系，两个男人与一位女士。世袭贵族尼克希尔（**Nikhil**）在那个国家中拥有大片的地产，是他的那个阶级的出色代表，可是却过于优秀而略显不真实。尽管托尔斯泰（**Tolstoy**）在自己现实的生活和作品中曾经创造了类似的原型；尽管泰戈尔本人在掌管他们家族的地产时也曾努力达到那种水平，这个人物从小说一开始的时候，就显得虚幻不真实。相反，他的朋友和被保护人桑迪普（**Sandip**），一个爱国主义的煽动暴乱者、满口空话的家伙、无耻的诱奸者却显得更加真实和令人信服。只是有一点除外，那就是，他讲着一口只有泰戈尔才能赋予的语言。

贝马拉（Bimala）是尼克希尔的妻子，一个温顺、普通的家庭主妇，可是当她的激情和虚荣心被唤醒的时候，她却变成了一个与众不同的人物，同时也是作品中的一个有血有肉、令人信服的人物。她被桑迪普充满激情、长篇大论的魅力征服；她的崇拜之情在桑迪普充满肉欲的青春活力的诱惑下逐渐升温，被他吸引。“好久以来，”贝马拉在日记中写道，“我就像村边的一条小河。但是大海的浪潮涌来，我也开始心潮澎湃；我的堤岸阻挡不住，竟然自己退却，海浪的战鼓在我狂野的心里不断擂动；我却被我血液中的鼓声搞得昏头转向。”尼克希尔知道在他的妻子和他的朋友之间发生了什么，本可以轻易阻止，可是他却认为如果让他珍视，那么那种爱必须是与外界竞争中获得的发自内心的爱而不是一种义务或者强迫的爱。故事中的这三个人之间究竟发生了什么，有待读者到书中自己去找寻答案，这本《家庭与世界》也已经有了英译版。

这是一个远比作为小说题目还要富含深意的标题。泰戈尔本人当时也正在纠结于自己对于家园的眷恋和外界的诱惑之中。由于已经经历了硕果累累的国外旅居生活，家中相对枯燥乏味、一成不变的生活显得那样毫无生气和令人不求上进。他又一次感到焦躁不安起来。“我渴望开阔的大路，尽管大多数道路已经被封死。”他在 1915 年 6

月向安德鲁斯写道。“我的心中渴望流浪般的游牧生活，但是这种对自由的渴望使我变得痛苦不堪。我现在背负着帐篷，却不能在其中居住。”远方的战鼓在向他呼唤。还有全新的世界等待他去探索，全新的思想等待他去拥抱。他觉得他有话要说，他的声音必须深入世人的思想深处、触及他们的灵魂。整个欧洲都处在毫无节制的、彼此疯狂的厮杀之中，而只有日本和美国还能置身事外，显得正常（他当时是这么想象的）。他们应该侧耳倾听，倾听他带来的信息，那可是有关人类同胞之情，以及已经明白了两个半球本是一个世界的东、西方两大民族最迫切的诉求。

在整个 1915 年中去访问日本的念头一直在他的心里反复，在 4 月 4 日他给罗森斯坦的信中说道：“我放弃去日本了，至少现在。不是因为突然失去了勇气或者激情，而是出于想要终止这个现代战争的神圣原因。我现在经济上捉襟见肘，主要就是因为欧洲一团糟糕。”但是他不得已的放弃并没有延续很长时间。1916 年 5 月，当世界大战还在进行的时候，他在安德鲁斯和皮尔逊的陪同下乘船前往日本。他乘坐的是一艘日本油轮，船长和船员的纪律森严、工作高效以及待人友善给他留下了深刻的印象。就像他自己说的那样，就像他对印度食物的喜欢始于手里有了它们之后，他对日本的欣赏始于这艘日本油轮。

在仰光他们一行人短暂停留了两天，生性开朗的缅甸妇女干起活来比她们的男人还要卖力，这也给他留下了很深的印象。在香港，他对训练有素的体力劳动所能赋予人们身体的优雅和力量印象更加深刻。看着在码头上劳作的中国人，半裸的上身在阳光下闪烁着光辉，他写道："他们半裸的身体，结实，没有任何赘肉……劳作的节奏随着他们身体有节奏地跃动，就像是古琴飘扬出的悠扬琴声一般充满乐感。"他接着讲到的关于中国的未来也值得一提："看到劳动的力量、技巧和快乐如此集中在一个地方，我意识到，在这样一个伟大国家的土地上蕴藏着多么巨大的能量。当这些巨大的能量踏上现代的机车，也就是说，当掌握了科学的时候，再加上他们勤劳的天赋和丰富的资源，它将会对阻碍的势力产生究竟什么样的力量呢？所有正在分享这块土地果实的国家都害怕中国的苏醒，都想要阻止他们不愿看到的那天地到来。"

泰戈尔在日本待了三个月多点时间，并且参观了一些地方。日本生活的很多方面以及日本的景色吸引了他，尤其是日本人的纪律感、身体和精神的坚毅、情感表达的矜持、他们对美的热爱以及日本女性的魅力。就他"自到了日本后从未听到任何人在大街上歌唱过"的事实，他在他的日记中评论到："这些人的心并没有像瀑布一般轰鸣，而像湖水一般平静。我到目前所听到他们的诗歌，都是画的无言诗而不是充满音乐的诗歌。"

这些诗歌由于简明扼要，也许在他的思想中起了很大的影响，这体现在他迫于一些年轻女士的索要，而给她们的扇面题词或者售书上签名。这些杂散的警句或者诗歌后来被收集起来，并且以《鸿雁集》(*Stray Birds*)为名出版，其中一些是从孟加拉文翻译过来，一些是直接用英语写成的。尽管其中许多不乏趣味，但是它们却算不上是上乘的文学作品。下面引述一些经典的表述："我不能选择最好的，最好的却选择了我。""每个孩子都带来了上帝对人类还没有失望的信息。""每个忙着做善事的人，往往没有时间成为好人。"其中还有一个对日本未来的预言："你们的偶像在尘嚣中粉碎，就是为了证明上帝的尘嚣都比你们的偶像伟大。"

尽管日本人满怀激情地欢迎泰戈尔这位来自印度大陆的诗人、预言家，可是这种激情很快就冷却了下来，因为泰戈尔在讲演中警告他们模仿的不是欧洲文明中的人文价值观，而是它对权力的贪求以及以国家为名义对集体利己主义的盲目崇拜。"当欧洲面向全体人类大举其善时，她是极其出色的；当欧洲仅以一己之利为目的，倾其强大之力追求违背人类无限永恒的利益而大举其恶时，她又是极其邪恶的。"他为日本的现代化而倍感钦佩，但是他又提醒他们："真正的现代主义是思想的自由，而不是贪欲的奴隶。是思想和行动的独立，而不是在欧洲教员监督下的亦步亦趋。是科学而不是在生活中对科学的误用。"但是他的话也只是对牛弹琴，也许是因为他并不是那个战败或者被奴役国家的诗人吧？

1916年泰戈尔乘船去了西雅图（Seattle）。他第二次访问美国期间所做的讲演被整理成《民族主义》（*Nationalism*）和《人格》（*Personality*）的两本集子出版。然而，还是后一本评论集更受大家的欢迎，因为它就像它已经做到的那样，体现了泰戈尔对艺术、教育、哲学以及人们人格中神圣潜能的一些深邃思考。他还直接将民族主义斥责为对邪恶的狂热崇拜，这激起了美国媒体的激烈抨击。《底特律月刊》（*Detroit Journal*）就警告人们防止"泰戈尔使用的这种裹着糖衣炮弹的精神毒药，毒害我们伟大的美利坚合众国的年轻人的思想"。

设计翔实的巡回讲座、马不停蹄的演讲日程，以及他还不适应的美国纷杂激烈的生活节奏，所有这些都刺激着他敏锐的神经，结果使他的健康严重透支，同时由于在旧金山的短暂停留期间他同胞们策划的一个丑恶事故，使得他的健康更加每况愈下。从属于一个叫"加达党"（Ghadar Party）革命组织的一些容易激动的年轻印度人，被爱国情怀冲昏头脑，失去了理智，将他对民族主义的斥责，误认为是对印度民族主义理想的极大背叛。再加上就在前一年泰戈尔被英国政府封为爵士，这些鲁莽的爱国主义者将这两者联系在了一起，认为这位爵士是英国政府的代理人，被派到美国去抹黑他自己的国家去了。另一方面，对泰戈尔对战争的严厉斥责深感不安和愤恨不已的英国当局，对他的演讲在美国民众心中可能起到的影响也是惴惴不安。因此，他们并不反对散步传言，污蔑这位印度诗人正被德国用作政治宣传的喉舌，去离间美国人对英国与协约国（Allied）对战争所作努力的同情。于是，泰戈尔成了双方阵营共同毁谤的对象，他被深深地伤害并且感到痛苦万分，变得比以往任何时候都更加地想念家乡。他提前终止了巡回演讲合同，乘船于 1917 年 1 月去了日本。

返程途中他在日本停留了一个月，之后于 1917 年 3 月返回印度。在那儿他看到的不是一张积极进取的民族主义面孔，而是一张被压制的民族主义面孔。这个国家为了保护它的民族而将正在逝去的青春活力抛到一边，践踏着民族主义。但是就在那个时候，一位勇敢的英国女士的呼声被盛加赞誉，并被当成代表印度的声音。这位女士就是安妮·贝赞特（Annie Beant）。她提倡印度自治，可是却被马德拉斯（Madras）当局一纸命令给监禁了起来。泰戈尔对她的许多品格大为崇拜，并公开抗议对她的监禁。于是，他又一次被卷入了政治斗争的角斗场中，而且斗争的中心也不再仅仅局限于孟加拉。现在他已经是如此重要，以至于他的同胞们也不会再像以前那样对他漠然视之。他现在仍像以前一样，当看到自己的同胞遭受痛苦时他不能坐视不理。在加尔各答的一个集会上，他唱了一首自己刚刚谱写的爱国歌曲，深深打动了听众的心。同年底，印度国民议会（Indian National Congress）在加尔各答召开一年一度的会议，在会议开幕的那天，他朗读了他的著名诗篇《印度的祈求》并赢得了与会所有政党领袖的热烈掌声。

泰戈尔的健康每况愈下，他精神上的压力更大，不仅包括工作和会晤安排所带来的压力，还包括在他心底里更深层的压力——诗人和爱国者身份之间的纠结或者诗人和预言家身份之间的纠结所带来的压力。当诗人的身份占据上风的时候，他只想歌唱，只想能够去观察自然和生活的全景，只想如他自己所说的去“做一个开心的废物”。当爱国主义者或者预言家的身份被唤醒的时候，他就会注意到上帝的号角躺在了暗尘之中，该是他负起职责捡起它去吹响战斗的号角。他清楚地知道内心的这种冲突，而且也知道自己的最重要的职责应该是做一个诗人，做主的吟游诗人而不是他的战士。“我必须放弃说教了，”他之前曾给安德鲁斯写信说，“应该竭尽所能地承担起对他人友善的天使般的职责。我祈祷能够点亮人们内心的智慧，而不是仅仅手持一盏明灯。”

但是他还是禁不住地手持一盏明灯。医生们强令他完全休息。可是医生的禁令还是被打破了，这从他日复一日亲手撰写的信件数量可以看得清清楚楚。其中一封回复甘地关于印度语言之争的信件特别有趣，直至今日依然被广为流传。他赞同甘地的观点：“印度语是在印度各省之间进行交流的唯一可能的全国性语言。”他后来又补充道，它“对于马德拉斯人来说却是一门地地道道的外语”，而且出于这种或者那种原因，“印度人在我们国家的进程中必须保持自由选择的权利，直到新一代政治家们完全清楚它的重要性，通过不断地实践使它成为一个国家义务，让所有人们能够自愿地去接受它，从而为它的广泛使用铺平道路。”

这个国家的政局正在变得越来越失去控制。泰戈尔对他同胞的警告不幸变成了现实。由于缺乏建设性的沟通渠道，被暗地操纵的孟加拉年轻人的鲁莽演变成了恐怖行为的爆发。英国当局对在欧洲取得胜利充满信心，所以采取了极其残酷的报复行为。暴力被更大的暴力镇压，仇恨遭遇了更大的仇恨。这个关于政权的古老哲理正在带来惊天浩劫。哪怕那是为了合理的爱国目的，泰戈尔也从不信奉恐怖主义，当他大声疾呼反对它的时候，却招致了同胞对他极大的不欢迎，但是他还是不能对英国镇压之下勇敢年轻人们的痛苦遭遇漠然不理。除了他慷慨激扬的公开抗议，他究竟私底下又做出了多少努力，在下面他这封 1918 年 2 月写给古尔利先生（Mr. Gourlay）（孟加拉总督的私人秘书）的信中就可以看出。当时他还处在医生严格限制以任何方式活动的禁令之中。“当我最终给您写信的时候，我想如果我放弃了我纠正错误行径的努力转而坚持我的文学创作，那对任何人来说都将不会是种损失。但是有的时候，龟缩在自己的特殊职业中躲避就成了一种极大的羞耻。我不得不再次写信给您，来讲述根据极其可靠的信息来源得到的关于一个国家的囚徒的令人极其痛心的无助情形。”

这只是他支持的众多案例中的一例，然而每次都会给他的感情带来极大的压力。

使得这种压力雪上加霜的是他的长女也是最钟爱的女儿贝拉重病带来的焦虑。同年 5 月，贝拉不幸离开人世。在 2 月 28 日，他致信当时身在中国的皮尔逊：“由于贝拉的情况越来越糟，我从圣地尼克坦又到了加尔各答。死是生的对立面，可是它也是同时和它并存的，我并没有把它看作特别可怕的东西。但是疾病却是邪恶的，当我们不知道怎么与它斗争的时候，它就会使人们心里忐忑不安。”

他的内心究竟有多么忐忑不安，从他当年所写并出版的诗集《逃遁集》（*Palataka*）中的故事和情节里便可看得清清楚楚。在两年前出版的《白鹤集》中，他的想象力展翅翱翔在天际之上，安详自信地审视着瞬息万变的世界以及亘古不变的永恒之美。世界中的一切都处于不断的运动之中，不断超越现在而朝向远方，却没有人知道它将朝什么方向运动或者变成什么，但是运动本身是充满欢乐的，因为那本身就是目的之所在。在《逃遁集》中，作者已经能够脚踏实地深沉地思索着生命中的悲怆凄凉与戏谑反讽，思索着它避世般的欢乐和虚弱的诉求。

故事的讲述方式很简单，诗节也自由灵活，而且随着叙事的节奏保持韵律，诗歌口语体的语言保持原有风味。故事是日常生活之中的一些令人伤感的小插曲，主要是关于一个印度家庭妇女备受束缚的生活、她的沮丧遭遇，以及痛苦之中展现出的高贵与坚强。故事以极其巧妙的方式，饱含感情地讲述着，没有任何感伤主义的滥觞之情。由于诗集创作于眼睁睁地看着他的大女儿遭受病痛折磨而去世的那年，所以诗歌难免带有个人的悲伤情绪在里面，但是由于他赋予了诗歌坚毅和对生命的谦卑之情，进而深化了他对所有生命和痛苦的同情。

再没有什么比女婿在那位女子临终的病榻旁的独白对印度那种大家庭的控诉更加有力了，而那时女子已经服侍了她的丈夫和操劳家庭22年，控诉的之所以更加有力就是因为其中没有任何怨恨。此时她躺在那里奄奄一息，她却拒绝所有药物，因为活着本身成了一种只有死亡才可治愈的疾病。她希望房间的窗户全部打开，这样空气才可以吹进来，更大的自由就在眼前。死亡的病榻就是她的新床，因为在床畔等候的就是那位死神新郎，在他的臂弯中她将找到在生活中错过的欢乐。

有一位小女孩曼朱莉（Manjuli）被他伪善的父亲嫁给了一位“年龄是她的五倍”的男人。她的父亲常常一边抽着水烟一边在嘴里念叨着《圣经》中的只言片语。不久以后女孩成了寡妇回了家，长成了一个风姿卓绝的少妇。当她的母亲为她的女儿虚度大好青春而在悲痛中去世后，曼朱莉不得不日夜操劳来伺候她的父亲。但是那位患了风湿病的老鳏夫没有妻子似乎不能撑得住，于是就出去找了位年轻的新娘，而且从《圣经》中断章取义地找寻了许多借口。当他返回家里的时候，房子已经空空如也，因为曼朱莉已经觉醒过来，非常聪明地和邻居的那位深爱着她、她在心底里也深爱着的医生私奔了。愤怒的父亲对女儿的邪恶行为倍感恐惧于是狠狠地诅咒着她。这两个故事的名字分别为《解脱》（*Mukti*）和《弃绝》（*Nishkriti*），表现了“解脱”的不同方式。

还有一个表现了女人的博爱和男人的自私的感人小故事，故事的题目为《逃避》（*Phanki*）。故事是由丈夫讲述。他 23 岁的妻子名叫碧奴（Binu）身染重病，在医生的建议下，去另一个地方换一换空气。自她结婚以来，碧奴从她夫家令人窒息的环境里第一次得到了稍微喘口气的机会，她在那个家里甚至从她的丈夫那里也只能得到偷偷摸摸的几句“支离破碎拼凑的补丁一般”的情人间的话语。当他们一起乘火车向西去旅行的时候，她憔悴面庞上一双水灵灵的大大眼睛闪耀着快乐的光辉。在铁道旁边换乘火车的小站里，碧奴被一位搬运工的妻子卢克米妮（Rukmini）讲述的事情深深打动，于是让她的丈夫给卢克米妮 25 卢比，让她去办理她女儿的婚礼。他迁就了生病的妻子，并且告诉妻子已经将钱如数交给了她。然而，实际上他仅仅给了卢克米妮两卢比，并且还面含怒色警告：“如果她不从他妻子的视野里消失，他就将她举报给站长说她骚扰了旅客。”两个月后碧奴去世了，可是她却对她的丈夫心怀感激，因为他使得她一生的最后时刻是那样地充实和完美。这位闷闷不乐的丈夫对他在他最值得信赖和最值得他深爱的妻子身上所犯下的欺骗行为一直耿耿于怀，因为当时她是那样的高兴，以至于想要和所有的人分享她当时的幸福感觉。在他返回的途中，他在同一个车站停了下来，疯狂地找寻卢克米妮去弥补他的过失。但是却怎么也找不到卢克米妮了。

1919 年 4 月 13 日发生了骇人听闻的阿姆利则（Amritsar）贾利安瓦拉巴格（Jallianwalla Bagh）广场惨案，接着就是基于《战时法案》的恐怖统治。对于媒体的审查是那样的严厉，对这场悲剧以及接下来的一些恐怖事件的铁幕封锁是那样严密，以至于公众在数周后才知晓这些消息。当这些消息陆续传到了泰戈尔的耳中以后，他感到寝食难安，立刻取消了在圣地尼克坦的一个重要安排，匆忙赶往加尔各答。在那儿他请来了一些政治领袖，要求去组织一个抗议集会并许诺由他来主持集会。这些领袖们对政局甚至也是困惑不堪、感到身心憔悴，他的提议无果而终。接着他做了他良心命令他做的事情。他遵照几年前他自己所写的歌曲行事："如果他们感到害怕，无声地面墙畏缩而立，那么你，邪恶命运，敞开心扉，一个人大声地控诉吧。"在没有告知任何人，甚至也没有告诉他自己的儿子的情况下，泰戈尔于 5 月 29 日给印度总督切尔姆斯福德勋爵（Lord Chelmsford）写了一封信归还了他的爵位，第二天早晨将这封信刊出。在他提醒了总督当局所采取措施的残忍野蛮是“在文明政府的历史上前所未有的”之后，他接着写道：“我为我的国家能做的至少是，我可以通过表达数百万计的同胞们的抗议来承担下所有的后果。他们已经被震惊到了目瞪口呆、痛苦万分的程度。当荣誉的徽章使得我们的羞耻在令人羞辱的不和谐环境里那般地刺眼时，就我而言，我愿意甩掉所有的荣誉，站在我同胞的一边。他们所谓的卑微、极其容易遭受堕落带来的痛苦，却不是人类该有的。”

并不是他对爵位的抛弃因其没对他的地位有任何的帮助，而是他讲出了他的同胞们的痛苦，而恐惧已经使得其他人对此保持沉默，只是将它藏在了心底。正是这一点才赋予了那封信非凡的历史意义。那是一种姿态，一种可以给这个国家恢复自尊的姿态，一种在他的同胞最需要的时候，可以给他们勇气和信心的姿态。英国统治当局永远也没有原谅他们认为的这种闻所未闻的无礼之举。

拥有雄鹰一样胸襟的百灵鸟

你是天空，亦是巢穴

这位可爱的诗人，曾经满足于在自己的巢穴和天空之间的孤独的朝圣之旅，现在却陷入了世界为他编织的大网之中。这位自由的信使不再自由了。作神一样的偶像再也不能起到足够的作用；他必须行善义之举。他赢得了世界，现在反过来世界也赢得了他。现在他常常在世界各地寻找着自己的家园，也常将整个世界带到他的家园。于是，在圣地尼克坦的那所小小的学校成为了一所国际大学（Visva-Bharati），一个印度文化中心，一个进行东方研究的发源地，以及一个东西方聚会的场所。诗人从梵语诗歌中选择了一句作为它的校训：整个世界聚于一个鸟巢（Yatra visvam bhavati eka-nidom）。

自他上一次访问日本和美国后，他在心里就萌发了那个念头。1918 年 12 月 22 日在圣地尼克坦的一个特殊的集会上，他首次公开宣布了那条校训。三年后的同一天，国际大学落成仪式举行。在学院转变成大学的期间，几个核心的学科和文科已经初具规模；随着时间的推移，它们不断成长，后来又增加了几个。就像它的学院前身一样，这所大学毫无疑问是诗人梦想的产物，但是也和其它梦想一样，当它形成规模之后终究会成为未来的指南针，引导着未来的发展。泰戈尔一直坚信："任何一个种族都有责任保持他们自己思想明灯的生生不熄，使其成为世界光明的一部分。打破任何一个民族的光明之灯，就是剥夺了它在世界盛宴上的合适位置。"印度就曾经拥有过这样的一盏明灯，并被它自己的火焰点燃，用它自己民族文化的燃油不断滋润。今天这所国际大学的毕业生们，也不过是"在其他民族的垃圾箱里捡破烂的人"。

"祸根却在于，"就像他说的那样，"当我们一想到大学，剑桥大学、牛津大学以及很多其他的欧洲大学就会一下子同时涌了出来，填满整个意识的空间。然后我们就会想象着我们灵魂的拯救就要依赖于将彼此最出色的地方精挑细选出来，然后以一种兼容并蓄的折中方案完美地缝合在一起。我们却忽略了欧洲大学也是欧洲生活活生生的有机组成部分，正是在那里它们才得以诞生。用从其他人的腿上取来的皮肤，将我们的鼻子以及我们外表缺失的其它部分缝合起来，在现代外科手术上可行的；但是用外国的碎片塑造一个完整的人，已经超越了科学的能力范围。不仅对于现在来说是这样，我们也该满怀热情的将来也是这样。"

泰戈尔现在又多了一个旅游的动力了，他也需要那个动力，他开始躁动不安。世界的溢美之词就像是醉人的东西，他想要得到更多。诚然，对他而言有必要去旅游，因为那样可以确保他得到项目所必需的公开宣传和物质资源。由于其内心和自我的需要，他也乐见其成。在 1918 年 4 月 15 日的那封信中，他坦诚了那一点："你也许在书中曾经读到过，一些鸟儿在某些特定时间会飞离巢穴，飞越大海离开一段时间。我就是这样的一只鸟儿。在大洋彼岸，不断地有某种东西在呼唤着我，我挥动翅膀。所以我在五月初已经做好安排，准备登船，去穿越太平洋。"但是出于某种原因，这次的海外旅行没有成行。为此他不得不在自己的国家内旅行来满足自己。他在南印度进行了广泛地游览，参观了几个镇子，也在那里宣讲他的教育理念。他接着又去了西印度游览，期间还主持了在艾哈迈达巴德召开的吉吉拉特语文学会议（Gujarati Literary Conference），同时他还和圣雄甘地在他于萨巴尔马提河（Sabarmati）岸新建的学院中度过了一些时光。

1917 年至 1919 年期间，紧张忙碌的政治和教育活动，使得他创作的新文学作品特别的少。在这几年中他以孟加拉文创作的两部重要作品是 1918 年出版的《逃遁集》，以及更晚于 1922 年出版的《随想集》（*Lipika*）。1917 年出版的作品要么是他创作的孟加拉文作品的翻译，要么是直接用英文创作的演讲词：《我的回忆》、《献祭及其它剧作》、《春之循环》、《人格》以及《民族主义》。尽管出版的数量上相对较少，但是他在这一阶段创作的孟加拉文作品具有很强的思想性、丰富的想象力，以及充沛的感情，标志着他在创作技巧上一次新的飞跃，也为创作实验打开了一片新的天地。

之前分析过《逃遁集》。另一部《随想集》创作于1919年，是与它完全不同类型的一部作品。这部作品中有速写、有描述、有寓言、有反讽、有回忆。它们都是以散文体写成，但是这种散文体却全部具有诗歌的节奏、乐感和朦胧的诗性之美。作者也许是有意想以孟加拉散文捕捉到他在《吉檀迦利》的英文翻译中无意间获得的那种最真实的节奏与表达之美。另一方面，这些作品不可思议地令我们想起三十五年前他创作的散文诗集《献花》（*Pushpanjali*）。那是为纪念他对1884年突然离世的嫂子的回忆献辞，后来结集出版。现在当他回首往事，将抛在背后的时光又点滴捡起，犹如失去的优美旋律重又在记忆中响起，她那温柔、悉心的照料沐浴着绵绵情意又呈现在其中的一些作品中。在这些回忆中没有自爱自怜之情，也没有潜藏心底的无限悲伤，而是充满了源于“悲伤变为平静”之后的智慧。

这部作品总的基调不是充斥伤情，而是满溢平静的反思、智慧的超然，以及妙趣横生的微妙思想，但是有时候也难免会表现出有些牵强附会。反讽的作品中充满讽刺和智慧，但是绝不显得刻薄。其中一篇名为《鹦鹉的训练》（*Tota Kahini*），揭露了他一生都在反对的机械式教科书教育的愚蠢行为。一只可怜的鸟儿不得不接受教育，因为它竟然开心地叽叽喳喳、蹦蹦跳跳到处跑，这在一个文明社会里可是很不体面的。于是，一只精致的金色鸟笼给它制作了出来，一群学识渊博的专家也在忙碌着为它设计合适的教学体系。所有的相关饰品设计得是那样得了不起，以至于每一个和鸟笼有点关联的人都财运亨通了。可是那只可怜的鸟儿却死了。“王公用手指戳了戳鸟儿的身体，身体里只剩下灌输的书本知识发出的沙沙声。”

顺便提一下其他两首讽刺诗《马之审问》（*Trial of the Horse*）和《老者的幽灵》（*Old Man's Ghost*）。前一部作品实际上是对人的审问。人类贪婪、狡猾而且不顾大自然的设计，将所有不管是不是有生命的东西都为他所用。当众神们从他们小憩之中醒来的时候，看到了人类将本来设计另作他用的生物当成了何种东西使用时，他们愤怒地表示了不满。梵天，这位众神之首也负责掌管着这个特殊职责，警告人类道：“除非你们饶过了我的马，否则我会保证它长出老虎的牙齿和爪子。”“那可是荒唐至极啊，”人类抗议道，“那会助长残暴行为发生的。”通过援引逻辑和科学的证据，人类向梵天解释了马是不适合自由的，而且恰是为了骑手们的安全，人类才发明了骑具。《老者的幽灵》讲述骑在“现在”肩膀之上的“过去”，活人的利益让位于徒然地赞美国家过去的文化，以及害怕改变而丧失理智的故事。

泰戈尔不知道的是，在西方有着同样精神的一个人，对战争和民族主义抱有同样的感受，也表达了相同的看法，只不过对方有着更大的勇气。他就是罗曼·罗兰（Romain Rolland）。他正身处战火之中，而且他的祖国也深陷其中。“对于所有的国家而言，真理都是相同的，”他说，“但是每个国家都有被自己称之为理想主义的谎言。”罗兰对泰戈尔于1916年在日本发表的关于民族主义的演讲印象颇深，并且立刻就在泰戈尔身上找到了与他自己相似的精神。他认为泰戈尔和他一样，已然能够“超越那种战争”，超越那种因仇恨和暴力而将一些国家推入相互厮杀之中的战争，但却不能超越人类反抗不理性和狂热精神的战争。他将泰戈尔的一些演讲翻译成了法语，而且将它们用在了自己在战争时期所写的文章之中。战争结束了，1919年6月罗曼·罗兰致信泰戈尔，请他在自己代表欧洲艺术家和知识分子起草的《精神独立宣言》（*the Declaration of Independence*）里添上他的签名。

泰戈尔于6月26日在《宣言》里签署了名字，罗兰在给他两个月后的信中写道：“对我来说，阅读您写的《民族主义》是极大的乐事；我完全赞同您的思想，我现在甚至更加赞同，因为现在我听到了它们被您以优美的语言和充满恰如其分的智慧表达着，浑然天成，对我们来说是那样的宝贵……在标志着欧洲已经失败且令人耻辱的这场世界大战的浩劫之后，显而易见的是：欧洲自己不能挽救自己。她的思想需要融入亚洲的思想，就像亚洲也在与欧洲接触的过程中得到了益处一样。它们是人类不可或缺的两个半脑。如果一个瘫痪了，整个身体就会衰退。”

1920年5月15日，泰戈尔在儿子和女婿的陪行下，乘船前往欧洲。在英国他很开心地见到了自己的旧识，也结交了新友。可是，他却能够感觉到那儿的气氛并没有他战前的那次访问那样真诚与热烈。因为自那之后发生了许多事情。泰戈尔对战争的谴责，他对英国在印度统治直言不讳的评论，以及最为重要的是他对爵位的放弃，所有这些最终导致原来那种热情的降温。甚至在他的轮渡到达英国海岸之前，他就已经感觉到了船上英国人那种冷冰冰的疏远和漠视。在一封信中，他写道：“这儿的人们希望我们参与他们的战争，并且提供给他们原料，但是他们却将我们拒之门外，而且门上的告示牌上还书写着：‘未经许可而进入的印度人将被起诉。’当我一想到这些，心里就不寒而栗，我就会思念我在圣地尼克坦的那个充满温暖阳光的角落……”他接着说他“已经在数着返程的日子了”。但是，这次国外旅行却延长到了一年多。

和他同船的阿迦汗（Agha Khan）常常给他朗诵哈菲兹（Hafiz）和其他波斯诗人的诗歌。这也许能够解释为什么后来他从伦敦以幽默的口吻写道：“诗人哈菲兹愿意用撒马尔罕（Samarkand）和布哈拉（Bokhara）两座城市的财富换取他深爱的人儿面颊上的一颗黑痣。我愿意为了圣地尼克坦的一隅之所而放弃整个伦敦。但是伦敦可不是我可以随意处置的；撒马尔罕、布哈拉以及那位诗人的财富也不是。”

英国议会关于贾利安瓦拉（Jallianwala）巴格广场（Bagh）悲剧的辩论，以及对大逆不道地下令屠杀无辜民众导致大屠杀发生的戴尔将军（General Dyer）的公开赦免深深刺痛了他的心，无形中也摧毁了他之前对英国人的公正和人道精神的信仰。“在他们的讲话以及在各家报纸的随声附和中，所表述的对残忍野蛮行径的厚颜无耻的宽恕，简直丑陋到了让人恐惧的程度。”他如此评价道。同时他重申自己和甘地完全认同的信仰：“我们自己真正的拯救依赖于我们自己的双手。”但是当他一遇到合适的英国人——最可爱的那种类型——他的语气就变成了信任和赞扬。之前几天他还给安德鲁斯写信道：“我现在身处西方世界，比以往更加强烈地感受到，我得到了一个鲜活的心灵世界的接受。我想念这个地方，这儿有我喜爱的天空、阳光和自由闲适，我和那些能够感觉到我的思想而且需要我的人呆在一起，我也愿意将我自己一切奉献给他们。”

在他沾沾自喜的心绪中，怀疑的心理也一定在噬啃着他的心灵，因为他立刻又说道：“不是没有可能，今后总有一天，他们再也不会需要我的思想，我的个性也会失去它的芳香魅力；但是那又怎么样呢？”无论他被他洋洋自得的情绪的波浪带走到多远的地方，这也不是不经常发生的事情，他总是那样的明智，在他内心深处不可能不知道人类一切的荣耀只不过是神马浮云，在漫长的岁月里也没有什么始终是伟大的。

他在伦敦新结识的朋友中有位来自阿拉伯名叫劳伦斯的且充满浪漫色彩的士兵。他说他羞于回到阿拉伯，因为英国政府并没有兑现他们曾向阿拉伯人单方许下的诺言。在讨论印度问题时，劳伦斯告诉泰戈尔赢得英国人的尊重的唯一方式是，他踢你一脚你就回敬一脚更狠的，那样他就会恢复意识把对方当成兄弟看待。在这次旅行期间，泰戈尔给 C. F. 安德鲁斯的信件表明了他的情绪从沾沾自喜到失望之极的转变有多么得快，以及在这位诗人的心里作为爱国者和具有国际视野的预言家的分歧又是多么的矛盾。

在巴黎，泰戈尔在吉美美术馆（Musee Guimet）受到了热烈欢迎，在那里他也结识了著名的哲学家柏格森（Bergson）和东方主义学家西勒万·列维（Sylvain Levi），后者后来到访了圣地尼克坦，成为访问国际大学的第一位外国访问学者。泰戈尔从巴黎又去了荷兰，在那里他参观了几个地方，他的演讲也吸引了大量的听众。在比利时他受到了国王的亲自接见。在访问完那儿之后，他返回到了伦敦，就在那儿他突然决定必须访问美国，“因为他们必须倾听东方的呼吁。”

他踏上了纽约的土地，他在那儿以及其他几个地方举行的聚会上发表了演讲。一份纽约期刊报道了他在布鲁克林市民论坛（Brooklyn Civic Forum）上所作的题为《一个诗人的信仰》的演讲：“这个论坛从未有过如此之多的听众，而且竟然是来聆听一位来自东方的著名作家的讲座。几百名听众还因场地原因没有受到接待。”但是仅就他为他的大学募集资金而言，他还是感到了失望。

开始的时候他是乐观的，想象着这个刚刚将那个古老世界从势不两立的民族主义自杀式冲突中拯救出来的年轻崭新世界，会对他的呼吁作出回应，从而帮助他在圣地尼克坦建立一所国际大学，一个促进人与人之间理解的活跃的中心。“我们的忠诚，”他说，“不应该献给任何有地域限制的国度。它应该献给有共同思想的民族，这种共同的思想会产生属于不同国家的个人，他们拥有为了人道而自我牺牲的禀赋。”但是他本人却坚信“过去属于作为个体的人们，未来则属于作为整体的人类，”他的信仰是那样的忠诚和坚定，没有任何挫折，不管是在现在还是未来能够动摇它。他在美国的灰心失望，是由于他希望获得物质资源的落空，但毫无疑问，不断刺激他神经的躁动喧闹的美国生活也加重了那种感觉。

简单地认为他理想的实现需要美元的帮助，从本质上来讲是错误的（不幸的是在他身边的或者关系亲密的一些人就助长了那种想法），他也偶尔会痛苦满怀和羞愧难当地明白这一点。在 12 月 13 日给安德鲁斯的那封信中他就坦诚道：“我尽量地去想我正在做的努力将会产生很有意义的重大成果，这样才能使我自己感到安慰。但是在我的内心深处，我却知道简单朴素的生活和不断的努力构成了真正的幸福。当我们在一定程度上实现了我们工作中的理想目标，实现的程度有多大其实并不重要。我们对于所谓的‘大’的迷信，往往会使我们背叛自己对真理信仰的追求。”

四天后，他又写道：“当我的思想像落下的树叶一样，狂怒地盘旋在募集资金的欲望漩涡中的时候，我手里拿到了一副图画，画中描述的是苏嘉达（Sujata）给佛祖释迦摩尼一碗奶粥的故事。画中的深意进入了我的心中。它向我说道：“当你经历完你的苦修（tapasya）之后，那碗奶粥就会不要自来……每天清晨我坐在窗边心里暗暗地想：‘我绝不要为了日常的世俗需要而向西方崇拜的这个丑陋的偶像低头。’我还清楚地记得在谢丽丹的那个清晨，那位信奉毗湿奴教的妇女来到我的面前，告诉我说：‘你什么时候才打算从你的三层楼上走下来，去见在那些树阴下的你的情人呢？’现在我身处这座摩天大楼的顶层，再高的树也不敢向它低声耳语；但是那种爱却轻轻地来到我的身边，向我说：‘你什么时候才打算下来，去见在那些飒飒作响树叶下面的嫩绿草地上的我呢？在那儿你可以拥有自由去仰望天空，感受阳光，轻轻地感受生活的简单与朴素。’我努力地想说一些关于钱的事情，但是它们听起来显得那样的荒谬可笑，不幸的是，我的那些话语自己也觉得羞愧难当，便自己终止了。”

但是，他这第三次的美国之行在他许多次的个人人际交往上最富有成果，而且这也要远比他没有募集到百万美元更加富有意义。他继续维持他与故友以往的友谊，同时还结交了一些新的朋友，其中就有两位著名的女士海伦·凯勒（Hellen Keller）和珍·亚当斯（Jane Addams）。更为有意义的是，这次访问为他与多萝西·斯特莱特（Dorothy Straight）以及伦纳德·埃尔姆赫斯特爵士（Leonard K. Elmhirst）一生的友谊打下了坚实的基础，后者当时还是康奈尔大学农学院的学生，后来则成了多萝西的丈夫。泰戈尔曾经从一位普通的朋友那里听说过这位年轻的英国理想主义者，于是给他发了电报，在纽约见到了他。从此他们的友谊随着时间不断增长，埃尔姆赫斯特后来成了他在圣地尼克坦的著名农村发展实验中心计划的主要合作者。那个中心是和圣地尼克坦旁边的文化和国际中心相同级别的一个机构。甚至在埃尔姆赫斯特返回他的祖国之后，他和他的妻子依然为这个中心慷慨地提供资金帮助。

1921 年 3 月，泰戈尔返回伦敦，并从那里乘飞机飞抵巴黎，这也是他第一次乘飞机旅行。在那里他见到了他盼望已久的罗曼·罗兰。从巴黎他又去了斯特拉斯堡为新成立的法国大学发表了《森林之声》的演讲。在去日内瓦之前，他在卢梭学院发表了《论教育》的演讲。当他在琉森（Lucerne）度假的时候，他获悉在德国成立了一个由著名作家和学者组成的委员会，为他的60大寿举行了庆典仪式，并且将一大批德语经典作品作为礼物赠送给了国际大学图书馆。

在汉堡和哥本哈根的一些兼有讲座安排的简短访问之后，为了回应瑞典皇家科学院长久以来不断的邀请，泰戈尔来到了瑞典。在他为科学院做完演讲后，乌普萨拉（Upsala）的大主教说："诺贝尔文学奖是授予兼有艺术家和先知气质的作家的。再没有任何人比泰戈尔更能够满足这些条件了。"他从斯德哥尔摩来到了柏林，于6月2日给柏林大学做了演讲。"疯狂的英雄崇拜，"当地的一家媒体报道称，"是泰戈尔公开演讲时的情形。为了争抢座位，一些女生都晕倒了。"由于场地所限，太多的听众没能听到讲座，所以讲座被迫在第二天接着进行。在慕尼黑，泰戈尔见到了托马斯·曼（Thomas Mann）以及其他几位著名的作家、学者。诗人被德国人民不得不面对停战协定后续影响带来的物资匮乏所深深触动，他将他讲座所得捐献给了慕尼黑的"极其饥饿的孩子"。

德国之行，紧张的身体和精神上的压力影响了他的身体健康，所以他迫切希望能够回到圣地尼克坦那片安静祥和之中。尽管他顶住压力拒绝了几个邀请，但是他却并没能推掉黑森大公（Grand Duke of Hesse）的邀请，而成了他在达姆施塔特（Darmstadt）的座上宾。在那里他也想见到德国哲学家赫尔曼·凯塞林伯爵（Count Herman Keyserling）。他早在1911年到访印度的时候，泰戈尔就已经认识了他。凯塞林也许是第一位识别出并且很欣赏泰戈尔天赋的外国人。那种识别靠的几乎是一种直觉，因为在那个时候，他只是见到了泰戈尔，并没有读过他的任何作品。后来，当他们熟识起来，他对泰戈尔的崇拜几乎到了无以复加的程度。“罗宾德拉纳特·泰戈尔是我有幸认识的最伟大的人，”他于1930年这么写道，“他要比他在世界上已经获得的名声以及印度所给予他的地位都要伟大得多。在我们的地球上这么多世纪以来，从未有过一个像他这么伟大的人……他是独一无二的，他是我所认识的知识最为渊博、最为完美的人。”

泰戈尔在达姆施塔特呆了将近一周的时间，这段时间里他没有官方的安排，没有接待任务，没有正式的讲座。但是人们常常簇拥在宫殿的广场上，每个清晨和晚上泰戈尔都得出来与他们会面，并且回答他们的问题。凯塞林伯爵则担当起了他的翻译者。他对他们的印象极其深刻，不是因为这些普通的民众对他的热情欢迎，而是因为他们对哲学和形而上学的玄学问题真的感兴趣。

离开德国，泰戈尔又去了维也纳作了两场讲座，然后取道去了布拉格。他在那里的访问给他带来了与印度学家 M. 温特尔尼兹（M. Winterniz）和 V. 赖斯尼（V. Lesny）之间亲密的友谊，他们二人后来都被泰戈尔作为客座教授邀请到了国际大学。V. 赖斯尼教授也是第一位直接翻译泰戈尔孟加拉文作品原文的外国作家。他也写了一本这位诗人的传记，后来被翻译成英文出版。正是由于这些联系和友谊，泰戈尔才对捷克斯洛伐克保持着亲密的感情。尽管这次的访问很是令人欢欣鼓舞，但是他还是感到疲倦不堪和思念家乡，于是在离开将近 14 个月后，于 1921 年 7 月返回到了印度。

如果他想象着他即将回到平和与宁静之中，那么很快他就发现他的希望破灭了。印度由于政局动荡不安致使举国骚动，原来死气沉沉的民众被圣雄的魔杖唤醒，他号召全国人民与被他描述为“撒旦般邪恶残忍的”英国政权展开不合作运动。许多年来，泰戈尔在他的诗、歌与戏剧之中一直在呼唤一位能给沉默者代言、给手无寸铁者力量的拯救者；他完全赞成甘地的非暴力原则，因为不管一个人是多么欢迎暴风雨，当灰尘和砂粒刮进眼中的时候，那还是会使人痛苦不堪的。

虽然圣雄是一个比泰戈尔还要固执的理想主义者，但是他也是一位人民的革命领袖，有时候为了唤醒人们足够的激情，不得不过分夸大某个形势或者它的某些方面。就像纳尔逊（Nelson）一样，他常常会将望远镜放在他那视若无睹的眼睛上，然后信誓旦旦地说他什么也没有看见。但是也只是观望的泰戈尔却拥有一只鹰的眼睛，将一切看得清清楚楚。有太多的情况使得他忐忑不安。在一个很久没有感觉到高涨的爱国主义热情而且几乎没有过这种氛围的历史记忆的民族中，它的突然爆发必然会导致自以为是以及鄙视一切外国事物的情绪的产生。之前一直在别的国家中谴责的民族主义的这个方面，如今泰戈尔在自己的国家中也看到了，无疑使他的心里极其痛苦。就在几个月前他还从纽约致信安德鲁斯："健全的人一定不要将自己牺牲去做有纯粹的爱国主义的人或者纯粹的道德高尚的人。对我而言，人性的内涵更丰富、更大，也是多元的。"

然而圣雄并不赞同那一点。他说："对我而言，爱国主义和人道主义是完全一样的意思。我之所以爱国，是因为我是个人而且拥有人性。我的爱国主义不是排外的。我不会为了利于印度而去伤害英国或者德国……如果一个爱国主义者是一个不怎么热心的人文主义者，他就不怎么能算得上是真正的爱国主义者。"但是，他大多数的追随者并不是根据这一点去从事他们的爱国主义行为。从这位大师这儿所得到的信条并不是他希望给予的内容，而是他们希望获得的内容。

关于不合作运动还有一些其他方面在刺激着泰戈尔的神经，使他感到不安。他痛恨看到激动的人群围着点燃的外国制造的布匹的火堆在那里洋洋自得。他同情那些被迫停课而去充当政客手中爪牙的中学生和大学生们。尽管他也祈求棉纺行业，包括纺纱行业能够复苏，他却拒绝相信纺纱行业是救治印度经济顽疾的唯一灵丹妙药。有一次他开玩笑地说，他也能纺纱，感觉它甚至比讲故事更容易，他将国会关于纺纱的宣传本身看作是一个大的政治奇谈。

在没有直接指涉圣雄或者批评他的领导的情况下，泰戈尔在加尔各答的一次题为《文化集会》（*Sikshar Milan*）的公开讲座中，雄辩地表述了他坚信在印度和西方之间有必要开展文化和道德方面的合作。在孟加拉他被他的同胞如此地疏远，以至于他的演说也激起了广受欢迎的孟加拉语小说家萨拉特·钱德拉·查特吉（Sarat Chandra Chatterjee）以《文化冲突》（*Sikshar Virodh*）为题撰文反驳。不久之后圣雄访问了加尔各答，并于1921年9月6日两人于诗人乔拉桑格的家中闭门长谈了很久，但是唯一在场见证这次交谈的只有安德鲁斯。没有任何权威的报道说明当时究竟发生了什么，但是可以明确的是，甘地说服了泰戈尔公开、积极地支持他的政治运动。同样确凿无疑的是，这两位好友后来分道扬镳了，而且同意彼此保留异议。

在甘地和泰戈尔会晤期间，大批民众聚集在房子的外面，焦急地表达着他们对圣雄所代表的一切的同情，也迫切地想要给这位沉迷于世界的诗人一个教训。于是他们从附近的商店搜集来大堆的外国布匹，在泰戈尔家的庭院中间燃起了大堆的篝火。伦纳德·埃尔姆赫斯特（Leonard Elmhirst）叙述说后来泰戈尔给他大致简述了在那个值得纪念的日子他与圣雄的会谈内容。似乎是，当甘地坚持宣称他的运动是建立在非暴力原则的基础之上的时候，泰戈尔说："过来，从我的露台的边缘看一看，甘地。看看下边那儿，看看你的非暴力的追随者们在打算干什么。他们从瞿特普路（Chitpore Road）的商店偷来布匹，在我的院子里点燃了篝火，就像一些疯狂的伊斯兰教苦修教士一般在那里围着火堆嚎叫。那是非暴力吗？"

罗曼·罗兰出色地指出了这两位伟大思想家在观念上对现代印度社会认识的差异，他似乎理解并且对二人进行了阐述。他的原话引述如下：

> 在泰戈尔和甘地个人之间以及作为伟大思想家之间的分歧，都是由于彼此的崇拜和尊重使然，就像柏拉图和圣保罗（St. Paul）那样。作为一名哲学家和一名信徒，他们之间的情感会有必然的分歧，但是这种分歧十分重要。因为，一方面我们有致力于创造一种全新的人道主义精神的宗教信仰和慈善精神。另一方面，我们有智慧，生而自由，沉着冷静，心胸宽广，会将所有人们的希望用同情和理解统一起来。
>
> 泰戈尔一直将甘地看作圣人，我也常常听他满怀崇敬地谈论起他。当我在谈及圣雄而提到托尔斯泰的

时候，泰戈尔就向我指出：现在我也对甘地了解得更深入了，甘地的精神要比托尔斯泰的散发着更多的光辉，显得更加耀眼。甘地的一切都是自然的，谦逊的、简单的、纯洁的，他的斗争在宗教的清净平和的心态中愈加显得神圣，而托尔斯泰的一切则是在以光荣对抗激情。托尔斯泰的一切都是暴力的，甚至他非暴力的信条亦是。

然而不可避免的是，这两个人之间的分歧变得越来越大……在当时他（泰戈尔）不仅是‘诗人’而且还是印度的欧洲精神大使，在欧洲他呼吁人们在圣地尼克坦合作共创一所国际大学。命运是多么具有讽刺的意味：在世界的一端他正在宣讲西方与东方的合作，而就在同时在世界的另一端不合作运动也在被宣讲着。这种不合作的精神与他的思维方式截然对立，因为他的精神和丰富的知识都是在世界全部文化基础上培养起来的。

泰戈尔担心的不是甘地的排外精神，他清楚甘地的境界一定已经超越了那一点，他担心的是甘地的追随者们义无反顾地燃起民族偏见之火、煽起了人们的革命热情，最终点燃了民族主义的狂热。他给他在圣地尼克坦的学生们解释了他的焦虑，因为其中的一些就被圣雄非暴力的呼吁所迷倒。学生们的抵制活动要达到什么目的呢？他问道。

学生们被呼吁去作出怎样的牺牲呢？牺牲竟然不是为了获得更全面的教育而是为了不获得任何教育。他一贯反对将学生拖入政治的浑水之中。十多年前，当他本人在领导孟加拉抵制英货运动的时候，一群年轻学生跑来告诉他，如果他同意，他们随时准备好放弃自己的学业。当他拒绝他们这么做时他们愤怒地离开了，而且开始对他的爱国之情满腹疑惑起来。

泰戈尔焦虑、担心和反对的是那种“盲目的顺从”，因为那有可能“在表面争取自由的名义下，摧毁真正的心灵自由”。在加尔各答的讲座上他雄辩地将这些向公众做了阐述，这些后来被翻译成英语并且以《真理的呼唤》（*The Call of Truth*）为题在《现代评论》（*Modern Review*）上刊登了出来。“泰戈尔高雅的表述，”罗兰评论道，“是曾经向一个国家所说的最为优美的话语，是翱翔于人类一切争斗之上充满阳光的诗歌。一个人唯一能够对它的批评就是它翱翔得有些过于高了。从永恒的角度来看泰戈尔是正确的。这位翱翔的诗人是拥有着雄鹰一样胸襟的百灵鸟，就像海涅（Heine）称呼我们的一位音乐大师那样在我们时代的废墟上栖息高歌。他活在永恒之中。但是眼前的需要却是迫切的。”

甘地在他的著作《年轻的印度》（*Young India*）中以有力的反驳回应了诗人的挑战。他赞扬诗人是“伟大的哨兵”，大家应该满怀崇敬地聆听他防止道德堕落的警告；

但是圣雄继续说道，他的焦虑确实是没有道理的。最后，他以满怀道义的激情指责诗人，房子都着火了居然还有闲情逸致拉小提琴。

“诗人是为明天而活着，他也同样要求我们这么做。他在我们充满敬意注视的目光中，展现出一幅清晨朝阳之中鸟儿展翅翱翔、欢唱赞美圣歌的优美图画。前一天晚上血脉中新鲜的血液畅快地流淌，使得翅膀得以很好地休息，现在它们饱食了白天的食物开始展翅翱翔。但是，看到想要获取力量的鸟儿却不能被劝诱着挥动一下翅膀，这着实是一种痛苦。印度天空下的人们犹如鸟儿一般借口退缩，醒来时总是感到虚弱。对于成百上千万的人们来说，那是一种永远的浓浓夜色或者昏昏沉沉的状态。我发现用卡比尔（Kabir）的诗歌也不能使得痛苦的病人得到缓解和平静。”

“给他们可以养家糊口的工作。‘我又没有必要为了获得食物而工作，凭什么我还要去纺纱呢？’因为我吃着并不属于我的东西。我依赖着从我的同胞那里掠来的东西生活着。看看你的钱是怎么跑到你的口袋里的吧，那么你就会明白我写的一切都是事实了。每个人都应该纺纱。让泰戈尔也像其他所有人一样去纺纱。让他烧掉他的异域服饰；今天该履行这个使命了。老天会保佑明天的。”

“这些话可真是黑暗和充满悲剧色彩！”罗曼·罗兰这样评论道，“在这里我们让世界的惨淡呈现在艺术梦想的面前，并且怒吼着谁敢否认我的存在！谁能不去同情甘地激昂的情绪，不去和他一样慷慨激昂啊？可是，在他那样的自负和刻薄的回应中，还是有一些东西可以证明泰戈尔的担忧不无道理，那就是 Sileat Poeta，将沉默强加在被号召遵循他们信仰的人身上。不可以有任何异议地去遵循抵制英货的律令，这条律令的第一条命令就是去纺纱！”

泰戈尔不愿意去将这个没有必要而且是徒劳无益的争论延续下去，更何况这个争论又是与那个品格为他极为崇拜的人展开的，他的出现也是自己一直盼望而且曾经被自己预言到的。泰戈尔保持了沉默，并且退隐到了圣地尼克坦他所钟爱的那个幽静之所。此前他曾这样劝慰过自己："如果你在历史最危急的时刻不能够与你的同胞携手并进，那么就不要说他们错了而你就对了！放弃你的社会地位，回到属于诗人的角落，而且要准备好去面对别人的揶揄讥嘲甚至是名誉扫地。”他回去了，不是去让自己闷闷不乐而是放声高歌。在挫败的灰暗心情中，他看到了一张笑脸，并且还听到了一个声音说道："你应该与孩子呆在一起，在世界的海滩戏耍，我会和你在一起。”一系列优美的儿童诗歌就是在这儿的成果，这些作品后来在 1922 年以《儿童的湿婆集》（*Sisu Bholanath*）为题出版，以抒情诗歌的形式阐释了儿童的心理，这使我们想起了大约在 20 年前诗人创作并且后来被收录到英文版诗歌集《新月集》中的那些诗歌。

在这些诗歌中找到了安慰的这些沮丧情绪实际上早在

纽约的时候就已经开始了，那时候他觉得自己好像是一个身陷“巨型城堡的主塔”里的囚徒。“我的心灵感到无比渴望，”他哀诉道。“日日夜夜我都想着圣地尼克坦，它就像是在单纯质朴、而又充满无限自由的环境中一朵盛开的花朵……在这儿的每一天我都觉得，让人类的心灵去承受数学这个怪物带来的沉重负担，是一个多么可怕的噩梦。它不断地在驱使着人们，但却不知将他们赶向何处。它激起了斗争的风暴，这又为将来广泛地播撒下了冲突的种子。”两年后去南美洲的航行途中，他开始坚持记日记。在日记中他描述了在美国令人窒息的经历是如何促生了他的这些诗歌赖以诞生的心绪的。人类的财富、奢侈品和权力畸形地增长，人类却盲目自负地认为这种增长将会永远地持续下去，所有这些使他的眼前出现了心地纯洁者的庇护神湿婆波兰那斯（Siva Bholenath），这位至高无上的神主，他那神圣的舞蹈既在塑造着宇宙同时也在毁灭着宇宙，揶揄着人类的自负与虚荣。在这本诗集里的第一首诗歌就是献给锡苏神（Sisu）湿婆波兰那斯精神中永恒的儿童形体的颂歌，也是献给每个儿童身上永恒的波兰那斯的颂歌。

这些诗歌和他 19 年前所写的《儿童》（*Sisu*）（也即后来的英文版《新月集》）中的诗歌一样的优美与精致，蕴藏着孩子与母亲咿呀对语中同样的与生俱来的智慧。

“我睡着又醒来，又睡着又醒来。我常常在想为什么要这样，妈妈。当您让我睡着，您就失去了我，妈妈，可是现在您却并没有失去我，除非就像是夜晚失去阳光，白天失去星辰……”

“如果我的妈妈不是您，而是另一个人，您认为我会不认识您吧，妈妈？我也不能躲在您的裙幅里了吧？有两个家一个留给白天，一个留给夜晚会是多么有趣啊！当夜晚来临，我会悄悄地走到您的身后，双手捂住您的双眼，问您，‘我是谁？’您就会说，‘肯定是我认识的某个人，但是我却不知道是谁……’”

“妈妈，您想知道我愿意去哪儿吗？我从哪里来我就想去哪儿。可是我从哪儿来的呢，我一直在猜想着。我似乎一点也记不得了。一天爸爸看到我一脸困惑，笑着说，‘在云外面夜晚群星居住的地方。’您说，‘在地下鲜花发芽吐蕊的地方。’姑姑说，‘在海底珍珠独自璀璨发光的幽暗黑洞里’。哥哥却揪揪我的头发说，‘你这个傻瓜，那个地方掉在了空气中，你又如何看得到？’于是我似乎觉得它在任何地方。而只有老师说，‘没有这个地方。’”

“星期一，星期二，星期三，他们来的好快，他们一定有飞机放在家里。可是为什么星期天却来得那么晚呢，妈妈？他好像被落在了最后边。是不是他住得最远，就像天空那么遥远，而且他是像您一样，是贫穷父母的孩子吧，妈妈？”

这样的诗歌比比皆是，它们在阳光下跃动着快乐的音符和欢快的节奏，直到人们完全陷入一个如此单纯和美妙的世界，这时禁不住地感慨为什么成人把世界弄得一团糟糕。诗人在给他的侄女印迪拉的一封信中也表达了类似的观点："我写这些诗歌，是想让我的思想从大人们繁琐的职责之中解脱出来，稍事喘息。我在这些诗歌中想要竭力表达的是，最近一直不断地在我脑海中闪现的问题，那就是，在诗集序言中已经做出归纳的我生命的意义：我好像天生就是这个世界的游乐场上的孩子。随着岁月的增长，当我们越来越纠结于我们责任感的狂热之中的时候，我们往往就会轻视游戏。我们忽视了游戏，由此也就毁坏了造物主的名誉他从来都是毫不费力地履行着自己的职责，他没有任何义务的负累，所以他从来都是最幸福的。”

可是这个喘息是短暂而且时断时续的。圣地尼克坦呼唤着他的关注。皮尔森在离开五年后于 9 月 26 日又回到了学院。和他一起到来的是泰戈尔曾经在纽约见到过的年轻的英国人伦纳德·埃尔姆赫斯特。他接受了泰戈尔的邀请来帮助在圣地尼克坦筹建一个乡村社会福利中心，而且他还带来了为实现这一计划所需的足够资金，那可是多萝西·斯特莱特慷慨捐助才得以实现的。不久以后，作为国际大学客座教授的法国著名大学者西勒万·列维也如期而至，于是印度所有大学中的首个藏汉学系创立。泰戈尔本人也常常去上列维的课程。1921 年 12 月 23 日，国际大学正式成立，而且圣地尼克坦的土地、房产以及其它的财产，通过信托契据的形式在法律上移交到了国际大学。泰戈尔也将他至那时候为止的所有孟加拉语出版物的版权，作为一份厚礼赠予了国际大学。诺贝尔奖奖金他也早就捐助给了那所学校。

在这些令人激动的一系列事件发生的期间，他还在为自己国家的政治现状耿耿于怀，直到他在潜意识的思想漩涡中找到了戏剧性的表达。于是在 1922 年 1 月初，他创作了一部象征剧。这部剧作名为《瀑布》（*Muktadhara*），在一定意义上是对甘地崇高品格以及其非暴力运动的颂扬。戏剧的背景是湿婆塔莱（Sivtarai）地区的人们在政治上臣服于邻国北俱卢州（Uttarakut）王国。戏剧里的瀑布是沿着北俱卢州山崖奔流而下的山顶泉水，灌溉着湿婆塔莱的平原。为了使得这些臣民更加屈从于他的意志，更加有效地控制和掌握他们繁荣的经济来源，北俱卢州的国王建造了一座巨型水坝，阻止北俱卢州的水源流入下面的平原。这座大坝的机站雄踞在这片土地最高处，甚至高过了位于山巅的湿婆神庙的三角飞檐。戏剧开始的时候，北俱卢州的国王和臣民正在准备参加庆祝机器落成的仪式，对他们已经取得的成就特别自豪，而根本就没有管剥夺了土地水源的这台机器给穷苦的人们带来的后果。

可是，皇太子却公然同情那些可怜的臣民，反对他的国家统治者的麻木无情。他的性格也成为了观众在这部剧作中感兴趣的内容，他对自由和公正的热爱使他陷入了与忠诚于国王的大臣之间的冲突里。他决定冒着生命危险去释放北俱卢州控制的水源，而这需要他去破坏掉他无意间获知的大坝上最薄弱的一个地方。他成功地做到了。奔涌而出的洪流冲出禁锢它们的大坝，汹涌澎湃的湍流也卷走了王子的身体。戏剧的社会——政治主题，就像易卜生（Ibsen）后期的剧作那样最后消解在了有着浓厚神秘色彩的狂欢之中。

作者在这部剧中又一次引入了苦行僧达南扎亚（Dhananjaya）这一著名的人物角色。他是以圣雄甘地为人物原型，同时这个人物最初出现于他在1909年出版的戏剧《忏悔》（*Prayaschitta*）中。在那部戏剧中就像和这部剧作一样，达南扎亚激励被迫臣服的人们以非暴力的形式无畏地与统治者不公正的要求做抗争。也许在泰戈尔创作的戏剧中再也没有其他戏剧能够这么直接而又有力地表述他的政治信仰的了。他对剥削深恶痛绝，无论这种剥削是由外国暴君还是本国的暴君带来的。他坚信暴政能被非暴力的形式有效地抵抗，罪恶能够在革命的牺牲中得以救赎。这部剧作剧情简洁明了，平铺直叙，没有次要情节的累赘，也没有细枝末节的小插曲，但是像泰戈尔戏剧中常见的那样，舞台上不时自由穿梭着一些无名的路人和徒步旅行者。就他看来，真正的舞台就是这个世界，而世界中自然满是普通的世人。在剧中，机器象征着人类可怕的技能，而这种技能又为整个社会带来极大的威胁，在这充满威胁的冷酷社会背景下，轮番登场的是一群群的男男女女、暴君与佞臣、理想主义者与好吹牛皮的骗子、反叛者与奴性十足的代理人，以及大量的没有名姓的世人，他们展现着自己离奇而又有趣的幽默，散发着简单易懂的智慧。

这部十分出色的戏剧一直都没有被搬上舞台。1922年1月作者在加尔各答给他的好友们朗诵了剧本，后来准备将它搬上舞台，但是就在戏剧可以上演的时候，三月份传来了甘地被捕、被审判和被严密监禁六年的消息。所有的准备被迫放弃，以后也再没有被提起。

东方与西方

所有人性中最伟大的都应为我所用

泰戈尔将圣地尼克坦打造成为了一个来自世界各地的志同道合者聚集之所的梦想马上就要变成现实了，或者说它看起来就是那样。最初将它规划为一个清修的理想场所，现在却正在变成一个国际性的嘈杂蜂窝。究竟这个风景如画的蜂窝产出的蜂蜜会不会比嗡嗡的嘈杂之声更多却很难说。这儿的气氛自然是令人欢欣鼓舞的，诗人对于环境特别敏感，将所有的象征物都赋予了意义。大量开拓性的工作被展开，那不仅为这所国际大学也为许多其他大学带来了利益。

但是，这种鼓舞和刺激就已经足以让诗人联想到这个世界正在变为一个整体，他不得不去游览更多的地方，为他的理想赢得人们的支持。再也没有其它幻想能够比自己正在治愈世界伤口的信念更加令人振奋了，泰戈尔不是第一个，自然也不会是最后一位在它魅力的感召之下欣然而来的伟大人物。人们没有必要去挑剔指责他那传教士般的狂热之情，因为他也只是拥有全球视野并能完全理解现代社会、并为之宣传的最虔诚、最雄辩者之一。他们致力于在道德层面取得与命运不济的国际联盟（League of Nations）以及后来的联合国在政治事务上已经努力去争取的同样的成果。他冒着在国内不受欢迎的风险而且忍受着别人的奚落和嘲笑，就因为他始终坚持一个世界的信仰，而那种信仰在很长时间以后才风靡世界。

一个更大的牺牲是他冒险将自己悠闲安逸的创作以及精神上的祥和平静暴露在了市场的喧嚣之中。聚光灯的强烈光束究竟是有助于这株一直生长在默默无闻卑微环境的保护罩之下的小花去芬芳吐蕊，还是最终将致使它枯萎凋零呢？他是否还能够再次拥有对他心中缪斯的那种激情和始终如一的忠贞虔诚呢？他还能否与他的生命之神——他心中的挚爱之主进行亲密无间的对话呢？他能否还能与那些看似司空见惯、平淡无奇的风景和声音进行情感的交流呢？还能否再次拥有等待着"你用它满奏音乐"的朴素芦笛呢？诗人正进展为革命鼓吹者，歌唱者正在变成宣教者，虔诚的皈依者转变为传教士。"一首短小歌曲无尽的意义"正消解在无限世界的无穷说教之中。他是那样的敏感与忠诚，常常为意识到这种状况而烦恼不已，（1921年2月26日）在他从芝加哥给安德鲁斯写的信中节选的几段（读起来倒像是一种自我表白），就可以明显地看出这种心境：

当我来到这个世上的时候，除了主赐予我的一支芦笛以外我一无所有，而它也只能在吹奏音乐中找到自己唯一的价值。我离开了学校，疏离了我的工作，但是我却拥有我的芦笛，我以“悠闲的自娱自乐”心态吹奏它。我自始至终仅有一个伴从，他吹奏出的音乐飘过婆娑的绿叶，滑过潺潺的流水，飞过宁静璀璨的夜星，伴着笑声交织的泪水，泛着涟漪，融入人类生命溪水的光影之中。尽管我的伙伴是永恒的芦笛手，他代表着永恒的娱乐精神，但是我却更贴近世界的心脏。我知道它的语言，我的歌声也被生命的天籁合唱以及它的舞蹈大师深深吸引。

但是现在我梦幻的世界里的老师却来了，我愚蠢地接受了他的指导。放下了我的芦笛，离开了游戏的场所，孩子那“自娱自乐悠闲”地度过永远快乐日子的地方。很快我变老了，身上背负着智慧的包袱，挨家挨户地去兜售。

为什么我就不得不背负着这个包袱，我一遍一遍地问自己，在这个人人都在称赞自己商品的喧嚣世界中，我声嘶力竭，不断地推销着自己，推动着宣传的独轮小车从一个大洲走到另一个大洲。这将会是一个诗人生命中最精彩的一幕吗？那似乎就像是一场可怕的梦，我偶尔会在一片夜的死寂中惊醒，在床上四处摸索，惊惶失措地自言自语：“我的音乐呢？”

忠实于他的使命的诗人就会收获爱的丰收；迷失在美好事物中的诗人往往会在掌声中被遗忘。我创立了国际大学，一件了不起的作品。但是我却失去了我那小小的诗歌，这个损失却是我永远都无法再弥补的。我多么希望我可以再找到我的芦笛，我也愿意被那些忙忙碌碌的、聪明的人们鄙夷地看做没救了的失败者。

如果诺贝尔奖以及由此带来的至高无上的荣誉和闻名遐迩的名声没有打破曾经孕育了他天赋的默默无闻的状态，泰戈尔是不是就会成为一名更加伟大的诗人呢？如果他还在属于他自己的那片海洋中弄潮而不是去远渡重洋以传教士的热情去帮助人们更好地理解彼此，他深邃的精神是否能够探索地更深入呢？可是如果这种或者那种情况发生了，又或者没有发生，谁又能说出情况会是什么样子呢？这些都是些毫无用处的猜测而已。“用一个‘假设’可以将巴黎放在一个瓶子里。”就是法国的一句至理名言。

真正了不起的是，尽管有这么多的诱惑、那么多令他分心的事物以及偶尔的迷离，但是他却从未从他真正的职业，即一个诗人兼歌手的职业，一个深爱着自然和人类、在人类的身上看到了神性、并且虔诚地颂扬人类的人的职业中迷失得太远或者太久。实际上，人们甚至可以说间或的西方之行以及偶尔的一些充满魅力的使徒般的狂热，诚然是一些令他分心的事物，但是它们却是一些吸引他注意力的有益的事物，因为它们不仅丰富了他的精神而且拓展了他的视野。不管是成功还是挫折都体现在了他的身上，实际上，泰戈尔从未停止过他那最优美的语言的创作。直到他还有清醒意识的最后一天，他一直在持续不断地探索着全新的领域，去尽力达到孟加拉语言和文学中前所未有的高度，只要生命不息，他依然努力不止。甚至是在他创作力相对枯竭的时期，他仍然创作了大量的作品，这些作品依然拥有着足以使得许多作家出名的品质。

诚然，有时候灵感似乎也会匮乏，活力也会衰减，他从生活中汲取的更少而从习惯中得到的更多。在这些时刻他往往会去啰唆些冗长且枯燥不堪的陈词滥调。过于频繁的旅行、不断重复在公众场合的抛头露面、没有思想的大众过分的溢美之词以及为了崇高理想不断投身的征程（这些后来成了为国际大学募集资金的运动），所有这些都与创造性的思维和深邃的洞察力几乎格格不入，所以也不断地分散着他的注意力。渐渐的，他被一群群的崇拜者包围起来，他们中的许多人不亚于宫廷之中的谗臣、世俗之中的谄媚者以及一帮豢养的食客。他们为他所写、所说的所有东西欢呼喝彩，他们就像将他与真实世界严严实实隔绝开来的铜墙铁壁。这是世界上所有的名人不得不面对的危险，但是这种危险再没有比在印度更加致命了，因为这里是偶像崇拜传统的诞生之所。在这里偶像摧毁者成了被崇拜的偶像本身。

然而，泰戈尔却在这种危险中幸免于难，他粉碎了别人用他塑造起的偶像，摆脱了自己为自己戴上的脚镣，继续去用创造性的表述方式揭示全新的内容，超越了以往自己已经取得的成就；没有任何东西可以让他沉迷在无论多高的顶峰或者无论多么嫩绿美丽的草原。所有这些都极佳地证明了他拥有着永不衰竭的活力和天赋、永不倦怠对未知世界的无尽探索、生机盎然的智慧和永葆活力完整的精神，而且这些证据还在不断增加。

就在他感到焦躁不安的那段时间里，甚至是他呆在印度期间，泰戈尔外出的日子和他在圣地尼克坦所呆的日子几乎一样多。世界成了他的舞台，但是圣地尼克坦却始终是他理想的彩排室。1922 年圣地尼克坦师生们庆祝莫里哀（Moliere）诞辰 300 周年，纪念强化了它的国际特征。同年 7 月泰戈尔在加尔各答主持了雪莱逝世 100 周年的纪念活动。在 8 月和 9 月期间一部新的音乐系列剧《雨季的节日》（*Varshamangal*）和根据他早期的剧作《秋天的节日》（*Saradotsav*）改编的戏剧在加尔各答的舞台上演。这些作品综合了诗歌、戏剧、音乐以及舞蹈的元素，尽显迷人的魅力，为那年社区的季节庆祝活动平添了许多喜庆。户外的演出也为戏剧注入了新鲜的气息，增添了生活中简单的乐趣。它们并不是基于任何已有的固定模式进行的创作，民间与古典传统、严肃的说理与轻松愉快的言谈、宗教的神秘主义与对时事点评自由交织在一起，犹如行云流水一般自然，水到渠成。

1922 年 9 月泰戈尔分别去西印度和南印度进行了一段很长时间的旅行，参观了孟买、浦那、马德拉斯以及印度南方的其它一些重要城市，最后越洋来到锡兰(Ceylon)。所到之处他总是受到盛情的款待，人们总是蜂拥而至听他演说。在返回的途中他再次访问了甘地位于艾哈迈达巴德（Ahmedabad）萨巴尔马提河（Sabarmati）河岸边的学院。当时圣雄已经被捕入狱，泰戈尔在他给学院的师生员工们的演讲中详细地阐述了“甘地表述的牺牲的真正含义”。他朴实真挚的演讲饱含着对圣雄品格深沉的崇敬之情。

在圣地尼克坦度过了两个月后，他又一次离开，去北印度和西印度旅行。最西到了卡拉奇（Karachi）以及位于卡提阿瓦半岛（Kathiawar）的圣雄甘地出生地博尔本德尔（Porbundar）。4 月份回到圣地尼克坦，之后不久他又一次离开去了西隆（Shillong），在阿萨姆邦（Assam）美丽的小山村中度过了暑期。他到那里的目的就是要寻求一片安宁进行创作，所以在西隆的时候他就开始了他的那部著名剧作《*Rakta Karabi*》的撰写，后来被翻译成英文《红色夹竹桃》（*Red Oleanders*）出版。

这部戏剧就像他之前创作的《瀑布》一样，表明了泰戈尔对于现代文明基本问题越来越深入的关注。如果前一部戏剧仅仅是关注对于在殖民剥削中技术知识的可怕应用（以机器为象征），那么这部剧作则是提出了生活中更为重要的自由精神这一基本问题。这种精神与一个将人类变成了机器人，并且将他们的名字蜕变成数字的有更高组织性和机械化的社会这台更加可怕的机器更加得格格不入。由来已久的个人与政府的冲突、自由的冲动和不自由的意志、自主的智慧和冷漠的精于算计的智谋，所有的这一切构成了伴随“科学技术”发展过程中产生的邪恶部分，构成了这部作品的主题。作品进行了典型的泰戈尔式的处理，半现实主义和半寓言式，逻辑性和神秘主义交相辉映却又彼此冲淡，使得整部戏剧的冲突更加富含深意而不显得那么平铺直叙，使得戏剧结局也更加令人迷惑不解而不会让人轻易信服。

魔鬼（Yakshapuri）王国依赖于黄金开采和强制劳动而繁荣昌盛。他的国王生活在紧闭的钢铁大门背后，裹着面纱，显得神秘可怕且令人敬畏，名副其实地象征着铁幕（iron curtain）（远远早于丘吉尔的关于这一形象象征的思想）。警察总长以他的名义利用皮鞭以及适于当地的宗教迷信残忍地统治着这个国度。一位受害者说，同一根绳子既做成了鞭子又串着念珠。一位年轻而且充满人性的女孩——南蒂尼（Nandini）闯进了这个“崭新的世界”，她谁也不惧怕，而且她的美貌吸引了所有人。她打乱了所有的秩序，不仅使得做工者奋起反抗，而且也将国王本人从他藏身的门后诱惑了出来。当他看到他的副手们把他的国民已经虐待到了何种程度，他也亲自领导人们与他的副手将领们对抗了起来。这一切发生在南蒂尼深爱的伴侣郎战（**Ranjan**）这位勇敢无畏的年轻人拒绝被征兵而被杀之后不久。

希望做一名朝圣使节的狂热之情占据着泰戈尔的内心。他不再满足于在自己国家旅行，而开始考虑去中国访问。但最后一批僧侣带着佛祖的热情与和平的信息到达那个国度后已经过去了将近一千年了。泰戈尔想将这两个国度之间中断这么长时间的文化联系再度恢复。可是他并未成功。他之所以不能够做到，就是因为这两个国度在此期间已经彼此分离得太远，而且当时它们又都处在社会动荡不安的骚乱之中。中国的知识分子对他们的传统价值观和道德体系已经不满，而且开始以西方为价值为导向。他们坚信民族主义者的团结、唯物主义的常识以及果断地推行科学技术，所有这些就可以把他们的那个古老国家从深深的泥潭中拉出来。他们更愿意听从于一个叫伯特兰·罗素的人的理性的怀疑主义，而不愿意听从一个叫罗宾德拉纳特·泰戈尔的人的具有神秘色彩的真知灼见。他们把这位印度诗人看作是一位反动的理想主义者、一个毫无价值的空想家。他们以一种冷漠的，如果不是充满敌意的态度对待了他的来访。泰戈尔理解他们的这种心情，因为其中一些方面他在他的国家里已经极为熟悉，大多数即兴而作的演讲表明他是多么地理解和同情中国人的心理。虽然他还像往常一样地直言不讳而又直率地反对战争，反对民族的冲突以及对于物质进步的盲目崇拜，但是他却饱含个人感情地缅怀往昔两国的交流，极尽友好之谊。很快，他就放下了满怀敌意的批判，把许多进步的知识分子争取了过来。

泰戈尔于 7 月下旬途径日本返回印度，期间在日本逗留了大约六周的时间并且作了几场讲座。他的中国和日本之行使他在亚洲历史上第一次作出了关于形成亚洲统一体（Asian Unity）观念的考虑，并于同年九月在上海组织了一个亚洲学会（Asiatic Association）。波士顿《基督教科学箴言报》（*Christian Science Monitor*）在评论这件事情的时候是这样说的："眼下正在进行的一场重要运动就是要通过亚洲共同的文化来建立亚洲联盟……这是由于罗宾德拉纳特·泰戈尔的远东之行推动促成的。他的理性主义信条与西方的物质主义信条截然相反。这种全新的想法体现在主要城市中心建立的亚洲学会中。第一个学会建立于上海……这一运动的发起归功于泰戈尔，他的学说也被刊登在了各个宣言之中。"正如在印度独立的那天，加尔各答的《印度斯坦标准报》（*Hindustan Standard*）巧妙地指出的那样，"那么可以说这次会议是 23 年后在德里召开的亚洲关系会议的前身"。然而让人感到吃惊的是后来在泰戈尔自己国家召开的那次会议上竟然没有提到它。政治家们真是容易健忘。

在家待了还不到两个月，他接着又到世界的另一端去了。这次的机会是源于秘鲁共和国为庆祝其独立 100 周年的邀请。此前埃尔姆赫斯特曾陪同他前往中国。1924年9月，埃尔姆赫斯特这次又成了他的助手，乘船前往这个新世界。他们在秋初登上了日本轮船春之丸号（Haruna-Maru）。秋天的音乐激起了诗人心中的灵感。他将自己此行的使命暂时抛在了一边，又一次成了缪斯的爱人和歌者。从他的笔尖流出的不是布道的说教而是文笔优雅、饱含柔情的诗歌。这位63岁的诗人已经进入他的暮年之期，这些诗歌也散发着暮年柔和、丰富而又美妙的旋律。和往常一样的基调，他初恋的记忆萦绕在他的心头。

当你泪水朦胧的双眸凝视着我的面孔，
我曾说过我不会遗忘。
如果我已遗忘，请你将我原谅。
自那之后已经过了很久……
你的那双黑黑的眸子已深刻在我胸口，
第一封情信拿在手，心里一直颤悠悠。
上面用你的心盖了戳
光影交错岁月如梭
时光不停地扫除这一切……
如果在今天的春景中
往昔春天的音乐戛然而止，
如果在我的痛苦中那盏灯火的焰苗
无声地熄灭，

请你原谅我。
我心似明镜，你已经走入我生命，
生命之流不停息，流淌充溢着歌曲，
丰收喜悦不停歇，我会永远唱着那支歌。

当轮船接近阿根廷海岸的时候，泰戈尔突然病倒了。船到布宜诺斯艾利斯（Buenos Aires）的时候他不得不登上了岸。在那里一位心脏专家建议他好好静养一段时间。但是泰戈尔在布宜诺斯艾利斯一个人都不认识，可是幸运的是一位楚楚动人、才华横溢的女士维多利亚·欧康普（Victoria Ocampo）给他提供了治疗的场所，而且他也很开心能在普雷特（Plate）河边的圣伊西德罗（San Isidro）找到一个风景宜人而又幽静的别墅小住。在医生的建议下，秘鲁之行被迫取消。泰戈尔对此一点也不遗憾，因为在航行的过程中，诗人已经克服了心里的那个先知情结，而且现在他可以从别墅的阳台上欣赏河景，同时还有那么楚楚动人而又悉心的女主人的照顾，他既感到满足又感到开心。这是一种发自内心的悉心照料，一位年轻而又热情的人儿对她理想的心仪对象的照料，绝不是一位交际花型的女士试图诱捕一头大猎物而刻意表现出的“过分关心”。那个被迫选择的假期从真正创作的意义上来说却是成果丰硕的，在圣伊西德罗停留期间以及之后一段时间内所写的那些饱含矜持情感而又优雅精湛、令人难以忘怀的诗歌就足以可以说明这一切。这些诗歌在 1925 年以《黄昏之歌》（*Puravi*）为题出版，诗集的题目本身就是一首优美晚歌的标题。这本诗集是献给维阇耶（Vijaya：梵语等同于英语的 Victoria），泰戈尔也是用这个名字称呼他的女主人的。“我正寄给您，”当他给她寄出那本诗集时，他从加尔各答给她致信道，“一本孟加拉语的诗集，我真希望自己可以亲自交到您的手中。我将它献给了您，尽管您将永远也不知道它里面写的什么内容。诗集中大多数的诗歌写于我在圣伊西德罗的那段时间……我希望您可以将这本诗集保存得比他的作者拥有它的时间还要长。”

这些于圣伊西德罗所写的诗歌中有一些深情“饱含着”他与维阇耶一起度过的日子的美好回忆。我们也许可以从下面的节选中（遗憾的是英语译文也许失去了原诗的美好韵味）略见一二：

> 她手握鲜花、面带笑容、开心而来；除了忧伤的苦果，
>
> 我却一无所有。我问她，“如果
>
> 交换我们所有的一切，谁会是个失败者？”那位可爱的人儿
>
> 开心一笑说，“来吧，我们交换吧！拿着我的鲜花，
>
> 给我你那满含泪水的痛苦之果！”我望着她，却明白

她美艳之中透出的无情。

她轻轻捡起我的苦果，拍着她的
双手，舒心一笑。我将她大束的花朵拥在
我的胸口。“我赢了”，她边说边笑，蹦蹦跳跳地跑开了。

日上正午天气酷热。在
炙热午后，枯萎的花朵全部
散落。

16年后就在他去世前不久的时刻，他记忆犹新，年迈痛苦的诗人正在等待离开人世的时刻，他将这种记忆又深藏在了他最后的诗歌中（*Sesh Lekha*）：

我是多么希望我能再次找到我的道路，去往那片
充满异域风情的土地，那里有等待着我的爱之信息！
昨天的梦想将会展翅飞回
轻轻拍打羽翼筑起新的巢窠，
甜美的回忆将会冲满芦笛失去的旋律……
我不懂她的语言，可是她顾盼眼神流露的一切将会

在痛苦中婉转不停地诉说一切。

1925年1月4日，诗人与陪同他的埃尔姆赫斯特一起同他们的女主人道别并乘船返回布宜诺斯艾利斯。他匆匆地离开是因为，他觉得当他的祖国需要他的时候，他必然会开心而且过得快乐，可是当时这种感觉却使得他有一种负罪感。当他到达自己的国家之后，他才意识到这种所谓的开心只不过是他虚构出来的，到后来才发现自己通过创作要比通过帮助他人起到了更大的作用。他在同年8月从圣地尼克坦给维多利亚·欧康普的一封信中，极好地描绘了那种感觉：

您在来信中表达了对我不能在河畔那栋漂亮的房子中继续待到夏季结束的遗憾。您不知道我也是多么盼望我能待到那时候。是某种责任诱使我离开了那个美好的地方，那儿总是可以给我看似闲散的日子以灵感；但是现在我却发现，当我待在那儿的时候，我的篮中已经填满了娇羞的花朵，在那懒散的光荫中已然绽放。我敢向您保证，在我用仁慈的善举艰巨搭建起的城堡灰飞烟灭之后很久，大多数的鲜花还将鲜艳如初。

在泰戈尔返回故土几天后，他的兄长乔迪伦德拉纳特就去世了。这位在他备受指责的青年岁月中一直作为挚友和导师的才华横溢的兄长的去世对他产生了极大的触动，但是他却将那种情感深藏在了心底。他已经遭受了太多亲人生命被夺去带来的痛苦，所以死神对他来说已不再那样陌生。“在死亡和悲伤中，”他一次次地说过，“永恒的心中总有平和与宁静。”

同年（1925年）5月，圣雄甘地来圣地尼克坦拜访他，而且再一次尝试改变他，试图使他相信通过纺纱和编织印度土布就可以实现印度自治的道路。泰戈尔像以往一样满怀真诚和崇敬之情接待了他。当他将甘地领进他雅致地装饰着鲜花、嫩叶的房间时，圣雄微笑着问他：“你怎么把我带到新房来了？”诗人微笑着答道：“因为圣地尼克坦我们心中这位永远年轻的女王欢迎你。”从来访的目的来看，甘地的到访既是失败的也是成功的。如果他曾希望说服泰戈尔相信纺纱要比这个欠发达乡村经济许多必需的技能都重要的话，那么他一定大失所望了。另一方面，每一次这样的会面和观点的交流即使存在观点的冲突也总是能在他们二人之间缔结更深的联系纽带。不管他们的性格和观点有多么大的差异，他们的精神却总能在一个“新房”中交汇。

后来泰戈尔在《现代评论》上刊出的一篇题为《纺纱崇拜》的文章中，详细地解释说明了他的观点，这引起了圣雄在他的著作《年轻的印度》中以《诗人与纺纱》为题进行了反驳。泰戈尔以个人名义写了封信给甘地，让他确信："即使在你认为是真理的事业中狠狠打击了我，我们基于相互尊重的个人关系是能够承受那种紧张和曲解的。"这种信心最终得以被证实，而且他们之间的这种深深的共鸣在公共场合的许多斗争中被延续了下来。20年后，当甘地最后一次访问圣地尼克坦的时候，距离泰戈尔去世还有4年。他说："我开始的时候带着一种来查看你这位精神导师和我本人之间的矛盾的意向，最后令我开心地发现那根本就不存在。"这个令人开心的发现是相互的。

1925年冬天，迫切想要拉拢这位印度诗人的墨索里尼，从意大利派遣了两位著名的东方学者卡洛·福米西（Carlo Formici）和裘塞佩·杜齐（Giuseppe Tucci）到国际大学做访问学者，同时他们还带来了一批珍贵的意大利语书籍作为赠送给这所大学的礼物。在这一年结束前夕，泰戈尔在加尔各答主持了第一届"印度哲学会议"，会上泰戈尔论述了印度乡村文化和乡村宗教的重要哲学意义。之后不久，在新年伊始的时候他去勒克瑙（Lucknow）参加了"全印音乐会"。在音乐节举行的期间，温厚平和、和蔼可亲的哲学家和数学家，他的长兄迪金德拉纳特去世的消息传来。与过去的联系一个接一个地在断去。迪金德拉纳特是一位真正的哲学家，他甚至采取哲学的态度来对待他广博的学识和天赋，他既没有炫耀前者，更不会去炫耀后者了。他不仅是泰戈尔的婆罗大大（Borodada：孟加拉语，长兄、大佬），而且是所有人，包括甘地和安德鲁斯，他们与他都有着密切关系的婆罗大大。“婆罗大大的去世，”圣雄评论道，“意味着一位伟大的圣人、哲学家和爱国主义者从我们身边离去。”他对于甘地而言显得更加的亲切，因为他和他的那位小弟不同，他完全信奉甘地的纺纱车轮计划。

应达卡（Dacca）大学的邀请，泰戈尔作了一系列的讲座，同时还访问了东孟加拉的几个城镇。在返回圣地尼克坦之后，他基于之前他曾在一首诗中使用过的一个古老的佛教传说，写了一部散文剧《舞女的祭拜》（*Natir Puja*）。这是泰戈尔简单易懂的剧作之一，但它却能够深深触动人们的心灵。它没有抽象的象征和理性复杂的人情世故而愈加吸引人们的兴趣，这些反而使得他其他的一些戏剧显得令人费解难懂了。剧作主要的情节围绕一种单纯的宗教感情展开，当故事最终以殉道的献身悲剧收场的时候，故事也达到了高潮。

佛陀（Buddha）挑战了吠陀（Vedas）的绝对正确性以及印度种姓等级制度。对神的崇拜并不能成为这种神或者那种神的专权，崇拜的形式也不能够仅仅局限于某一种吠陀模式。真正的崇拜应该是将我们的一切完全奉献给真理的呼唤。圣人致力于他的学识，实干家致力于他所做的事业，诗人致力于他的诗歌，谦卑的舞女纳提（Nati）致力于她的舞蹈。于是，这位舞女用她的忠诚和献身精神救赎了所谓她那（内心欲望）呼唤的堕落，以死维护了她精神固有的尊严。

关于这部剧作另外特别有趣的一点是剧中没有一个男性人物。在戏剧序幕的开场白中，佛陀僧人的介绍是作者后来为了响应观众要求他出现在舞台上的呼声而增加上去的。在印度社会有一种根深蒂固的偏见，不管是在印度教中还是在穆斯林教中，都反对女性在舞台上公开露面。泰戈尔通过 1927 年 1 月于加尔各答的这部戏剧的演出大胆地攻击了这种偏见。他从自己大学的女学生中间以及从一些良好家庭的女士中间招聘了所有的演职人员，泰戈尔亲自培训所有这些人员并且指导了预演。他还将非专业的舞蹈引入了舞台。从那以后，那个陈旧的偏见消失了，犹豫不决的人倒向了同一边。舞台上的舞蹈不仅被接受为一种值得尊重的公共娱乐形式，而且它也被看成了阐释传统印度文化的媒介。

朝圣使节

称赞使我羞愧难当，因为我心里偷偷地渴望着它

部分由于墨索里尼的阿谀奉承，部分出于自己好奇地想要亲自去看看这个风云人物，看看他的性格对一种古老而又富有活力文明的影响，泰戈尔接受了来自意大利的邀请，于是在1926年5月15日乘船前往那不勒斯（Naples）。就像他自己所说那样："我是从外部来研究而不是来批评的。很高兴能有这个机会亲自来看看一个当之无愧的伟大人物的事业以及肯定将为历史谨记的一个运动。"法西斯主义将会为历史谨记，现在看来这是毫无疑问的。这位首领是一位"伟大的人物"，也是当时泰戈尔和那个时代许多精明干练的政客们都有的一种暂时的幻想。

刚到达那不勒斯港，他就受到了这座城市的高级官员的接待，同时他们还带来了墨索里尼热烈欢迎的致意。6月7日罗马总督在首都举行了盛大的招待会，向这位诗人表达了这座永恒之城（the Eternal City）对他的热烈欢迎。第二天，泰戈尔在他的第一个讲座上发表了题为《艺术的

意义》的演讲，墨索里尼也是列席的听众之一。他也受到了维托里奥·埃马努埃莱三世（Victor Emmanuel Ⅲ）的接待，他还观看了用意大利语言表演的他的剧作《齐德拉》。泰戈尔比国王或者那位国家元首更加急切想要见到的是哲学家贝奈戴托·克罗齐（Benedetto Croce）。那个时候他已经几乎是被“监禁”在那不勒斯自己的住所中了。但是，他的一些普通朋友通过秘密的途径将他带到了罗马，这样两个人这才得以相见。

当他陶醉于在意大利几近荣耀的盛情款待的时候，泰戈尔并没有意识到他演讲和采访的内容被任意篡改和扭曲后发表在意大利媒体的头版头条，去鼓吹法西斯的统治。直到他到达瑞士并在维伦纽夫（Villeneuve）短暂休息的那几天里，他才从罗曼·罗兰那里获悉意大利的宣传机器是怎样蒙蔽欺骗他，而且还将他的话进行了歪曲和篡改达到他们最终目的的。泰戈尔清醒了并且很痛苦地将他所看到和听到的东西统一了起来。在苏黎世（Zurich）他见到了萨尔瓦多里夫人（Signore Salvadori），她给他直接讲述了自己亲身经历的法西斯暴政，同时在维也纳也得到了莫迪利亚尼（Modigliani）证实。对于这些无可辩驳的事实他感到极大震惊，泰戈尔给《曼彻斯特卫报》（*Manchester Guardian*）致函解释了他去意大利之行的实际情况，并且用十分明确的言辞，严厉地谴责了法西斯主义。这也使得他受到了意大利媒体的言辞辛辣激烈的辱骂。

对于他的这次失败，他感觉受到了伤害而且也备感羞辱，在给埃尔姆赫斯特的一封信中他坦言道："真不知道我怎么就有这种实在不怎么令人羡慕的本领，竟然让自己陷于各种我本该避免的职责、烦琐事务之中。我真后悔竟然让自己去访问了意大利，这绝对将是我的最后一次。"他又立刻恢复了他的快乐、轻松的幽默感，接着说道："如果你能负责安排，你能借我一架飞机吗？我想立刻飞回后屋（Uttarayan：他在圣地尼克坦的住所名字），因为七月的雨云已经聚集在我们校园的上空，它们一定在纳闷可以用他的歌曲来回报雨水带来的旋律的诗人去哪儿了。"

可是，那个时候人们的称赞似乎要比"雨水带来的旋律"更加的甜美，因为他在欧洲又呆了五个月。德国之行又是轰轰烈烈，所到之处总是受到热烈的欢迎，而且他还受到了兴登堡总统（President Hindenburg）的接见。泰戈尔与阿尔伯特·爱因斯坦的友谊也开始于这次访问。在布拉格呆了一周，期间他的戏剧《邮局》在捷克（Czech）上演。之后他经由维也纳去了布达佩斯，在那里他不得不在巴拉顿湖（Balaton）上的一个疗养院修养一段时间，因为在这趟行程中持久的激动和兴奋已经使他病倒了。他在紧挨着他所在疗养院的那个公园里种下的那棵菩提树，至今仍然被当作他那次到访的遗迹保存着。但是他不能呆很久，很快他又一次启程了。

在贝尔格莱德（Belgrade）、索非亚（Sofia）、布加勒斯特（Bucharest）以及希腊（Athens），他受到了一次又一次极其热烈的欢迎，同时他也进行了一系列紧锣密鼓的讲座。在希腊的时候希腊政府还授予了他“救世主荣誉勋章”。之后，他访问了开罗。当时埃及议会正在召开会议，期间他们还专门休会欢迎了他。埃及王福阿德（King Fuad）赠送给了他和国际大学一套阿拉伯书籍。12 月他回到了自己的祖国。

人们也许会认为，经历了这么一番使得他的身体比以往更糟糕但却令他兴奋的旅程之后，他应该心满意足地来享受他特别渴望的在圣地尼克坦的那种宁静与和平了。在一首优美的小诗《黄昏之歌》（*Puravi*）也叫《希望》（*Asha*）中，他表达了极其渴望在世界的角落有一隅极其安静适宜隐居的地方，在那里只有一个可以让他分心的东西，“不是财富也不是荣耀，而是那小小的爱情”。一方面他的天赋在“懒散的光荫中”怒放，但是另一方面他的天赋也在推着他去尝试“用他的仁慈善举艰巨地搭建起座座城堡”。宁静与荣耀很难聚首，当它们刚一碰头，即刻就分道扬镳了。

这一阶段他的诗歌和音乐作品主要是关于宇宙舞王（Nataraja）在他宇宙之舞的旋涡中控制着整个宇宙的非凡的意义。他在 2 月份于圣地尼克坦所创作的歌舞系列自然剧《舞蹈之王：季节剧》（*Nataraja Riturangasala*）中就完美地展现了它。三月他又进行了西印度之旅，期间他在那时还很奢华的巴拉特普尔（Bharatpur）主持了一届“印度文学会议”。

他在阿萨姆邦西隆地区风景宜人的小山庄度过了暑期，就在那里他开始了也许是他最长的一部小说《三代纪事》（*Teen Purush*）的撰写。就像小说的标题暗示的那样，他给小说的撰写制定了宏伟的规划，并且他以最出色的讲故事方式气势恢宏地撰写了小说的开头，而且丝毫不失天真真挚的情感。他以人民忠实观察家、出色的讲述故事人以及社会心理学家的三重身份，共同促成了这部巅峰的艺术之作，这也使得一些评论家们宣称这部小说是“泰戈尔所写的全部小说中最令人满意的”。但是泰戈尔并不是托尔斯泰或者巴尔扎克，所以并不能连续不断地持续待在一个世界中，即使是他的创作需要他待在那里也不行。诗人、歌者以及老师的身份不断地和小说家的身份纠结在一起，诱惑着他，使他并不能将注意力始终集中在一个情节或者一系列的人物身上。于是，尽管已经将这个家世小说规划为三部曲，但是在仅仅完成第一代人的故事之后他就放弃了。完成的那部小说在两年后出版，题为《三代人》（*Yogayog*）。

几乎泰戈尔所有的重要小说都描述了传统印度（主要是印度人的）社会不可调和的矛盾和冲突。虽然冲突基本上是关于社会和文化层面的，但是每部小说的分析角度和侧重点又各有不同。在长篇小说《戈拉》中侧重于展现宗教和知识界的骚动与激情，在《家庭与世界》（*Ghare Baire*）则纯粹关于政治。在《三代人》中则是关于经济发展促生一个新兴阶级，从而不可避免地导致已经失去了它的财富但却并未失去它的骄傲的、古老的地主贵族家庭与认为金钱可以购买一切的、白手起家的大亨之间价值观尖锐的冲突。库穆蒂尼（Kumudini），一个活泼可爱而又温良贤淑的地主贵族的女儿，嫁给了马德胡苏德汗（Madhusudhan）一位有着冒险精神、性格粗犷、充满活力而又坚定自信的百万富翁，而且他也是泰戈尔塑造的罕有的几位有血有肉的男性形象。由于习惯于将他的意志强加于“他的同类和机械工具”之上，他也幻想着因为库穆蒂尼是他的妻子，他就完全可以占有她，但是很快他就发现尽管他可以占有她的身体，然而她的精神却早就逃离了他的控制。

这部小说在读者心理引起极大兴趣的是那位丈夫对待妻子的感情在不知不觉中的转变。丈夫起初野蛮、暴力而且耀武扬威，可是逐渐地她却有时让他感到温柔体贴，有时让他感到敬畏不已，这些感觉在他之前人生的任何阶段都是没有经历过的，现在他也实在不能理解。渐渐的，他所有那些桀骜不驯的表现被她慢慢征服。那位霸道、蛮横的主人逐渐失去了他的自信，笨拙地摸索着想要伸手去抓住他根本就无法够着的东西。遗憾的是这部小说的结尾处理得有些薄弱，这也是泰戈尔的其他许多小说中共有的通病。也许是他突然厌倦再这样持续地叙述下去，所以想尽早地结束它，从而去回应他后室闺房中的另一位缪斯的呼唤；也许是他变得过于谨慎，所以担心其中的一个人物占据了上风，进而会去公然挑衅作者所设立的道德和社会制约机制。

甚至当他在撰写这部小说并深入探究纯粹成功带来的空虚的时候，他自己已经在为即将要去征服的全新领域感到焦躁不安了。宣教的热情再一次被证实要比他的创作欲望更加的强烈，于是在 1927 年 7 月他踏上了人生第九次的海外旅程。这一次他去的是近邻东南亚的一些土地。先后访问了新加坡、马六甲（Malacca）、瓜拉（Kuala）、吉隆坡（Lumpur）、怡保（Ipoh）、太平市（Taiping）以及槟榔屿（Penang），所到之处大批的人士被吸引到来夹道欢迎。随后，他又乘船前往印度尼西亚，途中他创作了一首关于爪哇（Java）的优美长诗，他在雅加达（Jakarta）举行的欢迎盛宴上朗诵了翻译成英文的那首诗。在爪哇的时候，他在众人中间见到了如今已经故去的总统苏加诺（President Soekarno），但是那时候他还只是一个默默无闻的革命青年。在爪哇和巴厘岛（Bali），让泰戈尔印象深刻的是那儿的传统与他自己的国家传统如此地相似。他的访问卓有成效，又一次恢复了与这些地方中断数个世纪之久的文化联系，同时也吸引了许多印度尼西亚的学生前往国际大学，而且印度尼西亚的蜡染技艺（batik）中的设计和漂染技巧也被圣地尼克坦的艺术家们接受，现在已经传播到了印度许多地方。之后他又短暂地访问了泰国，在曼谷（Bangkok）大学他作了一场关于教育的演讲。于12月返回印度，主持了圣地尼克坦的周年庆祝活动。

当他收到牛津大学希望他能前往参加在那儿举行的希伯特讲座（Hibbert Lectures）的邀请时，他又一次准备离开故土远赴异国他乡了。但是这次的海上旅行却不得不被放弃，因为船到马德拉斯的时候他又病倒了。在阿达亚（Adyar），他作为安妮·贝珊（Annie Besant）的客人在她家中休养了一周，接着又到古努尔（Coonoor）气候宜人的山地小镇度过了几天，之后乘船到了锡兰，打算从那里取道去英国。途中他到本地治里（Pondicherry）拜访了在他早年革命时期认识的斯里·奥罗宾多·高士（Sri Aurobindo Gosh）。诗人再次启程时，记录下了当时的印象："数年前，我见到了早期从事政治斗争中富有英雄主义气概的奥罗宾多。我向他说，奥罗宾多，请接受罗宾德拉纳特向你致敬。今天我见到了安坐于塌充满智慧的他，我心里默默地说，奥罗宾多，请接受罗宾德拉纳特向你致敬。"

他在科伦坡（Colombo）待了10天，但是由于他的健康状况在那里并没有明显变好，于是他就彻底放弃了乘船前往英国的打算，返回了印度大陆。然后在班加罗尔（Bangalore）拜访了他的老友布莱戎德拉纳特·希尔爵士

（Sir Brajendranath Seal），这位著名的哲学家那时候已经是迈索尔大学（Mysore University）的副校长了。既然已经放弃了出海旅行，他也不再感到焦躁不安，以前的那种平和的心态以及创作欲望又重新回到了他的身上。在班加罗尔短暂客居期间，他不仅完成了小说《三代人》的撰写，而且也完成了他在前一段时间前往科伦坡的时候才开始动笔的作品《最后的诗篇》（*Sesher Kavita*）。

这部透着诗歌韵味的小说广受孟加拉读者的欢迎，本身也成为了一部经典作品。它有着现代故事背景，幽默讽刺的语调，富有挑战性的创新风格。作者将自己纳入作品、成为作品主人翁无情批判的对象从而为读者设下精心的骗局。作品中闪烁着智慧光辉，充满着妙趣横生的对话。作品最后在优美诗歌之中透出的那种悲剧的基调让这部小说得到了名符其实的题目。所有这些使得这部作品在年轻读者中间立刻受到了普遍的欢迎。它也同样赢得了那些成熟而又拥有很强鉴赏能力的批评家们的普遍赞誉。“小说《最后的诗篇》，”S.K. 班纳吉（S. K. Banerjee）教授评论道，“是一部自始至终都在使用着诗性笔调书写着一个更加具有诗性化色彩主题的小说，也许在世界历史上从未有过其它小说能够望其项背。”苏库马尔·森（Sukumar Sen）博士将它描述成“一个似乎要终结所有爱情故事的爱情故事。”有意思的是，作者将这部小说与另外一部小说《三代人》几乎在同一时间内完成，可是却几乎再没有任何两部作品，在主题、风格、技巧处理、基调以及语言上能够比这两部作品有更大的差异了。

主人翁是一位有趣的典型人物，一位20年代极其现代的孟加拉知识分子。他所接受的牛津大学的教育不仅使他拥有超人一等的优越感，而且使他潜意识中渴望优雅新颖的事物，这最终导致他对一切既定的观念和传统都故意而又轻率地抵制。在他突然遇到、并深深爱上一位现代教育的杰作——一位极其聪慧而又拥有细腻的、深沉情感的女孩之后，他那咄咄逼人的自负受到了极大的震撼。那段感情经历完全不同于他之前经历的那种轻浮的风花雪月，这使他倍感震惊，同时也使他终于释放了他那压抑许久的真实情感。而这又使他一时很难去适应长时间以来形成的强词夺理的积习以及一本正经的虚伪。就在这个过程中，他逐渐形成了对待爱情和生活的一种全新的浪漫态度。那种冲突使他成了一个悲惨而又使人感动的人物，一位不断被生活抹去棱角的人。这位打破偶像者已经变成了一位虔诚狂热的崇拜者，但是女孩却知道他所爱的并非她本人而是她的一种理想形象，那是她永远都不可能达到的形象。意识到了这种潜在的悲剧，女孩将他从婚约的束缚之中解放了出来，永远从他的生活中消失了。她与他的爱人作别时的最后一首诗，印证了女孩在那时可能怀有的深沉的情感。节选一节（但却失去了原诗所具有的极好节奏感）。

当我离去你不会有任何损失，
我只是你一尊泥雕的偶像。
如果用那尘世的泥土
你已塑成一尊女神，
让她伴着那颗夜晚的明星
供你膜拜。
现实中的我丝毫也不会
影响你膜拜的游戏，
爱燃起激情滚烫的呼吸
毁掉了它绽放的神圣却脆弱的花蕊……
我所给你的
本来就是永恒。
别人得到的
只是心灵之泉渗出的涓涓之滴
来告慰他们苦苦的哀求。
啊，我举世无双的王子，我心中的知己，
我所给你的就是你曾给予我的馈赠
你愈是完全接受，我的心债越重，
我的朋友，再见吧！

这位正在衰老的诗人又一次生活在了他对浪漫年轻岁月的想象之中。浪漫的灰烬即将完全熄灭，这需要人为地去吹一口气再次让它们燃烧成火。和他同时代的年轻人陶醉于他的这部最新小说，祈求他汇编一本爱情诗集，同时再增添一些新作。这个建议就足以激励他的心灵，因而再不需用任何其他刺激。就像他自己愉快地描述的那样，他就像一部汽车的引擎，一旦启动他就可以一直保持高速运行的状态。因此，他不是去汇编一本诗集而是写了完整的一本全新的诗集，诗中大多数是爱情诗，根据印度春天芳香的花朵总会产出醉人的美酒，他为诗集取名《春之使者》（*Mahua*）。这个题目也是恰到好处，因为这些诗歌中一些非常细腻优美而非源于痛苦的生活经历是人为鼓励使然，就像是香水中毒一般。但是似乎也并非完全是人为鼓励使然，因为诗人常常陶醉于爱情，那种与个人感情毫无关系的爱情。

就在这一年（1928年）的雨季期间，泰戈尔在圣地尼克坦和斯里尼克坦分别引进了植树节（Vriksharopana）和耕种节（Hala-karshana）两个节日庆典。这些绚丽多彩的节日庆典有着简单但却不失艺术色彩的庆祝仪式，伴随着音乐、舞蹈和吠陀赞美诗以祈求自然的丰产，象征着自然的永葆青春与活力。至今它们每年依然还在举行，同时也还在吸引着来自邻近地区甚至是加尔各答的大批观光者。泰戈尔，这位森林的热爱者，一直以来为乡间森林被大肆地砍伐深感痛惜，一直致力于通过文学创作实践去抓住人们的想象力，从而让他们由衷地热爱树木进而去栽种树木。他成功地做到了。不仅在圣地尼克坦这个曾经土壤严重被侵蚀的荒滩如今的小型花园城市，而且这个由他发起的植树纪念仪式现在也已经成了被中央和各地政府大力支持的全印度性的活动。他最有代表性的诗集之一《森林之声》（*Vanavasi*）是一本关于树木、灌木丛以及花朵的诗歌集。在不同的季节人们的生命都与这些息息相关。

1928 年实际上也是一个丰收之年，一定程度上多亏了他的健康状况迫使他一直待在他的故土。就是在这一年，泰戈尔开始了一种完全新颖的、大家预料不到的一种创作表达形式的试验，那就是绘画。他过去曾一直被这种艺术吸引着，偶尔也会向它偷偷投上极其渴望的几眼，甚至从他还是一个孩子的时候，他就常常观赏他多才多艺的兄长乔迪伦德拉纳特绘画。后来，当他的侄子阿班宁德拉纳特和加甘宁德拉纳特发现他们在绘画上拥有天赋的时候，他在他们去追求绘画的过程中就不断地鼓励着他们，而且还帮助他们实现了当时被盛赞为印度艺术的现代复兴的成就，因为“现代”这个词的内涵不断地在飞速变化，他们现在却被戏称为孟加拉或者印度绘画的复兴派。可是他自己却从未拿起过画笔。

尽管他没有使用画笔，他却用他的笔在自由地涂鸦。他的手稿上就有大量引人入胜的信手涂来之笔穿插在他的诗句之中。大多数的这些线条画是由于他不愿意让一些删除或者涂抹掉的语句（他所谓的“我手稿中的伤亡者”）在他的纸张上凌乱地待着而使他绘成的。那些痕迹就像是疯狂地在寻找伴侣的“守寡的吉普赛女人”，可怜巴巴地呼唤着他去将它们从毫不相关的流放者散落状态中拯救出来；所以他常常会用同一支笔操作着它们，将这些各式各样的“孤零零毫不协调的东西”以一种有韵律的、奇特迥异的形式连接起来。

可是从此刻起，他绘画不再是为他写作涂抹掉的东西提供有韵律的形式，而是按照自己的喜好而行。他随心所欲，像一个手中握着一个新找到玩具的孩子开心地玩耍着。幸运的是，他没有经过专业的培训，所以也就没有一名画家对名声的顾及，因此他无所忌惮，不受任何影响地随性而画。唯一不幸的是，他不会严肃地对待他的绘画，他在手边任何纸张上随手涂鸦，而且使用任何画具和颜料，结果却是给保存这些画作——其中不乏许多高品质的画作——带来了很大的麻烦。在他文学创作的间隙，他以自信的手笔游龙戏凤一般地飞快创作，每幅画作也就是小坐片刻的时间即完成了，结果他留下了近 3,000 幅的作品，所有这些都是在他人生过去的 13 年中完成的。鉴于在同时他还创作了大量的文学作品、诗歌和散文，这个成就绝对是异常非凡的。

他本人将他自己的绘画也描述为“我用线条所作的诗”，而且在一封信中他也坦言，他“被这围绕着我的线条洒下的魅力深深地吸引了”。毫无疑问，这些画作都凸显出强烈的节奏感和饱含着激情，但是除了这个相似之处外，在他的诗歌和绘画之间再没有共同点。实际上，似乎是他的另一个自我，即使不是内心较深处，至少也是隐秘起来的在通过这种新的媒介努力地表述着自己。在文学创作中泰戈尔是一位清醒的艺术家、一位技术精湛的能工巧匠，能够完美地控制着他的工具和手法，这样他就能够用他自己喜欢的方式述说自己想说的内容。所以他所说的内容必然是精挑细选的，就像所有伟大的艺术中那样，必然是精美而且又吸引人的。也许远远不只是精美，而是要使得人们惊叹于作为个人的罗宾德拉纳特的声音是多么的遥远，惊叹这个声音中包含的比他更大、而且超越了他个人的东西也许是印度的精神，或者也许是他同胞的精神，人类的声音，生命和自然的声音，某种更加神秘和神圣的声音，包括了所有这一切而且又超越了所有这一切。他自觉地专注于写作，但是潜意识里却又促使他追求更高的目标。当他绘画的时候，他更像是一个正在梦游的人，不需要去看就完全知道自己的步子，被一个自己无法控制的目标驱使着。奇特的，怪异的，残忍的，冷嘲热讽的，他小心翼翼认真地在他的作品中创作的所有这一切，在他的绘画中展现得淋漓尽致。不仅是天使和精灵，而且连喜欢恶作剧的小精灵以及凶残的怪物，都会在他的画布上得以充分的展示。

1929 年 3 月 1 日，泰戈尔应加拿大国家教育委员会邀请乘船前往加拿大。由于同时也收到了美国几所大学寄来的邀请函，诗人随后又从加拿大乘船前往洛杉矶。当他到达洛杉矶的时候，他发现自己的护照丢了，他对美国移民局官员迫使他遵循的拘泥俗套的手续深感愤怒，其中一些他认为很让他觉得蒙受耻辱。于是他取消了前往美国的约会而取道去了日本。这也不是第一次因为一件偶发的事件突然插了进来，进而破坏了他对美国的理解和印象。就在前一次的访问中他也是被激怒了。他一次又一次地抱着极大的期望，却总是在一个以热情洋溢和好客友善闻名于世的国家里倍受挫折，这可真是十分不幸。

他在日本度过了将近一个月的时光。他喜欢那个国家和它勇敢、自律的国民，但是当他看到他们的思想不断地被帝国野心一步一步造就的歇斯底里所扭曲时，他感到十分沮丧。以往常一样的勇气，他在公开的讲演中警告了他们要警惕“那些没有生命实体的偶像鬼魂”，它们只会使得国与国之间彼此疏离。他在那时还是法属印度支那的西贡（Saigon）停留并且度过了一段愉快的时光，在那里他也同样受到了热烈的欢迎。7 月泰戈尔返回印度，就像他曾说过的那样，去及时地用歌曲迎接圣地尼克坦天空中带着雨水的云。

1930 年 1 月泰戈尔访问了西印度，并且在巴罗达（Baroda）作了关于“人类艺术家”的几场讲座。2 月初返回圣地尼克坦。3 月又他出发前往欧洲，履行他之前由于身体健康原因没有成行的牛津大学希伯特讲座的约定。

当然讲座是一个方便的借口，更加具有说服力的原因是他自己的焦躁不安。这一次由于他有望在巴黎展出他的绘画，以及有望见到他那风姿卓绝的女士维多利亚·欧康普而变得更加迫切。她为了组织在5月初于皮卡尔画廊（Galerie Pigalle）举办的画展开幕式，而将远道来到巴黎。他的这些绘画受到了巴黎评论家们的一致好评，他们把这些画描绘为"纯粹的绘画，绝对的忠实，丝毫没有受到我们画室习惯的影响。"

就在这个月底，他在牛津大学所作的希伯特讲座在接下来几年中被以《人的宗教》（*The Religion of Man*）为题出版，并题献给了多萝西·埃尔姆赫斯特。在伯明翰和伦敦办过自己的画展后，他于7月离开前往柏林。这次的访问加深了他对爱因斯坦的喜爱和尊敬之情，他们进行了很长时间的交谈，在《人的宗教》中有关于这次谈话的要点。他的绘画在柏林的穆勒美术馆（Gallery Moller）展出，他也受到了市民在古老的慕尼黑市政厅对他的盛情接待。他参观了德国许多地方，其中包括奥伯阿梅尔高（Oberammergau），在那里他观看了耶稣受难剧。"多像我们的先知啊！"当观众们看见泰戈尔的时候他们小声地说。

耶稣受难剧在他的脑海中留下了深刻的印象，这从他的诗歌《儿童》（*The Child*）的主题就可以猜测出来，那首诗歌是他在德国待了一段时间之后写的，也是他唯一一首直接用英语写成的诗。这首出色的散文诗受圣经文化的启发，兼有印度教的意向，体现了泰戈尔基本的思想——对生命的尊重。诗歌中的象征与耶稣的故事有关，就像后来证实的那样也与甘地的故事有关。原诗太长不便直接引述，现节选部分聊以佐证。

……追求信仰的圣人走在一条冰冷
散满燧石的滚烫沙地上……
追随着他的人们，有的强壮，有的虚弱，
有的衰老，有的年轻……
一些人开始疲倦不堪而且步伐沉重，一些人开始愤怒不已
疑虑重重，
每迈出沉重的一步他们总是询问，
终点还有多远？……
夜幕降临。
他们在地上摊开了席子……
一阵风吹熄了灯盏
夜色渐浓如昏睡的长眠。
人群中一人突然站起
无情地用手指着这位引路的人
爆发出怒吼的声音：
误导我们的先知，你骗了我们！

其他人一个接着一个地开始哭泣，
女人低声地诅咒，男人咆哮着怨声载道。
最终一个最莽撞的人突然狠狠地当面给了他一拳。
他们看不见他的表情，却蜂拥而上
狂怒地将他撕碎……
突然他们一下子安静了下来
愣愣地望着躺在那里的死尸喘不过气来。
女人开始哭哭啼啼，男人开始
掩面而泣。
一位妇女想要悄悄溜走，
但是他们的罪恶却将他们
与被他们加害的人紧紧拴在了一起。
他们惶惶不安地追问彼此，
谁将为我们指引道路？
来自东方的老者垂头丧气地说：
那位被加害的人……
他们全都起身狂歌，
向受害者的胜利致敬！……

在日内瓦休息了将近一个月后，泰戈尔应苏联政府的邀请起身前往莫斯科。幸运的是，他在一系列给家人的信函中记录了他此行的印象，后来整理出版题为《俄罗斯书简》（*Rashiar Chithi*）。这些书信有力地证明了这位正处年迈的诗人最为重要的一个特质，那就是，当他在年龄上逐渐衰老，但在精神上却变得更加年轻。相对于成年时期来说，他在年迈之际却不再那样保守反而更加宽容。说来奇怪，他年迈时似乎比年轻时显得更加帅气。这是有据可循的，不仅有他的照片可证，而且还有见证过他两个时期同时代的人士。再没有一个人可以像他那样将生命看得那么透彻了："请与我一起变老吧；生命中最美好的时刻即将到来，生命最后的时刻，预示着轮回的开始。"不管岁月在他脸上留下了多少痕迹，但是他的精神却从未变得沧桑。

像甘地一样，在那些岁月中他发现真理远比任何宗教都要崇高，人类的善行远比任何哲理重要。若非如此，这位《吉檀迦利》的作者以及印度精神遗产的代言人是不可能将前往苏维埃的访问看作是一次朝圣的。"如果我未曾来到过苏联，"他在一封信中写道，"生命的朝圣之旅就不会健全。在我们评价这儿的行为对错之前，让我震惊的是：这儿的勇气简直令人难以置信！被称为传统的东西以千种不同的方式与人们紧紧地联系着；无数的公寓以及数不清的门户被比比皆是的卫兵守护着；加上数个世纪以来盘剥的苛捐杂税，它的财富堆积如山。在这儿，在苏联他们已经将盘剥连根拔起；在他们的意识里没有恐惧，没有犹豫。"

他之前曾听到过关于这个国家许多相互矛盾的报道，

而且也被告知了布尔什维克（Bolshevik regime）的残酷的暴行。许多朋友曾试图打消他的那次行程，向他渲染在那片土地上没有“文明社会的”令人舒适的礼仪举止，警告他要小心那些粗劣的食物以及人们粗鄙的行为，后来又说无论他看到什么，那都“只不过是虚假的门面装潢”。但是“我自己却想就在西方的这个庭院里，苏维埃所展示的财富已经如此成功地提高了他们曾被剥夺去了的国家地位，对整个西方世界的不悦和诅咒完全漠视。如果我不去看看这种景致，还有谁会去呢？他们正在竭尽所能地去摧毁强大的沙皇政治和最富有的沙俄贵族的财富。我们为何要对此心生恐惧？我们为何又要愤怒于此？我们可是既没有强权亦没有财富的啊。我们属于世界上饥饿、无助的失败者行列”。

泰戈尔绝对算不上是一个对共产主义理念坚定的信仰者。马克思主义或者辩证唯物主义哲学对他的心理构成而言都是极为陌生的，因为他心里追求的是历史进程中的和谐与协作，而绝不是矛盾与冲突。他对个人良知以及“健全人格”深信不疑，他坚信任何非人道的途径总会将最为人性的目的扭曲。他绝不是对他在苏联所看到的一切的盲目崇拜者。他深知苏联改革中的局限。但是这些局限并没有使他失去希望，也没有使他一叶障目。他清楚就像在世界大战中一样，在革命的进程中的暴力因素是不可避免的，但是他却相信在苏维埃剧变的背后潜藏着巨大的创造潜力，因为他们对于教育以及改善人们的地位的热衷和激情就足以证明这一点。

返回德国后，泰戈尔又启程前往美国，这是他人生中最后一次访问这个现代文明中独一无二的神奇乐土。11月25日，400名纽约各界知名人士举行了盛大的欢迎宴会。在卡内基音乐厅（Carnegie Hall）举行了一场接待宴会，席间他发表了论教育的演讲。崇拜他的露丝·圣丹尼斯（Ruth St. Denis）为他的诗歌朗诵进行了伴舞，帮他为他的大学募集资金，但是由于她的国家正在遭受经济危机的严重打击，于是诗人将募集的资金悉数捐赠给了纽约的失业民众。他的画展也在纽约、波士顿展出，同时他还受到了胡佛（Hoover）总统的接见。美国人的观念正在逐渐摆脱英国人的束缚，有一次威尔逊（Wilson）总统甚至就没有理会来自印度的电报。泰戈尔也非常开心地见到了威尔·杜兰特（Will Durant），他的《印度问题》（*The Case for India*）就曾在孟加拉受到英国当局的禁止。在将那本书题献给泰戈尔的时候，威尔·杜兰特写道："你一人就足以成为印度应该自由的理由。"

1931年1月泰戈尔经伦敦返回印度，在英国《旁观者》周刊（*Spectator*）在海德公园宾馆（Hyde Park Hotel）为他安排的午宴上，他与萧伯纳促膝长谈。尽管这次旅程漫长艰辛，但在经历上却硕果累累。他看到了西方社会在不同阶段的情形，给他留下的一长串回忆的痕迹。尽管这些记忆很快就会消失，但却不会一下子完全消失殆尽。他那时候并不知道这是他最后一次出访西方，他在西方天空的骄阳已经坠落。

最后的收获

当我从这里离开，就让这成为临别赠言

我所看到的一切是无与伦比的。

人们也许会问：尽管厌恶暴力但却欢迎苏维埃社会剧烈动荡的他，对于离他更近的甘地领导的非暴力群众运动为什么却没有表现出同样的热情呢？实际上，泰戈尔对他自己国家的政治和社会运动热潮还是满怀热情地赞扬和支持的，他本人难道就没有为此受到启发吗？他对甘地的崇敬要超过他对国内外的任何其他领袖或者个人的崇敬之情。另一方面，他并不赞同甘地的意识和理念中他觉得像是中世纪的或者反动的因素，因为他担心这些会被他的追随者误用。圣雄可以超越自己偏见的局限，可是他的追随者能做到吗？他的忧虑是否合理，有待历史的见证。

在世纪之交，当他大讲特讲印度传统的荣耀以及在想象中将印度传统的独特风格当作其精神的代言的时候，他本人就已经经历过了爱国主义狂热激情的阶段。但他内心明澈的洞察力很快让他清醒起来并且学会了辨别真伪，逐渐认识到印度尽管有其独特性，但是就像其他国家一样，她始终是人类文明的一个部分，必须跟上时代步伐。相对于过去的幻影，时代精神是一位更好的向导。对真理的热爱以及对生命的崇敬是人类真正的信仰。甘地也有同样的发现，他说，“如果人类的语言可以充分地描述上帝，我现在得出的结论是上帝就是真理。两年前我迈出了一大步，说真理就是上帝。”

在他的一首关于沙迦汗的诗歌中，泰戈尔曾经说过，比沙迦汗建造泰姬陵的成就更加伟大的是最后建造者却能够将它抛在身后的壮举。印度也能超越她的过去将它抛在身后，而不是像掩埋在陵墓中一般将自己掩埋在其中。放着一个婴儿的哪怕最为简陋的摇篮也要比哀思逝者最为高贵的陵墓更加能够证明人类传统的不朽。在他的绘画中，泰戈尔总能完全地回归传统。但是在他的诗歌和散文中，他却能够不断地抛弃他自己已经达到的完美。在作品的主题上，当他日渐老迈的时候却依然能够不断地革故鼎新。在他漫长的国外旅行回来之后，他第一部作品就是一部系列音乐舞蹈剧《新颖》（*Navi*）。

与此同时，印度正在处于艰难时期。成百上千勇敢的孟加拉年轻人，仅仅由于被怀疑私下里同情争取自由的地下革命运动就被囚禁在集中营里，日渐憔悴，慢慢失去了活力。在其中的一个位于赫吉利（Hijli）的集中营中，两个年轻人被卫兵残忍地杀害。当这个令人无比愤慨的消息走漏了出来的时候，泰戈尔变得惶惶不安。在加尔各答的一次超大型群众集会上，他彻底地将他的感情发泄了一通。之前他还给位于布克萨（**Buxa**）的一个集中营的囚犯们送去了一首饱含问候的诗歌。统治者的冷酷无情引发了在北孟加拉的暴力流血冲突。为了声援流血冲突中的受害者，他在加尔各答上演了《儿童圣地》（***Sisu-tirtha***），一部根据他之前在德国用英语所写的诗歌《儿童》翻译成孟加拉文并改编而成的戏剧。

本来在1932年年底，加尔各答市民计划组织一个罗宾德拉纳特70寿诞的庆祝会。可是在1932年1月4日，当泰戈尔听闻圣雄甘地从伦敦参加完圆桌会议回来不到一周就被逮捕的消息时，他坚持取消了那个计划。对英国标榜的公正和公平精神还抱有一丝幻想的诗人，给当时的英国首相拉姆赛·麦克唐纳（**Ramsay Macdonald**）拍了电报，抗议道："不分青红皂白的一味镇压政策……造成了我的同胞们与你们同胞永远的疏离。"1月26日，他发表了一份当时的政府新闻审查机构或者报社不允许全文刊发的声明。倍感伤害和恼羞成怒的诗人，在一首指斥神主的题为《质询》（***Prasna***）的诗歌中表达了他那时的情感：您一次次地派信使来宣讲全体人类的宽恕和大爱。他们是拥有高尚灵魂的人，值得我们的尊敬。但是今天看来他们宣讲的信息似乎是一种嘲弄。我想问问你，你自己，啊！我的主，还能原谅和爱着将你的空气毒害、使你的天空昏暗的你所创造的这些生物吗？

心情沮丧的诗人在位于卡塔（Khardah）的恒河上的一栋幽静别墅内隐居了数天，在那里他自己和一些印度艺术家的绘画直接启发他创作了一些诗歌。这些诗歌后来汇编成集以《五彩集》（*Vichitrita*）为题出版，并且题献给了南达拉尔·鲍斯（Nandalal Bose）。

年迈与紧张生活中的要求使得泰戈尔越来越疲惫不堪，笔直的脊梁日渐弯曲，伟岸的肩膀渐渐消瘦。就在他开始遗憾地意识到自己已经不再能够到国外旅行的时候，伊朗国王礼萨·沙·巴勒维（Reza Shah Pehlavi）邀请他去访问他的国家的信函也刚好到来。“几乎不能拒绝”一份来自近邻友善的国家威严领袖的邀请，他在日记中如此写道。很快，在 1932 年 4 月 2 日他就起程去波斯，陪同他前往的是他的儿媳普拉迪马·德维（Pratima Devi）。她一直像亲生女儿般无微不至地照料着这位年迈的老人。为了避免漫长的旅途劳顿，他们选择了乘坐飞机前往。

他们由陆路从布什尔（Bushire）到达设拉子（Shiraz）。这里是哈菲兹（Hafiz）和萨迪（Sa’adi）的故乡，泰戈尔在这儿满怀崇敬地拜谒了两位著名诗人的墓碑。在伊斯法罕（Ispahan）短暂停留了一段时间后，他们一行人于 4 月 29 日到了德黑兰（Teheran）。在这里诗人不仅受到了官方而且还受到了普通民众空前热烈的欢迎，各大报纸也都将他赞称为“东方天空最为耀眼的明星”。当他还在德黑兰的时候，他们为他在那里隆重地庆贺了生日，无论国王还是人民都以奢华的排场隆重招待，使得诗人倍感荣耀而感动不已。在告别的致辞中诗人表达了他的深深感激之情。返回的途中，他在巴格达做了短暂停留，受到伊拉克国王费萨尔·贝都因（King Feisal Bedouin）的接见。他也在贝都因人的帐篷中（Bedouin Camp）度过了一天，那是他从年轻时代以来一直珍藏许久的愿望。啊，真希望我就是个贝都因人！他曾经在他早期的诗歌中这么感慨过。

当他从那个玫瑰和夜莺的国度返回的时候，等待他的是一个悲惨的消息。他唯一的孙子尼丁德拉（Nitindra），体质纤弱、敏感而又有着大好前途的年轻人，当时被送在德国接受书籍印刷的培训，突然患上了急性肺结核，危在旦夕。尼丁德拉于 8 月 7 日病逝于德国。他唯一孙子在遥远异国他乡的病逝对他来说是一个沉重的打击。诗人已经经历了许多失去亲人的痛苦，但是每次巨大的痛苦总能使他的心灵更加纯洁，对生命的信仰更加坚定。“远远望去，在你无情的庄严之中你看似可怕和不可战胜，”他在一首精美的诗中写道，“我心灵颤抖着站在你的面前，望着你可怕地蹙着眉头。狂风吹起。我浑身战栗，恐惧地问道：还有更多打击吗？这是最后一个晴天霹雳了吗？它已经降临了下来。这能是所有的了吗？我问道。不会再有了吧？我却不再害怕。当你的霹雳出现在我头顶，你似乎比我要强大许多。当你降临下来打击我时，你却萎缩地和我一样大小，可是我却不会萎缩。你也许强大，但是你不会比死神强大。我却比死神强大。让这成为我临终的遗言。”

不管痛苦有多大，罗宾德拉纳特都完全接受。他从不向忧郁屈服，因为他将那看作是比身体的疾病更加严重的一种心理疾病。悲伤和失败是生活的一部分，必须被以男子汉的尊严接受下来。当受挫之时，崇尚咆哮或者像一只被打的野狗一般哀鸣，某些诗人借此聊以宣泄自己的自豪或者寻找他们的安慰都是他天性极其反感的。他有时候纵情其中的感伤主义是由他对别人的怜悯、对生命的怜悯之情激起的，而罕有因为对自己的怜悯而引起。他主要的情感还是对生命的热爱，他崇尚的哲学也是对它的肯定。活着以及对情感历练带来的乐趣是他一直感激不已的所赋予他的极好的礼物。甚至当他纠结于自己的哀伤之中时，他写道：

我又一次醒来，夜色渐淡，然而

外面的花瓣还未绽开。它永远让人感到不可思议……

在这棵高贵之树的树皮上镌刻着

数个世纪的签名。它已见证

许多皇冠滚落在了尘土之中。今天我却坐在

它的树荫之下度过又一个新的一天

我清楚地知道在这一天中

时光之轮无声无息地飞逝而过。

这无声无息飞逝向前的时光之轮带来的乐感从未停止地吸引着他。他回首往昔，他深爱的缪斯曾经幻化成不同的样子，始终召唤着他的生命守护天使就站在那里。她引导着他一直向前，体验过悲喜欢乐，经历过平坦与坎坷，踏平过康庄大道，也曾徜徉过小道曲折，经历了人生的许多个阶段，他曾将自己所有的收获倾倒在了她的脚下。如今在他生命的尽头，为什么她还手持花篮、面带微笑地站在他的面前？他还要继续将他自己的一切倾倒出来，倾倒殆尽吗？

这些和其他许多诗歌有的令人怀念往昔，有的令人心生忧郁，有的令人欢欣鼓舞，还有一首《质询》令人心生愤慨，以上所有这些诗歌都涉及到不同的主题，蕴含着克服了悲伤之后获得的成熟智慧，最终于 1932 年结集出版为《终了集》（*Parisesh*）。正如这部作品集的题目表明的那样，他认为它标志着他创作职业生涯的结束。实际上，这只是标志着他 18 年前开始的即 1914 年以《白鹤集》为标志的一个阶段的结束。这是一个壮丽的阶段，它的开始和结束都是那样的精彩、宏伟。但是它绝不是意味着终止，而是意味着又一个新的阶段即将开始，在上面引述的这首诗中他就已经预见到了。诗中他的缪斯，那位面纱半掩笑脸盈盈的少女，手持一个空空的篮子静静地等待着。

似乎诗人突然重又恢复了他壮年时期的精力，他被激情促使着去探讨一个新的领域：从散文中敲击出音乐的节奏，在这种平淡实用的工具中找寻音乐节奏的可能。不管道路多么崎岖不平，他都会尽可能地使自己找寻缪斯之行。像是在最美好的草原上行走一样，显得潇洒从容且又富有成果。这段时间创作的壮丽作品有：《再次集》（*Punascha*，1932）、《最后的旋律》（*Sesh Sap-tak*,1935）、《叶盘集》（*Patraput*，1936），《黑牛集》（*Syamali*, 1936）。他并没有完全放弃掉他之前钟爱的东西，而且以传统的诗歌形式自由体，或者韵律体出版了几卷诗集。但是总的来说，从1932年一直到九年后他去世的时候，可以确凿无疑地肯定，他的诗歌天赋展示出了一个新的巅峰。他在道德精神上的镇定自若似乎已经达到了一个更高的层次，他以更大的同情和更深的理解观察着在他眼前发生的一切，总可以从平凡之中发掘出它的内在魅力。

对他而言，幸运的是，西方世界对他的溢美与赞扬已经变得黯然失色，甚至几乎不再有任何吸引力，而且他的名字也变得犹如一颗曾经耀眼的流星留下的朦胧记忆。到处宣讲自己的理想和改造世界的激情也正逐渐冷静下来。“传教士是职业地兜售特殊观念的商人，”他曾经写道，“他的客人每天随时都会前来向他询问。他习惯性地回答，逐渐地失去它们鲜活的品质。他信仰的观念有可能会在他死气沉沉的语言中窒息而死。我相信这种悲剧远比人们想象的还要普遍，尤其是对于那些心地善良，随时准备为别人签出慈善支票而不会等待自己的钱是否可能在银行中增值的人。这使得我认为再没有什么比做个纯粹的诗人更好、也更保险的了。因为诗人必须真实对待他们经历的最美的好时刻，而不用管别人的要求。”

这样美好的时刻在等着他去收获，对于他以及他的读者来说幸运的是：他从此以后被限制在了自己的故土之中，又返回到了他的本土资源。这显然是最大的恩赐。几年后，他歌唱道：

我潜入形式的海洋
渴望得到无形的珍珠。
我将在我破损的船上
不再彷徨地从一个登陆地点赶往又一个。

不再彷徨的他现在能够比以前潜得更深，也就能够找到他的珍珠。

许多富有洞察力的评论家认为他最伟大的诗歌写于他人生最后的 10 年。根据不同读者的心情、品味以及个人的偏好，这种说法也许正确，也许不正确。但是不可辩驳的事实是，在他人生漫长的职业生涯中，他攀越了许多高峰，每一座都与其他不同。当人们从一个顶峰观望他所站立的山峰，总觉得那才是最高峰。由于他攀越的最后一座高峰距离读者最近，而且由于是在他年迈、体弱时攀越的，所以对它的征服也就显得更加艰难而英勇，另外毫无疑问的是。对它的征服除了写诗外还有更多东西，其中一些很值得我们的关注。

1932 年 9 月 20 日，这个国家震惊于身处监狱的圣雄甘地诉诸于“绝食至死”的方式去对抗英国首相社区选举名额分配方案（Communal Award）的决议。这一决议致力于将印度社区划分为种姓选民和被剥夺种姓的印度人。在他决定绝食那天凌晨三点钟的时候，甘地致信给泰戈尔：“亲爱的精神导师，现在是星期二早晨的三点钟。我正午迈进了令人暴怒的大门。如果你能祝福我所做的努力，我是需要的。你一直都是我真正的朋友，因为你一直都是一位心直口快的朋友，能够坦率地说出你的想法……如果你心里赞同这一行动，我请你祝福它。这会给我鼓励。”但是甚至在这封信还没有送出的时候，他就接到了诗人的电话：“为了印度的统一和社会的完整，绝对值得牺牲宝贵的生命。我们悲伤的心会满怀尊崇和爱意紧紧追随着你崇高的救赎壮举。”

9 月 24 日，按捺不住的泰戈尔起身前往浦那看望身处耶罗伐达监狱（Yeravda Jail）的圣雄。与此同时，英国当局在重大要求上做出了让步，接受了妥协方案。圣雄于 26 日结束绝食，诗人当时就坐在他在监狱的病榻之侧。“绝食是以主的名义，”圣雄在公开声明中说，“也是以主的名义在精神导师泰戈尔的见证下结束绝食……结束绝食之前诗人唱诵了他的一首孟加拉文赞美诗。”所唱的这首赞美诗是《吉檀迦利》中的一首诗歌的孟加拉文原文:“当我心急如焚异常艰辛，我却遇到及时的怜悯甘霖……”

加尔各答大学说服泰戈尔接受了孟加拉语协会主席一职，他为此作了一系列的讲座。同时他还发起了一个项目，由自己亲自负责监督编纂孟加拉语的科学与技术术语汇编，在这个项目上他表现出了比他半个世纪前年轻的时候还要大的兴趣。在众多的公共活动包括几场重要的讲座期间，他写了两部新剧:《纸牌王国》（*Tasher Desh*），一部基于以前的短篇小说基础创作的轻松愉快的讽刺剧以及《不可接触的姑娘》（*Chandalika*），基于佛教传说创作的仅有两个人物出现在舞台上的短剧。表现佛陀的心灵力量如何救他的信徒免受织衣女的诱惑，这个大家熟知的而又有些天真的情节被泰戈尔改变编为具有宽广精神向度的一部心理剧。它不再是一个关于一位放纵的女性决定诱引一个圣人的故事，而是关于一个多愁善感而又自尊的女孩的故事。命运使她一出生就拥有一个地位卑微的出身，突然有一天她的意识觉醒了，意识到了她的命运和所有人的命运是一样的，而且也意识到了自己内心的渴望以及爱的能力。

9 月，《纸牌王国》和《不可接触的姑娘》这两部戏剧都被搬上了加尔各答的戏剧舞台。在这两部戏剧演出之后，他又在加尔各答大学作了题为《韵律学》（*Chhanda*）的讲座，然后他与圣地尼克坦的学生一行人起身前往孟买，去参加由他的崇拜者女诗人沙拉金尼·奈都（Sarojini Naidu）在那里组织的泰戈尔周活动。从孟买他又到了景色宜人的海边大学城沃尔代尔，在那里他受到了时任安得拉大学（Andhra University）副校长的萨瓦帕利·拉达克里希南博士（Dr. Radhakrishnan）的热情接待。在安得拉大学的讲座后来被整理成以《人》（*Man*）为题出版。他又访问了海得拉巴（Hyderabad），在那里受到了之前曾经在主持伊斯兰文化研讨会时向国际大学慷慨捐助的那位尼扎姆（Nizam）的热情接待，之后泰戈尔在 12 月底返回加尔各答，在加尔各答大学参议院大厅（Senate Hall）发表了著名的讲演《拉姆·拉吉摩汉姆·罗易印度教徒》（*Bharat–Pathik Rammonhun*）。在新年到来之前他又出版了两部小说和一部散文剧：《两姐妹》（*Dui Bon*）、《花圃》（*Malancha*）和《邦苏丽》（*Bansari*，根据这部散文剧中的女主人翁命名）。尽管在公共事务和政治突发事件上有许多令其分心的事情，但在文学创作上这确实是一个丰收之年。

《两姐妹》是一部短篇小说，能够在心理上引起读者的极大兴趣。故事涉及常见的三角爱情关系，两姐妹爱上了同一个男人。作者似乎竭力表现出男人想在女人身上既要找到母亲之爱又要找到情人之爱的奢望。能够在一个女人身上同时找到这两种感觉的男士是幸运的。但是，人类的天性和社会习俗使得一个男人永远不可能做到，那种爱至多也只能得到部分的满足。充满活力的心情难免出现沮丧。由于情场对手是两姐妹，而且二人各有自己的特点，同样地可人，故事的情景也就显得更加错综复杂。作者尝试着大胆突破忠实于不同感情的强烈冲突带来的困境，对婚姻之爱的忠实与对自由、无拘无束纯粹爱情的忠实。作品中没有任何感伤和说教的意味。

《花圃》在篇幅上更加短小，但是在情景上更加具有戏剧性的效果。这部小说主要以对话为主，使得人们往往不由自主地会想作者怎么就没有把它写成戏剧呢。作品的主题与《两姐妹》相似，是关于两个女人和一个男人的故事，但是这部作品里的情敌却不是新娘的妹妹，而是丈夫的侄女。这部小说在心理上引起读者的是另外一种截然不同的兴趣。

尼拉佳（Niraja）幸福地嫁给了一位种花人，她的丈夫一门心思全都铺在了他的花圃上。她慢慢地学会了以常见的那种女性的方式分享他的那种专注，因为只有在帮助她丈夫的时候她才可以完全地拥有他。丈夫也开始对她溺爱有加，他们的幸福成为了朋友们羡慕的对象。就因为她幸福，所以她就变得很慷慨。然而命运之神却总是充满嫉妒的。经历了十年甜蜜完美的爱情后，她却突然卧病在床不能行动了，自然也就不能再抱有分享她丈夫在花圃内工作的想法了。她只能透过床边的窗子看着她往昔幸福时光的情景。

她仅有的这点安慰，在她的丈夫派人请来他年轻的侄女萨拉拉（Sarala）到花圃帮忙之后转变成了痛苦的根源。看到另一位年轻、健康的女性取代了花圃中她在丈夫身边的位置，尼拉佳臆想着最糟糕的情形，嫉妒得发狂。正是她不善掩饰的怀疑激怒了命运之神，导致了她最担心的事情的发生。比她身体的不幸更加具有悲剧性的是她心灵的扭曲。过去曾经是慷慨幸福的她，现在变成了是非不分和报复心理很重的女性。意识到自己的自暴自弃，她竭力想要抗争，可是却徒劳无益。她遭遇的是种双重悲剧。被剥夺了健康和爱情的她屈服于苍白的精神，它往往会使我们失去爱和谅解的能力。

《邦苏丽》是一部诙谐剧，剧中有许多闪烁着智慧的对话。戏剧展现了加尔各答上流社会的老于世故以及看似高雅的虚伪与势利百态。人们爱的能力被消耗在了理智的打情骂俏之中，结果却导致了以喜剧形式展现的悲剧结果。这部剧作从来没有被作者搬上舞台，尽管他也曾经打算试演过，也许是因为作者对它的舞台效果并不确信的缘故。他对生活以及他所描述人物类型的了解，很大一部分源于道听途说和家人的闲言碎语。泰戈尔由于年事已高而且太过出名，所以不能自由地出入于社会上正在出现的那些形形色色的人物之中，也就没有机会去近距离地观察他们，可是他自己却并没有意识到这些。他对于爱情主题的处理越来越过于理性化，思想更加张扬，但是却缺乏表达感情的能力。不仅身体而且连他的心理也许都在变老，只有他的思想还是保持活跃，充满魅力。

1934 年 1 月初，诗人返回圣地尼克坦，两周后，他接待了贾瓦哈拉尔·尼赫鲁（Jawaharlal Nehru）与他的夫人卡玛拉（Kamala）。诗人特别尊崇贾瓦哈拉尔·尼赫鲁的爱国勇气、高尚的精神品格、理性的观点以及宽广的同情心，泰戈尔专门举行宴会欢迎了他们夫妇二人。同时就在 1 月 15 日北印度发生了一场严重的地震，致使比哈尔邦（Bihar）的数个城镇的生命和财产受到严重损害。当时正在南印度旅游的甘地，在一份公开的声明中说，这个巨大灾难是对史无前例的罪恶的惩戒。“我辈不能不相信这次震灾是主对我们所犯罪恶的惩戒……在我看来，在哈尔邦的大灾和那史无前例的运动之间有着密切的关系。”

泰戈尔非常震惊地看到圣雄竟然会诉诸于这种利用罪恶的概念在人们的意识中引发恐惧，这显然是一种传教士般的策略。他在一份公开声明中说道：“我痛苦而又吃惊地发现圣雄甘地谴责那些盲目地遵循他们习俗的人，认为他们犯下了史无前例的罪过，并且招致了上主对哈尔邦部分地区的报复，似乎是上主专门挑选这些地方以泄自己不被崇拜的私愤似的。更加不幸的是，关于这种现象的不科学观点太容易被我们绝大多数的同胞相信。”然而，甘地在他的英文杂志《上帝之子》（*Harijan*）中又强调了他的信念。“对我来说，这次地震绝非上主的反复无常，也不是我们看不见的力量凑在一起的结果，”他写道，“我们不了解上主的戒律，也不懂得它们是怎么发生作用的。”贾瓦哈拉尔·尼赫鲁对这次灾难的评论值得我们回顾一下：“在我待在地震发生地区期间，或者说在我刚刚到达那儿前，我吃惊地读到了甘地的评论，他竟然认为这次地震是对史无前例的罪恶的一次惩罚。这是十分令人惊愕的评论，我欢迎而且完全赞同罗宾德拉纳特·泰戈尔对此的回应。任何与科学的观念相违背的事物，都是无法想象的。”

诗人又开始焦躁不安，像往常一样渴望远行。他已年迈得不能再像他希望的那样去旅行了。比年迈给他带来的问题更令他苦恼的是关于资金问题。祖辈产业带来的收益足以满足他自己和他的家人的需要。他生活简朴，不喜欢讲究排场或者奢华，但是却无法同时满足他的学院和大学的需要。他的孟加拉文著作收益也只是杯水车薪，本来诗歌创作也算不上能够带来收益的行当，而且这个国家能够阅读的民众的有限购买力又是小得可怜。在获得诺贝尔奖之后的几年，他的英文的以及一些外国出版物的收入可谓是大受欢迎地带来了一笔意外收入，但是这些收入的绝大部分又被他花在了频繁的国外旅行，以及在德国的演讲了。他的书在那里特别畅销，但是严重的通货膨胀又使得他的那些收益血本无归。

到 1934 年的时候，泰戈尔在西方更多的是一种回忆而不再是一个鲜活的声音，他的收入自然就有了极大的萎缩。另一方面在圣地尼克坦的大学又过度地膨胀，致使它成了一头大家都喜爱但却都不愿意去喂养的白象。这位诗人给他的同胞们留下了的伟大而且永远丰富的文化遗产几乎无人能及，可是现在却沦为祈求别人的施舍才能维持自己大学的运行。这所大学曾经是他钟爱的宠儿，现在却成了一个挥霍的奢侈品，一个不断让他感到头疼，让他自由辉煌的晚年蒙羞的根源。乞讨，对于这位有着贵族思想的诗人无疑是一种耻辱；何况这在一个有钱阶级不会将施舍送给传教士的政治家国度也不会起到多大作用。

留给这位年迈的诗人唯一可供选择的方式，就剩下利用学校本身去创收去赚钱了。他可以通过组建戏团、培训戏剧演员和舞蹈演员，以及在不同城镇的舞台上演出他的戏剧和芭蕾舞帮助他去募集资金。当然，这并非唯一的原因。他的艺术家气质使得他迫切地希望看到自己的作品能够在舞台上呈现。不像他其他的文字作品，他的歌曲必须被演唱以供人们欣赏，他的芭蕾舞必须在舞台上演出以供人们享受。而且，他创作中的这两个部分以及他的绘画，是所有他的同胞甚至连那些不识孟加拉文文字的人——都可以欣赏和享受的。于是全国上下都在心满意足地享受着这位德高望重的诗人和先知献给他们的表演盛宴。他陪同一队表演艺术家、歌手和舞蹈演员在全国各地到处巡演。

这位在一生中恰如其分地被称之为艺术家的人，无论他在做什么或多或少都会变得富有创造性和富含教育意义。这些巡演抛开它的其他方面不考虑，至少已经俨然成为了有着重要教育意义的一项使命，在公众中间激发了对印度文化方方面面的兴趣，其影响力至今还不容小窥，更不容被忽略。

这些文化巡演除了之前在孟买的一次表演外，首场是在西隆上演的，因为这个充满美丽的小岛在泰戈尔的心中始终占据一个温暖的位置。就是在西隆待着的期间，他创作完成了他人生的最后一部小说《四章》（*Char Adhyay*）。就是在这部情节紧凑有力的小说中——现在已经成功地改编为戏剧搬上了舞台——他再次回到了之前他在另外一部小说《家庭与世界》中涉及的主题：人的价值和政治理想。故事的背景是关于孟加拉的地下革命运动；在革命运动的英雄主义和恐怖主义映衬下，小说生动地描述了爱情的受挫和人的价值的贬低。通过这个理想主义最终失败的悲剧，作者对那些激发和制约政治英雄主义的诸多原因进行了分析。小说语言优美、生动活泼，表现出了深刻的心理洞见，给读者留下了深刻印象。可是小说在孟加拉也激起了矛盾，作者受到了无情的谩骂，因为他暴露了自己故土太多的现实。

从1932年起的五年间，尽管他在国内进行了许多次旅行而且还到伊朗出访了一次，泰戈尔还是出版了七卷诗歌、两部小说和一本戏剧，而且还谱写了音乐并将它直接运用到了舞台上演的五部歌舞剧：《救赎》（*Sapmochan*）、《不可接触的姑娘》、1933 年上演的《纸牌王国》以及 1936 年上演的《齐德拉》和《黑牛集》。除了《纸牌王国》的主题是源于很早以前所创作的短篇小说，其余四部的主题全是源于他以前在诗歌中讲述过的印度教和佛教传说。泰戈尔从这些古老的民间传说中提取的是故事的骨架。通过给这些干巴巴的骨架，添加上音乐、舞蹈、使观众产生兴趣的戏剧性效果、以及故事深层的心理和道德意义的新鲜血肉，他给它们赋予了鲜活的新生命。从那以后，这种既不是正统芭蕾舞剧也不是歌剧形式的舞蹈剧，在印度逐渐流行起来。

这两部小说《花圃》和《四章》（都创作于 1934 年）、戏剧《邦苏丽》（1933）以及两本诗集《终了集》（1932）和《五彩集》（1933）均参考了以前的内容。接下来五部诗集中四部是散文诗。这种形式在他早年的时候偶尔会去实验性地试用一下，现在他却认真地对待起来。他首先在《再次集》（*Punsacha*）中率先使用。这部诗集在 1932 年的《终了集》后出版。在介绍这些诗歌的时候他指出，散文诗不会忽略或者轻视诗歌格律的押韵规则以及诗歌韵律，而是在看似遵循散文不受约束的自由表达中成功地创造了一种新的诗歌韵律，进而拓展了诗歌所能表达的内容。想要提高这种看似平淡的形式运用可能性的急切心情，也反映出他依然时刻关注着那些微不足道的小事和日常生活中的景象。

诗集中的第一首诗《告柏》（*Kopai*）似乎就可以印证这一点。告柏是从圣地尼克坦不远处流淌而过的小河的名字。诗人将小河质朴、毫不张扬的魅力与他青年时期在岸边度过了许多年的博多河的宏伟气势做了对比。“那条自豪的河流在古老的历史文献中拥有自己的名字；在她的脉搏中流淌着恒河圣洁之水。”可是在雨季中当她涨水的时候，成百上千的宅邸和农场就会被淹没殆尽。在她的自豪之中透出的是冰冷的无情。已是高龄的诗人却愿意以告柏这条小河为邻。“她的语言是卑微的家庭温暖、细碎的话语，而绝非一个学识渊博学者的睿智语言……她的节奏被打乱，绝非桑达尔（Santal）那古老王朝中身负弓箭的男孩懒洋洋地淌过使然；她在堆满稻草的沉重手推车的小轮上划下了自己的痕迹；在一根扁担担起满满两筐陶器的小陶贩的吁吁气喘中感受到了自己的呼吸，他那淘气可爱的小狗还在亲昵地追逐着他的影子；伴着举着一柄破旧的雨伞，每月三卢比的乡村小学校长的疲惫步伐，她在与他一起同行。”

这部和接下来的三部散文诗集涉及了大量不同的主题，呈现了不同基调和语气，有的轻松欢快、有的严肃沉重、有的玄奥神秘、有的轻佻稚气、有的悲伤凄凉、有的舒缓叙事娓娓道来、有的热情奔放充满抒情、有的感物伤怀催人泪下、有的冷嘲热讽激烈惊人。这些作品中许多是对往昔的追忆，其中一些还是以第一人称展开叙述。当然以第一人称叙事未必就是诗人对往昔的追忆或者他的自传。这些诗歌还有如下三个主要特征：怀旧情绪不断地浮现，渴望回首往昔洒满记忆的漫长道路；思维视野不断拓宽，对常常被忽视、被漠视以及被抛弃者的同情不断深化，但不受道德或社会偏见的影响；迫切而又不安地想要尽可能深入地探索孟加拉语的措辞和节奏，试图从看似不和谐之中找出神秘和谐的乐感。

这四部散文诗集非同凡响。如果仅仅因为如此就进而认为它们标志着他偏离了原来的创作轨迹，或者是标志着他创作得到了更深入的发展，或者是标志着他走上了一条死胡同，永远不可能再回到以前的创作状态中来，那可就大错特错了。实际上，当他在创作这些散文诗的时候，他同样在以歌曲的形式，创作着一些纯粹传统形式的诗歌，也在创作着一些稍微与传统诗歌形式不同的作品。虽然他在继续超越他的过去，不断尝试着新的形式和方法，但是基本上他还依然保持着他原来的自己。他依然深爱着自然，深爱着大地，深爱着生命，深爱着死亡，以及深爱着将生与死仅仅联系在一起的神秘。正是这种爱使他能够常常以一种显得神秘的方式将自己融入自然的氛围甚至各个方面之中，这也解释了他为什么会本能地产生人文主义精神，会对他的同类以及地球所孕育的一切事物拥有宽广的同情心和款款深情。这种爱也是他 60 多年的创作生涯创作的所有作品中不断出现的主题。

在他人生的最后 10 年，整个世界发生了剧烈而根本的变化，已经完全不同于他出生和成长的那个世界。在这 10 年创作的诗歌中，这种爱不是从生活中或者从变得越来越令人恐怖、令人感到备受嘲弄的世界中退缩出来、并龟缩到它坚实的壳中，恰恰相反，它甚至变得更加包容一切，更加细腻温柔，比以前也更加的直率坦诚。“我已经投入地去爱了。能爱多少或者能爱多久，我不知道。我爱着大地。我双眼着迷地注视着它。在它的饥渴之中我品尝了它的甘露。在它的尘嚣之中我找到了真正的满足，在它的耻辱与堕落中我解放了自己。”这不是以一种社会主义者虚张声势的形式，而是充满谦恭、饱含深情地说出来的，似乎他曾经在天堂所找到的一切，现在发现它们竟然被抛弃在了大地之上。

他在父亲的宗教思想教育下长大成人，那是一种在自己的心中而不是在其它任何具体、有形的东西中虔诚地寻找自己的主神的一神论思想。于是，他的宗教诗（包括一些最纯粹也是最出色的抒情歌曲在内）开始的时候是一种与他的神——但那时候却具体、有形的人的——亲密地低声私语、神秘地交流，后来持续地改变并呈现出不同的形式。人们可以说，直到它几乎不再独立于他所见到、所听到和所感觉到的一切，并且与它们完全融为一体。他的主神也就变成了所有事物，不管它们看起来是多么的丑恶与可怕，也依然闪烁着神圣的光辉。

就这样，智慧透过悲伤降临到了他的身上。就像他说的那样，在永恒的最幽深的洞穴之中一片幽暗，人们只能用他们悲伤的火把才能窥见在那里究竟掩藏着什么。这种智慧主要是心灵的智慧，而不是思想的智慧，更不是从经文圣典以及哲学书籍中一点一滴获得的智慧。它有助于他摆脱任何形式的信仰、教条或者传统的桎梏，使他完全投入到对大地以及大地哺育的一切的深爱之中，或者如他有时候所说的那样，自己愿意做一个没出息的人，也乐于做那样的人。“在窗外光影闪烁的天空之上，让我的意识飘远。不再思考，不再争辩，不再求知，直到它融入死亡，翘首以待地迎接生命的浩瀚海洋。”

他的人文主义思想更加直接，也更加确信无疑地从他心灵的智慧中得到，而不是从对《奥义书》的精妙思考，不是从湿婆教的抒情神秘主义，也不是从西方思想的自由人文主义中得到。在《再次集》中他讲述的一则轶事就很好地说明了他的这种特殊的感觉和态度。那是关于一位穆斯林染色师傅之女让阿热基尼（rangarejini）的故事。尚卡尔拉尔（Shankarlal）是一位学识渊博的皇室御用梵文学家，以他的渊博的学识和雄辩的才能闻名遐迩。一次他不得不面对一位来自南方的著名梵文学家的挑战。他注意到他打算在辩论比赛时戴着的缠头巾脏了，于是就将它拿给当地的染色师傅杰西姆（Jaseem）让他帮忙清洗。杰西姆叫来了他的小女儿艾米娜（Amina），让她拿着缠头巾去附近的小溪清洗。当她在洗完之后把头巾摊在草地上晾晒的时候，艾米娜注意到在它的一角题写了一行诗：Tomar sripada mor lalate biraje（您神圣的脚靠在我的额前休憩）。艾米娜去家里拿来了一些彩线在它的下面又逢下了一行诗：Parash pai ne tai hridayer majhe（那就是为什么对它们的接触已然融入我的心里。）当那位梵文学家来取他的头巾的时候他注意到了第二行诗，他凝视着染色师傅的女儿，然后说道："少女啊，你已经将我的智慧带来的傲慢转变成了我心灵的智慧。我现在不会回到王庭了。我前行的路在别处。"

《再次集》之后出版的是《最后的旋律》。甚至在他刚刚写完《再次集》的时候，他发觉他依然还有很多要说。他需要去思考和感觉，然后无论如何都要在纸上表达出来。他开始处在心事重重的心境之中，开始沉思，开始追忆，而且认为这些会是他将创作的最后旋律。第一首诗中充满了她与他在一起时他未能看出她的价值（谁的？他妻子玛瑞娜妮的吗？）而后悔不已的心情。他把她的爱和奉献认为是理所当然的。但是现在他经历过诸多痛苦之后他真正理解了她。在他的生日上（孟加拉历锡克教新年 25 日），他回顾了自己漫长的人生，其间他不断抛弃旧的自我而且又不断重生，许多个新生的罗宾德拉纳特编织成了一个绚丽的花环。他回首世界的过去，但是除了浮华的荣耀和自负构成的断垣残壁他再也看不到任何东西。周围全是不断移动、瞬息万变的沙子，在沙子中间“我在我心脏的悸动中感觉到了永恒的死寂。”

一天晚上他孤独地坐在幽暗的房间之中，思念着他的那位曾经的玩伴和给他的生命带来那么多欢乐的她。忽然他听到了一阵衣服的悉悉索索的声音，他能够感觉到她已经出现，甚至能感觉到她的些许呼吸。“你从另外一个世界又回到了你以前常来的地方了吗？”他听到了一个无声回应：“我该为谁而回来呢？”他答道：“怎么，我不是在这吗？你不能看到我吗？”那个声音说：“他是我自己年轻时候曾经的玩伴，我不能再在这个房间内见他。”我问道：“那么他消失了？”一个声音轻轻地说：“他在我在的地方。而不是任何其它地方。”毫无疑问，并不是所有的诗都是以那样的笔调，展现出那样地心事重重或者那样地怀旧。这些诗歌的盛宴菜品繁多，色泽鲜艳。

1936 年他又很快连续地写了两部散文诗集：《叶盘集》，（*Patraput*）意思是用树叶做的杯子或者盘子，和《黑牛集》（*Symali*），意思是献给大地的恢宏颂歌。标题 Symali 指的是一头墨绿色的牛（雌性），那也是他曾经专门为他自己建造的泥墙小别墅的名字，后来它成了他晚年时期最钟爱的住所，圣雄甘地拜访圣地尼克坦的时候也在那里待过。这两部诗集中的许多诗歌都写得极其优美，其中泰戈尔的表达能力得到了最佳体现。像以往一样，它们中的一些是欢快的或忧郁的抒情，一些是富有哲理或者深奥难懂的意思，一些是叙事，一些是怀旧，还有一些宣泄了他对外界所发生的不祥和丑陋事情的激烈抗议。其中就有一首诗是写给非洲的，是对几个世纪以来白人对黑人暴行的控诉。

那些猎人带着人类设计的陷阱向你逼近
他们的凶狠比你们狼群的獠牙
更甚……
你们森林里的小路泥泞，血泪浸淫
掠夺者们长靴的铁钉
在上面留下了无法磨灭的伤痕
大洋彼岸一直回响着
他们村镇中教堂钟声的回音
孩子们在他们母亲的怀中安睡
诗人们向着美神不停地赞美

在另一首诗中，他探讨了人文主义的极端情形，大胆地挑战了宗教的所有规定性形式。如果人类没有身处阳光之中，没有被这无形的恩主放在心上，不能够超越一切障碍，那么人类就不需要这位恩主。在他看来创造最初的神秘存在于光的优雅之中，而它最终的神秘则存在于爱的甘露之中。他属于那些高尚的贱民。

他们是一些贱民，从未唱过颂歌，
兜售宗教的人用神庙的大门将他们阻隔，
作为一名诗人，我是他们家族中的一位，
我没有种姓，不会唱诵神圣的颂歌，
我的献祭送达不到那被神庙层层相隔的
神的面前。
牧师出来微笑着问我：
“你到过里面见到过神主了？”
“没有，”我答道。
惊讶地目瞪口呆的他又问，“你不知道怎么进去吗？”
“不是，”我说。
“你是没有种姓？”他问道。
“对。”……
被大家抛弃的我
渴望友爱的情谊，
人类围坐在没有高墙筑起和卫兵守卫的
聚会场所……
我没看到被围墙圈起的人类
而是发现他们早已超越了
使国家彼此分离、土地相隔的

一切隔阂。

在创作《最后的旋律》和《叶盘集》期间，他在1935年出版了诗集《林荫大道》（*The Avenue*），一部讲究韵律的诗集，里面也包含一些歌曲。这种形式是他最割舍不下的旧爱，不管他作出了何种新的尝试和探索了多少其它的模式，他还是一次次地回到这种形式之中。其中的一些诗歌非常优美，像往常一样表现了众多主题和心绪。他回首望着自己曾经走过并被抛在后面的那条漫长林荫大道。尽管他不能再回到从前，但是他学会了关注生命中的神秘，而且也体会了“那种以往的一切失而复得的欣喜以及所有的忧伤和欢乐”。其中许多是关于爱情的诗歌，但是诗歌中表达的这种爱却是一种脱离形体，没有具体目的，没有狂热激情，也没有具体对象的爱。世人深爱着爱的主题，而且也不能忘怀自己经历过的爱。他只能这样尽量地抚慰自己的心灵，“爱既在那里又不在那里，所以不会有负担。人们必须学会在它不在的情况下生活，那才是爱的价值所在”。但在1932年8月6日写的一首致“都尔拜琪妮”（*Durbhagini*）那位不幸的人儿的诗中却实实在在地充满着悲伤之情。诗人唯一在世的女儿在德国正守候在她唯一爱子的病榻之侧，他已经奄奄一息，并且在第二天就离开了人世。泰戈尔一定预感到了即将到来的悲剧，想象着他的女儿站在他的面前，他却不忍注视她的脸。她的双眼噙满了泪水，它们似乎在不断地追问：为什么，噢，为什么？

由于不能够再去自由地旅行，诗人不得不不断地更换居所，从一间屋子搬到另一间屋子。现在他脑海中一直思索着自己应该住在一间泥土建筑的小屋里。于是他用泥土建造了一间小屋，建造的时候他一直在旁边看着。一天天地过去，他看着这间小土屋的墙壁在桑达尔妇女灵巧的手上一点点地被垒起来。这种情景在《小径集》（*Bithika*）的一首优美小诗中成为永恒。

那位桑达尔妇女忙碌地来回穿梭在木棉树下的那条铺着鹅卵石的小径上；一条灰白色的莎丽（sari）紧紧地裹着她苗条的双腿，黝黑而结实；莎丽红色的边衬在空中飞扬，恰似飞扬的花朵火红的颜色，充满神奇的魅力。

某个心不在焉的设计神，当他在用七月的云朵和闪电捏制一只黝黑的鸟儿，一不小心就塑造成了这个女人的形体；她的心中一定深藏着一双冲动的翅膀，她那轻快的步伐恰似鸟儿在飞。

在这一年即将结束之前，他的两部戏剧在舞台上演：在圣地尼克坦上演的《秋天的节日》以及在加尔各答上演的《看不见的珍宝》（*Arupratan*），它对戏剧《暗室之王》的改进。泰戈尔到场观看了这两部戏剧的演出。不仅观众呼唤着他登台演出，他自己也喜爱上台表演。1936 年 2 月在加尔各答作了两场关于教育的讲座后，他就专心致志地为将早期的戏剧《齐德拉》改编成音乐剧做着准备，他甚至亲自指挥了芭蕾舞的彩排。在指导芭蕾舞准备的过程中，他的儿媳普拉蒂玛·德维是他主要的合作者。

这部舞蹈剧（作者称之为 Nritya–natya）也许是他的所有芭蕾舞中最受欢迎的。它在加尔各答成功上演并获得了很高的评价，接着它就被诗人带着到北印度进行了一番巡演。在几个大城镇获得比演出收入还要多的赞誉之后，这部剧作于 3 月的最后一周在德里上演。当时碰巧在德里的甘地看到这位身体健康每况愈下的年迈诗人，为了募得他的大学所需资金还要进行这些艰辛的巡回演出。他为此深感焦虑，并立刻给他修书一封且附上了一张 60,000 卢比的银行支票作为来自“你卑微的同胞们”的奉献。“现在，”圣雄在信中写道，“你可以宣布取消剩下的行程安排来让公众们舒缓一下他们为你紧绷的神经了。”泰戈尔深受感动而且满怀感激，但是在他的潜意识里还是有着一闪即逝的些许遗憾，因为他将失去带着他的剧团到处巡游带来的兴奋了。但是毫无疑问，他更愿意享受作品在舞台上演出而他自己却可以像一名戏剧指挥一样静静地安坐在一个角落，或者就像一名评论家说的那样，像他自己书上的一个地道的签名，静静地待在那里。

德里之行使甘地对诗人健康的慷慨而又深情的关怀令人难以忘怀，它同样使英国当局的吝啬和傲慢昭然若揭。当时的德里是大英帝国统治下的首都城市，当局的官员们对于泰戈尔对英国当局压制政策的谴责早就恼怒不已。当德里市府提议组织市民接待泰戈尔时，当局竟然断然拒绝，这使得人们可以想象出帝国当局是多么的呆板刻薄。

从德里返回之后，泰戈尔并没有像圣雄期盼得那样坐下来好好休息一下。他继续主持在加尔各答的公众集会，这远比观看自己的戏剧更加劳累。10 月 2 日在圣地尼克坦的寺庙中举行了庆祝甘地诞辰的纪念仪式，泰戈尔向圣雄表示诚挚的谢意，他接着就根据他以前的一首诗《惩罚》（*Parisodh*）的内容创作了新的舞蹈剧《斯雅玛》（*Syama*，剧中女主人公的名字）。在当月月底，这部新剧就在加尔各答上演，像往常一样作者出现在了舞台上。

戏剧主题是关于爱情盲目、自私带来的悲剧，展现了为了实现自己的目的而毫不犹豫地牺牲他人利益的爱情，最终只能是导致失去了爱的权利。斯雅玛是城中美艳的妓女，爱上了一个名叫梵杰兰森（Vajrasen）的外国人。梵杰兰森没有犯下罪行却被错误地逮捕并被判处了死刑。斯雅玛透过诱惑，说服了她的一个崇拜者，让他牺牲了自己的盛名而挽救了梵杰兰森。这位心怀感激的外国人很开心地成了斯雅玛的情人，但是后来当他得知她为换回他的自由而采取的残忍行径时，他感到懊恼羞愧不已，愤然离开了她。在他身上的道德准则发挥了作用，也给那位不幸的斯雅玛带去了注定的惩罚。虽然她对她的情人忠心耿耿，但却对人性惭愧不已。

1937年，泰戈尔在加尔各答大学的开学典礼上用孟加拉语发表演说，这在那所大学的历史上具有里程碑意义，因为那是那所学校80年校史上首次有一位市民获此殊荣，要知道在当时那还只是英国总督或者是高官的特权。而且那也是首次在那种场合以孟加拉语而不是英语进行的演说。泰戈尔也利用了这个机会，高调地呼吁将孟加拉语作为教育的媒介。

接着他又作了两场重要的公开演说，一场是在孟加拉文学会议上；一场是加尔各答宗教立法会在加尔各答举行的纪念罗摩克里希那·波罗摩汉萨（Ramakrishna Paramahamsa）诞辰百年会议上。随后泰戈尔在圣地尼克坦主持了国际大学中国学院（the Cheena Bhavan）成立典礼。这是在印度的第一个这种性质的学院，同时也是这个国家中一流的研究中心。这一年的夏季他是在喜马拉雅山风景宜人的景点阿尔莫拉（Almora）度过的，在那里他写了一部给孟加拉读者介绍现代科学的书(Visvaparichaya)。泰戈尔在科学或者任何相关的学科中都没有受到过相应的学术教育。但是自从他还是个毛头小伙子的时候，他就陪同他的父亲去西印度和喜马拉雅山脉的达尔豪斯。在繁星点点的晴朗夜空下，他接受了天文学的实践教育，并且逐渐发展了在物理科学上的兴趣。他还通过随意的阅读不断地满足着这种兴趣的需要。在他的圣地尼克坦的学校中，自然科学研究以及讲授科学是教学大纲中的重要内容，直到晚年他最喜欢的业余阅读，依然还是涉及我们周围宇宙神秘现象的高等物理学书籍。这也是他为孟加拉读者所著的那本介绍现代科学的著作（Visvaparichaya）的主题。尽管这本书没有收编任何原始的相关研究，但是对于孟加拉读者来说，这无疑是一部很好地注释物理科学最新研究成果的有趣的原著。

从阿尔莫拉返回后，他在加尔各答群众集会上发表演说，抗议对被囚禁在安达曼岛（Andamans）上的因饥饿而罢工的政治犯虐待的暴行。他创作、指导并且观看了庆祝雨季的歌舞系列剧《七月八月节》（*Varsha-Mangal*）。他热爱着自然界的各种氛围和一年的每个季节，这也包括充满极端炎热和可怕沙尘暴的炎热夏季，这些在他的诗歌中都曾被深情地赞颂。但是他最喜爱的还是雨季。他孩提时代最先学会的简单韵律就是这首童谣："雨儿滴答答，树叶儿沙沙沙……"这个口头传达的简单韵律，也是自然界的简单韵律。对于泰戈尔来说，雨儿滴答答、树叶儿沙沙沙的声响一直不绝于耳。

秋季，碧空如洗、清澈蔚蓝，浮云"闲适地飘来飘去"，这对于他来说也是一个可爱的季节。然而，1937年的秋天却有一个可怕的经历在等着他。9月10日的晚上，当他正安坐在他平时所坐的椅子上的时候，他突然人事不省。之前根本没有任何疾病降临的征兆，昏迷后也一直没有被诊断出昏迷的原因，直到48小时后医生团队从加尔各答赶来。在那时圣地尼克坦还没有电话，需要医疗救助的信息过了很久才抵达加尔各答。在此期间，诗人在生与死的边缘挣扎着。幸运的是他恢复了意识，并且逐渐地恢复到了正常的健康状况。

在那不省人事昏迷状态下，看似暂时中止的意识一定在偷偷地活动着，因为这段挣扎在生死边沿的经历被他生动地记录了下来，并在他的一系列诗歌中得以描述。每首诗歌都短小精悍，而且数量也仅仅 18 首，但是这却标志着他在诗学上的成就达到了巅峰。痛苦地分娩于潜意识的深渊中，又经过命运的娴熟双手惊人的裁剪，这些诗歌显得短小精悍，充满张力。诗歌中彰显出了那段心路历程的强烈印象。诗中没有疯子一般的胡言乱语，更没有丝毫的恐惧、痛苦和抱怨。他比以往任何时候都更加全神贯注、更加充满激情。他的意识中充满着惊险而又刺激的危险经历带来的痛苦的歇斯底里；意识就像是被绑架到了一个奇异的世界，在那里熟悉的一切都被遮蔽，心灵也不得不凝视虚无飘渺的彼岸。那忽而黑暗，忽而光线耀眼，可是那儿却没有夜晚，没有白天。这些诗在 1938 年结集出版，并且被赋予了一个恰如其分的题目:《边沿集》(*Prantik*)。

“从宇宙黑暗的洞穴中爬出的死亡信使，悄无声息地走来，”诗人在他清醒以后所写的第一首诗中这样描述着突然降临的巨大灾难，“逐渐堆积而成层层裹挟着心灵的微尘，在痛苦的酸雨腐蚀下溶解并变得纯净；遮蔽昏迷意识厚重帷幕的后面，正在残忍地悄悄进行着对心灵的涤荡。”隐喻在不同的诗中不停地转换：“在我幽暗疲倦的意识里，我看到了我的身体，沿着阴霾无光的小河漂流而下，负载着它散落的感情和重重的痛苦……身体淡化为光影,最终幻化为一个光点,消失在无尽的黑暗中……”接着，“当灯光一盏接着一盏熄灭，礼堂内人去楼空；犹如遵从了死寂之神的命令，我的思想也静止下来，恰似睡眠的梦境被浓夜黝黑的手全部抹净。自从大幕拉起，我就为长时间的舞台表演设计好了彩妆，最后却无果而终；我想好的登台姿势，以及我向观众炫耀的粉彩，一同被抹尽……”但是他却并不后悔，因为他已经看到了存在的极致界限，并为它的壮丽感到震惊。

并不是所有的诗都是内心自我探索式的或者内省的。这本小小诗集的最后两首诗表明作者清楚地意识到了盘旋在欧洲上空的悲剧，也意识到它即将把欧洲吞没。就像他在其中一首后来翻译成英文的小诗中说的那样：“当我的感觉被从黑暗的洞穴释放，醒来时却陷入了可怕的震惊。它竟然发现自己处在了猛烈的地狱毒火喷发的焰口，那里正喷涌而出令人窒息的、伤害人类的毒气……一边是不可一世的野蛮之人和杀人上瘾的他们在咆哮，另一边是紧紧依附于他们死死守护着的囤积之物的胆小国家……”他对此愤怒不已，想要狠狠地“诅咒这头食人的野兽，它的饥饿令人毛骨悚然，不会放过妇孺或者孩子……”但是诅咒并不符合他的天性，实际上还受到他天性的抵制，他知道这种愤怒本身就是野蛮的行径，而且也是徒劳无益。他想发出和平、友爱和同情的声音，可是却又担心它们听起来会显得更加徒劳无益。于是在 1937 年圣诞节那天所写的一首诗（也是最短的）《边沿》中写道：

> “遍布周围的毒蛇吐着芯舌，喷出的毒烟
> 四处蔓延，
> 和平的蜜语甜言，似乎就像沉闷回荡的嘲弄，
> 在我离开人世之前，让我
> 向那些在许多家庭中做好准备与恶魔背水一战
> 的人们致敬。”

可是就在写完这些诗句不久之后，他又写道，尽管自己看够了世界上的邪恶与痛苦，看到了人们的精神被自己一手毒害，但是，他还是在宇宙的中心听到了和谐的乐章，在暴风雨的尘土与喧嚣中听到了永恒的和平之声。正是由于这些充满矛盾的声音和充满冲突的陈述，构成了泰戈尔诗歌的特色。正是它们使得他的诗歌内涵丰富、形式多变，永远不失鲜活的生命力。他忠实于他经历过的每种心境和阶段。这种充满激情的忠实，使他能够不断地挑战和超越自己，也是他像圣雄甘地一样固守的优点。

在诗人逐渐康复的期间，他又被带到了加尔各答进行

了深入的身体检查，当时恰巧在那里出席政治会议的甘地和尼赫鲁前来探望了他。至 1938 年 1 月他已经恢复得很好，他还会见了访问圣地尼克坦的洛迪安勋爵（Lords Lothian）和布兰博恩（Brabouren）。不久之后春天来临，他又开始对歌曲变得如痴似狂，于是开始着手将他的剧作《不可碰触的女孩》改编成音乐舞蹈剧。这成了他最为感人和最为有力的舞蹈剧作之一，并于 3 月在加尔各答成功上演。作者在最后一次的演出中，坐在了舞台的一个角落，欣赏完了全剧。甘地恰好也在加尔各答，又一次拜访了他。凭着他的洞察力和深切的同情心，圣雄深深地知道想让他像以前一样相信，参加在城市之间的舞台演出会对他的身体有害，纯粹是徒劳之举。其实为他的学院和大学募集资金只是一个借口，或者至多也只是一种刺激，这位艺术家内心真正需要的就是去创作并在舞台上见证他的创作。

这年的暑期他是在噶伦堡（Kalimpong）度过的，那是一个偎依在喜马拉雅山脉东侧的一个风景优美的小镇，那里有他儿子的一栋住所。在那里度过他生日的时候，他创作了一首瑰丽的小诗，并以这首诗创作了一本诗集，后来以《天灯集》（*Senjuti*）出版。他依然魂牵梦绕着他的介于生死边缘的经历，尽管生命的魅力已经开始在他的身上渐渐站稳脚跟。下面引述几行诗人自己翻译的英文诗节：

我的生日！

手中握着死神的通行证
它刚从深潜的水中出来
进入虚无的深渊
在生存的边缘去稍事呼吸。
磨断的项圈落下
往昔的珠子
以这个最新的生日
开始细数新生的
岁月。

他清楚地知道这暂时的缓期执行的恩赐是何其珍贵，于是祈祷道：

大地母亲，请您
让我极度贪欲产生的生命幻境
消褪在最远的天际
让我肮脏的乞讨饭钵将它累积的脏垢
倒入尘土之中；
当我开始向还未明朗的彼岸行进的时刻
让我不要留恋
生命的大餐最后余下的残羹冷炙。

从噶伦堡他又去了位于大吉岭地区附近的一个山村

莽普（Mungpoo），在一位年轻的女诗人家中做了几天客，她也是他热忱的崇拜者和虔诚的拥护者，其丈夫还是政府金鸡纳树（金鸡纳霜一词就是源于这种树）种植园的负责人。在那里他除了写了几首诗外还写了一篇关于孟加拉语的论文，后来以《孟加拉语简介》（*Bangla Bhasha Parichaya*）为题出版。对于孟加拉语言、结构、声音系统、民间保留情况、以及文学用途的研究一直以来都是他的业余爱好。他在这一领域的探讨也充分证明了他出色的批判性洞见。他奔放的诗性、批判的分析、浪漫的理想主义以及对冰冷实事的客观评价相辅相成、相得益彰。不仅他父亲严格务实的理想主义，而且他祖父十足的冒险主义都传承在了他的身上，尽管他自己认为还是与他们有很大的不同。

他常常对女性的体贴和关心作出热情的回应。在噶伦堡由他的儿媳负责照顾他的生活所需并让他生活得舒适，他在莽普也同样感到了放松和自在。他莽普的女主人以几乎是博斯韦尔式（Boswellian）的精确性记录了他与她以及她的家庭其他成员的谈话与轻松的打趣。她后来出版的回忆录写得十分优美，里面比比皆是他的幽默和热情的回应。

7 月初他返回了圣地尼克坦，及时地欢迎了他特别深爱的雨季。但是这时候他与日本诗人野口米次郎（Yone Noguchi）之间正在进行着痛苦的信件往来，那是一位他曾经比较崇拜并曾答应在圣地尼克坦热烈而隆重地欢迎他访问的诗人。野口米次郎曾经祈求他相信日本对中国所作的一切是为了亚洲的“解放”。泰戈尔被激怒了，他回应道：“你在构造一个属于你自己的亚洲概念，那个概念是建立在累累白骨的基础上的。就像你正确指出的那样，我是坚信有关亚洲联盟的信念的，但是我却做梦都没有想到过这种信息能够等同于带去大肆杀戮的帖木儿（Tamerlane）内心狂喜的行为……你在信中所表述的‘亚洲之为亚洲’的信条就像是一种政治讹诈的手段，有着我所断然拒绝的小欧洲的所有德性；使我们越过贴有政治标签的障碍和分歧走到一起的这种更大意义上你所谓的人道主义，狗屁不是。”

泰戈尔曾经很喜欢日本，那也恰恰是他痛苦和感到羞愧的根源。他曾经赞誉为亚洲新升起太阳的这个国家竟然成了东方一切苦难的根源。这个国家好战的蛮横和嗜血的军国主义是对佛祖多么大的一个嘲弄啊！在这种痛苦之中，他写下了一首饱含辛辣嘲弄和讽刺的诗。下面节选他自己翻译过来的部分英文诗节。

他们祈祷胜利；
因为在醒着的时候他们
要让别人更加伤心欲绝，对爱绝望
让家园变成废墟，他们的旗帜却在上飘扬……
于是他们行军到慈悲为怀的佛祖
庙堂

祈求福佑，
当咚咚地擂响战鼓
大地跟着颤动。

泰戈尔的思想是多轨道的，承载不同内容的马车在上面同时并行飞驰。他遭遇死亡前前后后的经历简直就像一个巨大的创伤，使他感到痛苦而且难以遗忘。在整个1937年中对于那一阶段经历的表达，读起来给人的感觉似乎是用一滴滴心灵的鲜血书写而成；他在绘画，不过绘出的却是风格诡异、奇特的作品，充满嘲讽荒诞的人物和场景；但同时他还用饱含幽默的笔锋，创作出美味芳香的轻松诗歌糕点，缀满开心闹剧、乡村韵律和习语的装扮，忽闪着快乐的光辉，俨然是老少皆宜的轻松读物，而且心地单纯的人从中可以找到快乐，老于世故的人同样也能从中得到启发。1937年他出版了如下的著作：《戏谑集》（*Khapchhada*）、《画之韵》（*Chhadar Chhabi*），还有一本充满故事和想象的散文体小说《他》（*Shey*），所有这些均完成于同一年。他接着又在1939年创作了《微笑》（*Prahashini*），作品中充满了幽默的诗作，时而妙趣横生，时而戏谑嘲讽，其中许多诗篇揶揄了现代女性的感情。泰戈尔喜欢和孩子们闲聊，他能敏锐地感觉到生活中的荒诞可笑，同时他还喜爱幻想，这也成为了年轻人喜爱和好奇的无尽源泉。他不仅为他们写了许多充满幻想的散文，而且还写了许多童谣和戏谑的诗歌。它们很难在另外一种翻译成的语言中表达出来。胡马雍·卡比尔（Humayun Kabir）曾为圣地尼克坦的小学生们翻译了其中的一首诗歌，我们从中可以得到些许的了解：

一天晚上我做了个奇怪的梦。梦中好像听到碧奴（Binu）在呼唤着我："快醒醒，快看发生什么事情了。"

我坐了起来，看到加尔各答正踏着凌乱的脚步，步履蹒跚地走着，上空纵横交错的光束，彼此交叉，互相辉映，一片迷离。砖瓦结构的房子犹如狂奔的犀牛，门窗咣咣当当响成一片。条条街道像是四处涌动的巨蟒，背负的电车和马车哐哐啷啷直响。商店、市场上下颠簸，房顶彼此相撞，犹如欢宴上狂欢的醉汉一般。豪拉浮桥（Howrah）像一只巨型的蝎子在缓慢地爬行，哈里森大道（Harrison Road）在后面紧紧跟随。博物馆横冲直撞，犹如发狂的大象在空中舞动着它们的巨鼻。我们的学校也在疯狂地向前冲着，数学、语法书籍也在跟着飞快地向前跑。墙上一幅一幅的地图就像是鸟儿会动的翅膀呼呼啦啦直响。钟声不管几点一直不断地在响。

数百万的人们在呼喊："你这疯狂的状态快停下来，你究竟从哪里来，又想上哪里去？"

醉醺醺的加尔各答，没有理会继续移动，那舞蹈的诱惑，甚至使得墙壁和柱子也不愿停息。

我自己却暗想："如果加尔各答直接去了孟买，那又能怎么样呢？如果它更喜欢去德里，去拉合尔（Lahore）或者阿格拉（Agra），我们要做的也只不过是，给她的头上裹上裹头巾，给她的脚上穿上带尖角的鞋。或者，如果她乐意去冲向英国，所有人也就变成了戴着礼貌、穿着礼服外套和长靴的英国人了！"

突然，乒地一声巨响，我从梦中惊醒。加尔各答还是往常那样的加尔各答。

紧接着我们之前分析过的《天灯集》之后，他出版了三部严肃的诗歌集：《天灯》（*Akashpradip*，1939），《新生集》（*Navajatk*，1940），以及《竹笛》（*Sanai*，1940）。这些诗歌没有《边沿集》那种黯然的基调以及恢宏的气势，因为位于生死边缘的记忆、萦绕不散的恐怖，以及在恐惧之外另类的美都已经减弱了，诗人又一次安然地躺在了他深爱的大地母亲柔软的臂弯里了。当他的表述又一次获得同样的忧郁带来的狂喜，即使不是更高的狂喜，他那种极端的恐怖感觉又一次会重现。

但是现在他却安于使自己放松，去观赏、品味着在世上那些所见所闻中残存的简单快乐。曾经熟悉的快乐与生机已经所剩无几。在一间空荡荡的屋子里再点上一盏灯还有什么作用呢？他宁可将那盏灯高高地举向天空，在那儿有一生都在关注着他的璀璨群星，他往昔的记忆也都迷失在了那里。或许，这盏灯还可以将那些记忆吸引下来。那就是他在第一首诗中对诗集题目的解释。这些回忆里满含着他的快乐，带给他安慰。所以，其中的许多诗作充满怀旧的色彩，但它们却不显任何病态或者丝毫顾影自怜。

《齐德拉》戏剧月来临，他常常安详地啜品着清晨的茶点，观赏着芒果树上累累的果实。当他看到三颗未成熟的芒果从树上坠落的时候，他的思绪又飞回到了童年时代，那时候未成熟的芒果是“开启漫长一天的快乐密室的金钥匙”。她就喜欢未成熟的芒果，他也曾偷偷地将它们捡起并且借故送给她，因而与她见上了面。那时候是绝对禁止他们爬树的。所以他总是耐心地在树下等待，等待一阵劲风吹过，吹下未成熟的芒果。第一次当他将芒果带给她的时候，她娇嗔道：“谁让你拿它们来了？”“没人啊。”他答道，心情一下子低落到了谷底，将篮子放在了她的脚边后飞快地跑走了。又一天，他捡芒果时被蜜蜂蛰了。她斥责道：“不准你再捡了。”他低头不语。但是最后他还是赢得了她的友谊。一天她给了他一枚金戒指，上面镌刻着甜蜜的话语。可是在恒河沐浴时，它却从指上滑落进了水里，不见了踪迹。不成熟的芒果依然从树上坠落，但是他却再没有了将它们捡起的心情。“那把锁已经不在了，钥匙也不会再能开启。”

他回顾着他的祖母曾经常常唱给他听的童谣：“新娘

乘轿来，颈戴珍珠项链，脚戴银脚环！”从那以后，他就一直找寻着那个新娘，可是在她向他走来的路上却迷失在了星空之中。

接下来的诗集《新生》表现了完全不同的基调，尽显阳刚之气，主要关注的是在当今世界他的周围正在发生的事情。在介绍这些诗歌的时候，他说自己的诗歌在不断地变换着季节，甚至自己也常常会注意不到。这些诗歌是他与在他身边不断涌现的崭新时代之间的倾心交谈。需要指出的是，这些不同的诗集并不是分别用一口气完成的，也并没有展现统一的基调或者代表着某一个特定的阶段。在不同的诗集中许多诗歌实际上是几乎同时完成的。比如，《新生》中的第一首，他颂扬新时代的诗就创作于 1938 年 8 月，但是这本诗集却出版于 1940 年。他的心绪不断在变化，甚至时时突发奇想转变特别得快，甚至一天之中会有多次变化。这些不断变化的心绪在完全不同的诗歌中得以表现。这些诗歌后来被筛选出来，在不同的诗集中得以出版。《新生》里的诗作在语气上来说相对不是那么主观，但却反映了他对自己周围世界的强烈兴趣。诗中所反应的主题以及诗中所用的暗喻，表现了他对这个客观世界的关注：收音机、铁路火车、小站、飞机、印度斯坦、拉贾普达那（Rajasthan）等等。

之前提到过讽刺日本军国主义者向慈悲的佛祖祈祷的那首诗就是从这部诗集中选出的，写于 1938 年 1 月。

在欧洲和远东地区（Far East），侵略和威胁的阴云以及将飞机滥用成战斗的机器，都使得他对这些国家以及这些人类的发明抱有一定的成见和反感。在题为《鸟人》（*Bird–Man*）的诗中，作者哀叹着这个邪恶的侵略者竟然侵占了神主给鸟儿们留下的空间。诗歌这样结尾道：“听听这伤心欲绝的大地的祈祷吧！让那片蔚蓝的森林再次充满鸟儿欢唱的声音！”

另一方面，在喜马拉雅清晨凉爽的晨风吹拂下，诗人在莽普坐在安乐椅上彻底地放松，耳畔响起了收音机送来的大洋彼岸的音乐之声。那是“一个外国少女用外语在唱着歌曲”。音乐越过群山，穿过小河，飘过大海，飘进了这位年迈诗人始终如一的浪漫之心。那就像是又一首“云使”带来了饱含爱意的心灵的消息。于是，他又创作了一首新诗，诗的名字就叫《九点半》（*Half–past Nine*）。

该诗中的一列夜班火车，在他看来就是生命的意象，它缓慢地驶入浓浓的夜色。车厢内挤满了各种睡姿的人们，素昧平生的人们彼此紧紧相挨着，一人移动全体都跟着在动。“有人会说，这就是台机车，其它什么也不是了。然而他们却满怀信任地将自己的生命交在了他们看不见的手中，铺好了铺盖，安然入睡，梦想着遥远的黎明。”在另一首题为《小站》的诗中，他被站台上熙熙攘攘来往的人群所吸引。一些人赶上了车，一些人却错过了，只能哀号抱怨着，还有一些人则在耐心等待着。它就像是一幅不断被风绘成而又不断被风抹去的沙画，永远处在不断的变化之中；一阵风吹来一幅风景形成，又一阵风吹来刚才的风景即被抹平；小站这端浮现出这种风景，而在另外一端却又呈现出那般风景。这也和生活一样。

在另一首优美而有力的诗中，他又追问着在人类近乎愚蠢而且毫无意义地对宇宙能源的浪费中，究竟有着怎样的目的，在人类的生活和思想中也是那样。会不会最终一切都会消失，幻化成虚无，就像是一个其中所盛的肉被吃完后被抛弃的罐子？为什么会是这样呢？没有答案，作者既没有完全解答，也没有给出一个权宜之策，让问题还是像它原来那样，答案还是一片空白。诗的题目《为什么？》（***Why?***），表达得恰如其分。

紧随其后的题为《竹笛》的诗集，在主题、基调和语言风格上完全不同。诗中描述的是印度一只精妙的竹笛，它能够吹奏出萦绕不绝、令人难以忘怀的优美旋律。诗集中的诗歌同样也是那样的优美、令人难以忘怀，可以唤起人们的怀旧之情。一些“现代社会有洞察力的”孟加拉批评家批判性地认为，在他这样的年龄这些诗歌有些过于“柔和”了；但是也有另外一些同样现代和拥有洞察力的评论家则认为，诗人在这样的年龄可以创作出包含年轻人渴望的如此优美的抒情诗实属不易。每个人的品味各不相同。可是，即使诗人小心翼翼地放下自己预言家、牧师或者现代知识分子的角色，仅仅怀着品味所见所闻带来的欢愉，让自己沉浸在自己的梦想中的心态，他却还是不能长时间地避免外界愤怒、粗鲁的敲门声音的打扰。在 1940 年于噶伦堡创作的一首诗中，他以一种富有戏剧性而又令人震惊的方式，对此进行了一番揶揄。他在孟加拉的一个乡村，一个柔美而静谧的使人昏昏欲睡的环境中正在沉思。时近夜晚，微风低吹，一辆堆满柴草的牛车正沿着空旷的野地缓慢地行走，一头小牛犊在后面尾随着。梵文学家巴纳马利（Banamali Pandit）的小儿子却还在池塘边垂钓，一群野雁正朝着那个巨大湖泊中它们的巢穴飞去。两位年轻友人，其中一位刚刚完婚，久别重聚，在湿湿的草地上信步闲谈开心不已。在大叶紫薇丛间杜鹃在嘶哑地哀啼。“就在那时电话里传来消息，苏维埃的炸弹雨点般地落在了芬兰，已经将它摧毁。”诗歌也以反讽的形式命题为《意外事件》（*Accident*）。

这期间战争已经在欧洲爆发。1914 年第一次世界大战使他痛苦万分，他匆忙地进入公众中间去宣传和平的信息。他曾有一段时间乐观坚定地相信欧洲基督教文明中有足够的善意和智慧可以去预防悲剧的重演。幻想的破灭是极为痛苦的，他在 1939 年圣诞节那天译成英语的那首诗中，宣泄了那种感受：

那些曾经以他们统治者的名义

震惊了神主的人们

在这个时代又出现了。
他们披着伪善的虔诚外衣齐集礼拜堂里，
他们呼唤他们的士兵，
“杀，杀，”他们高呼回应。
他们咆哮声声淹没了
圣歌的旋律，
然而人类之子
却在痛苦地祈祷：
“啊，主，请您扔掉，远远地扔掉
这杯满含苦涩毒药的酒杯。”

落日

脑海中不停地响起这句副歌：
已不再遥远，不再太遥远

1940年的开始既充满吉祥喜庆又充满不祥预兆。2月，圣雄甘地偕同他的夫人卡司杜巴（**Kasturba**）来到圣地尼克坦与诗人进行了他们一生中的最后一次会面。泰戈尔在风景如画的芒果林里举行了欢迎他们的盛大仪式，同时向被他以前描述为“这位裹在乞丐装束里的有着圣洁心灵的人”表达了崇高的敬意。他说：“我们把您当成自家人一般来欢迎，也把您当成属于全人类的一员来欢迎。”圣雄还是像以往一样谦和地回答：“尽管我称这次行程为朝圣之旅….. 我在这儿却不感到陌生……我感觉就像回到了自己的家乡……我收到了精神导师的祝福，我的心里感到非常充实，溢满了欢乐之情。”

4月5日C. F. 安德鲁斯在圣地尼克坦去世。这位挚友的去世使得诗人感到了痛失亲人的感受。在圣地尼克坦专门举行的悼念仪式上，他说：“在任何人的身上我从没有见到过基督教取得过这样的成功。”之前，他曾经说过他不可能对英国人抱有任何敌意，如果不是因为安德鲁斯的缘故，就再没有其它理由了。有时候，安德鲁斯和他的关系特别的亲近，他也成了诗人重要的助手、顾问和友人之一。他再没有给任何其他人像给安德鲁斯那样用英语写过那么多的信函，而且那些信函无不是满含坦诚直率的信心，显示出他曾经渴望一位值得信赖的友人可以与之交流思想和交流心中的秘密。这些信函中的一些后来被安德鲁斯整理出版，并被给予了一个恰当的题目《致一位好友的信》（*Letters to a Friend*）。对于安德鲁斯来说，他也是敬爱和崇拜着这位诗人的。他曾经是泰戈尔和甘地之间活的联系纽带。当然他也爱着甘地，尽管那种爱与前者不同。安德鲁斯是人类忠实的仆人，是受压迫者（不管他们是谁，也不管他们身处何地）真正的朋友，也是地地道道的迪纳般杜（Deenabandhu，穷人之友）和基督教的忠诚使徒（Christ’s Faithful Apostle）。后一个称呼是一位崇拜他的印度人对他名字的首字母 C. F. A. 的解读。做他该做的事情，许多地方需要他的出现，在印度国内，在印度之外，在离开圣地尼克坦和泰戈尔很远的地方。他们二人之间积极的联系和交往如今已经不复存在了，但是以前联系他们的精神纽带却保存了下来。

泰戈尔在文学的表达上往往是热情洋溢、滔滔不绝的；可是在个人关系上他却往往沉默寡言，甚至哪怕是他的心里饱含深情时，他也总是看起来有些冷漠与超然。所以，尽管他一定为失去这位忠诚的挚友在心底里大受触动，但他却将悲伤深深地掩藏了起来，除了在圣地尼克坦的悼念仪式上，他表达了他的追忆和崇敬。几天之后，当他做客莽普时，他向他的女主人讲述了，当安德鲁斯在圣地尼克坦的时候他每天早晨都会前来拥抱诗人一下，接着他又说道："他有着多么了不起的真挚的爱啊！他已经为我们做了那么多，却还是没完没了地忙碌着，完全出于无私，丝毫不图任何回报！他也不为自己所做的一切感到丁点儿的自豪，他真是一个地地道道的基督徒！"

和前一年一样，他这一年的暑季大部分是在莽普和噶伦堡度过的。就是当他待在莽普的时候，他人生中最后一次失去亲人的巨大悲痛的消息传来。他极其喜爱的侄子苏朗德拉纳特在加尔各答去世了。60多年前当他第一次到英国上学的时候，他兄长萨提延德拉纳特的两个孩子苏伦和印迪拉就成了他的玩伴。从那以后这段感情逐渐加深，这对兄妹自始至终都和他在感情上特别亲近。当消息传来的时候，他静静地坐在那里沉默着，一句话也没有说。他一整天都没有说话，夜晚的时候他在一首简短感人的小诗中表达了自己的感情。安德鲁斯和他侄子的去世一定使他觉得自己不久之后也会踏上同一条路。就像他以前所说的那样，他坐在河边的台阶上等待着渡船将他带向彼岸。

苏伦德拉纳特去世的消息，实际上在前一天就已经到达，但那天恰好是泰戈尔的生日所以才被推迟告诉了他。在那个群山包围的小村子里举行的生日仪式极其简朴但却不乏正式，当然如果在噶伦堡就不会那样简单，更不用说在加尔各答了。在莽普，没有社会和学界的名流围绕在他周围，使得他在世界上最后一个生日多少蒙上了些许悲伤的气氛。清晨的时候，尼泊尔的一位年迈的僧人来向他表达了良好的祝福。老僧人坐在地上燃着了香火，并向他唱诵了祈祷。诗人颇受感动，于第二天清晨赋诗一首，表达了他的感受。听着献给“这个人的降生使得这片土地神圣、使得人类的生活有了崇高的意义的人”的赞美诗，他觉得自己的降生也得到了福祉，因为“80 年前来到人世，我也分享了这个人的贡献”。

夜晚时分，女主人邀请了附近村子的山民来参加一个盛大的宴会。他们带来了的鲜花堆成了堆，全都是敬献给这位诗人的。这群卑微、没有受过多少教育、更没有读过他的任何著作的乡民们朴素的情感表达使他颇受感动。他的感激也只能在诗中表现。在他看来，当大地母亲坐在光秃秃的石岩上经历数个世纪的虔诚苦修后，她收到了鲜花的馈赠，那是为了欢迎在她腿上诞生的人类。在这数不清的日月星辰的宇宙中，还有这种感情的流露吗?

在他孤独的沉思中，他一定被引导着去思考创造的奇迹与神秘，因为就在同一天，他又写了一首更长、气势更加壮丽的诗篇。

当我迈进人生八十的门槛
我的心中出现这样的奇观
数不胜数的日月星辰
填满无尽虚无的太空，它们的光辉
以难以想象的速度，沉默地狂奔
在这无边无际神秘的苍穹之下
我突然觉得
自己就像是不断献身创造的烈火中
不断迸出的火星。

他接着又描述了生命从海之女神的子宫内诞生、人类意识的不断演变以及人类在世界舞台上演的戏剧。

我也是戏剧中的人物
按照我的角色装扮
我已帮着拉起幕帘
那已让我为此惊叹。
赐福这个地球，心灵道德在此驻留，
宇宙天空，电闪、狂风怒吼
承载汪洋大海，群山亦是负载，地下
究竟是何涌动，逼它围绕太阳转动！
八十年前我被这条神秘之线牵动
奇妙地在这里降生

自此之后数年，我将与这儿作别。

可是并非“数年”，他在这个地球上的旅居实际上仅仅剩下了几个月的时光。

在莽普过完他的生日后，泰戈尔即启程赶往噶伦堡，他的儿子和儿媳正在那里等候着他。与此同时，纳粹分子像一群饥饿的狼在欧洲四处狂窜。当他听闻他曾访问过并且深爱和崇拜着的国度里正在发生的一切，他越来越感到痛苦不堪。他五月下旬在那里所写的两首诗中表达了他的恐惧、困惑和痛苦的心情。为何原来看似文明的人们，却突然一下子变成了极其危险的疯子？他们，他问道，这些命运之神的代理人们，是否对人类积累数个世纪之久的罪行感到狂怒？人类已经被变成了他们自己的残酷敌人，是来补赎他们过去的罪过吗？他感到心里受到了伤害，为人类感到羞耻，进而感到郁郁不乐，但是他却没有到狂怒或者进行诅咒的程度。他以一种久经磨练的沉思心态，以一种更加宽广的历史视野，看待自己的人类同胞犯下的罪行。他一点儿也没有放弃任何希望。

咚咚的鼓声擂响
改换风雨飘摇时代的
信号已被点亮。
尽管显得无情，新的篇章即将成形，

否则，为何这般无情耗费
让不公正的自己的鬼魅去与自己较劲
那还岂不是预示美好将来？……
饱经风霜的这个时代，
该要把哪些狠甩？
该是时候知道
表面光鲜的糟粕变成什么
所以鼓声咚咚擂响。

不管当时的情景多么惨淡，诗人还是不能放弃对未来的希望。对人类终要走向完美，以及对人类精神中基本神性的深信不疑，是泰戈尔自己内心迫切的渴望。这种深信不疑在他的另一首诗中得到肯定。

随着死神可怕的舞蹈
骇人听闻的游戏达到高潮
罪恶的时代也将完结，
人类，为忏悔所趋，拼命克制自己
不再为贪婪所扰，
他将坐在火葬后的灰烬之旁考虑
来场新的创造。
今天的炮声隆隆
预示着这种考虑的形成。

已经宣泄了自己的焦虑，也用自己可以轻松驾驭的方式肯定了自己的信仰，可是他却还不满意。他自己的国家正弥漫着阴郁、沮丧的情绪，处在千钧一发的危机边缘。他感到犹豫不决、痛苦万分（他一直处于这种心绪之中，已经有一段时间了），他现在决定必须采取某种措施去言说自己国家的抗议了。于是在 6 月 15 日当他还在噶伦堡的时候，他给美国总统罗斯福去了一封信，哀叹着当世界其他自由的国度面临生死斗争的时刻，印度作为英国殖民地的窘境。一个自由的印度将会是对自由世界的一个有利的宝贵资源；而一个被奴役的印度对他们来说会是一种负担和不利。

1940 年 7 月，牛津大学在圣地尼克坦专门举行了授予泰戈尔名誉博士学位的典礼。授奖辞中称他为："所有缪斯的最亲爱的人儿。"时任印度终审法院首席法官莫里斯·盖耶爵士（Sir Maurice Gwyer）、拉达克里希南博士以及加尔各答高等法院的亨德森法官（Mr. Justice Hendersen）作为牛津大学的代表出席典礼。"我所代表的牛津大学，"莫里斯·盖耶爵士说，"在给您授予荣誉的时候，也使得大学本身增加了荣誉。"28 年前同样是这所学校却拒绝认可这位印度诗人。引用罗森斯坦的原话："福克斯－斯特伦威斯（Fox-Strangways）想让牛津或者剑桥大学给泰戈尔授予荣誉学位。当问及寇松勋爵的时候，他说在印度比泰戈尔杰出的还大有人在。我真想知道他们是谁；我感到遗憾的是英国竟然让另外一个国家来首先承认他对文学的重要贡献。”

这一年年底前夕他又完成了三部短篇小说，他对这种文学形式的最后贡献后来结集出版，题为《三个伙伴》（*Teen Sangi*）。它包括这些故事（《星期天》（*Ravivar*）、《遗言》（*Sesh Katha*）以及《实验室》（*Laboretori*））。它们与以往的作品有着很大的区别。此时，诗人已经变成了一个坚强的知识分子，那位讲故事的超级能手也已经变成了评论家，巍峨的喜马拉雅山也已经龟缩成了摩天大楼上的一块园地。泰戈尔这位完美主义者从来不满足于完美，因为如果完美成了静止的标准，他认为它也就终结了完美的可能性。他已经攀越了最高峰，他却将它抛在后面，去攀越其他的山峰。尽管它们没有它高，但是却有着更加新鲜的魅力。

也正是在同一年，他还出版了《我的童年》（*Chhele Bela*）。这是关于童年时光的回忆，以单纯、活泼、自然的方式和基调来写作的，完全不同于以上三部小说。泰戈尔在不同的层面思考着、感受着，同时也在自然而然地做出回应，好像他能够控制许多波长，并且能随心所欲地关闭某一个、开启另一个似的。也许他又不能完全地随心所欲，因为他自己那时不得不屈从于那一刻抓住的基调。下面节选一段由玛乔丽·赛科斯（Marjorie Sykes）翻译的英文《我的童年》，其中就可以流露出他创作这些作品时候的轻松愉快和率真质朴的心态。在诗人家宅子的一个房间里有一顶他祖母的废弃轿子，每天下午当照顾他的佣人偷偷溜走去吃午饭和休息的时候，他就会躲到里面。在这顶被废弃的轿子和被佣人抛弃的这个孩子之间，有着一种神秘的同病相怜的感觉。这个孩子可以懒洋洋地躺在这个封闭的空间里，而不用担心别人盯着他看，自己可以自由地幻想。

> 我的轿子表面看来是悄无声息了，可实际上它却在进行着它的幻想之旅。我一声招呼，我的轿夫就会从“无形的空气中”跳出来，吃上我虚幻出来的盐粉，然后就会抬着我到我想象力指引的任何地方去。我们穿越了遥远陌生的一片片土地，我给每一片土地命名了一个我在书本上看到过的名字。我的想象力在茂密的森林里披荆斩棘地开辟了一条小径。厚厚的灌木丛里闪烁着老虎灼灼的眼睛，我开始吓得毛骨悚然、浑身颤栗。伴我左右保护我的是猎人比须瓦纳斯（Biswanath），他的猎枪开了火，咔！咔！那里变得一片平静。有的时候我的轿子会幻化成孔雀舟，在大洋之上一直远航，直至海岸不见了踪迹。突然一声轻响，船桨滑落水中，大海也开始变得波涛汹涌。水手大呼小心，风暴即将来临。船舵的边上站着阿卜杜勒（Abdul），修剪整齐的胡须，精干的短发。我

认识他，他曾给我的哥哥从博多河带来过印度鲥鱼（hilsha）和乌龟蛋。

在8月7日牛津大学授予荣誉博士学位仪式后的第三天（八年前的8月7日他的孙子尼丁德拉在德国去世，而一年后他在这天也将离开人世），泰戈尔给群众做了一场关于《罗摩衍那》文化意义的演讲。演讲中他回顾并颂扬了伟大的诗人杜尔西达斯（Tulsidas）的功绩，即用印地语翻译了被公认为印地语世界的圣经的印度史诗。9月3日他在圣地尼克坦主持了雨季节庆仪式，这也是他最后一次主持。半个月后他在加尔各答进行了一次健康检查，9月19日起身去了噶伦堡，去东喜马拉雅山秋高气爽的美丽秋景中休养一段时间。

在那儿待了仅仅一周，但是在这一周中他却充分享受了他如此深爱的秋季带给他的美好感受。在他人生最后的这一周里，他得到了彻底的放松。他安坐在摇椅里，沐浴在秋季温暖舒适的阳光中，望着蔚蓝的天空与群山的云蒸霞蔚融合在一起，形成一片迷人的雾霭。

天空无声地拍手欢笑，
我也乐得享受自然的色彩、声调，
噶伦堡对此是否知晓？……
清晨金钟花叮咚直敲

噶伦堡可曾听到？

这首诗写于9月25日。翌日清晨，就像三年前在九月里那样，他突然昏迷不醒。又一次“从宇宙黑暗的洞穴中爬出的死亡信使，悄无声息地走来。”就像上次那个危机的时刻一样，这次依然不能及时得到足够的医疗帮助，噶伦堡甚至比圣地尼克坦距离加尔各答更远。因为不确定来自加尔各答的印度医生什么时候能够赶到，一位英国政府委派到大吉岭的医生在万般哀求之下勉强地到来，给病人检查完了之后，竟然粗鲁地问他懂不懂英语。简直难以再找出比这个更加令人伤心的例子来证明英国统治阶级在情感上多么快地疏离这块土地上的人们了。他只是听了听肺音，接着就坚持说如果想要挽救病人的生命就应该立刻在那儿做一个大型的外科手术。幸运的是，他并没有被允许那么去做，而且来自加尔各答的医疗队及时赶到，并将病人护送到了加尔各答。

他于9月29日搬回他家的祖屋。两天后，甘地的秘书摩诃德夫·德赛（Mahadev Desai）前来探望，表达了甘地对他深深的关切之情。那时候这位病人还没有恢复他的听力，也不能流利地表达。他无助地望着摩诃德夫·德赛，泪水顺着脸颊流了下来。他的女婿当时在场，后来描述了当时的情形：“这是我第一次看到眼泪从他的眼中流出。他一直有着顽强的自制力，甚至是当他承受失去亲人的最大痛苦和悲伤的时候，我都没有看见过他感情崩溃过。现在似乎是他感情的堤岸决了堤。”

他一直都没有完全恢复他的身体机能，但是他却很快就能够在床上坐起和说话了。他的手还不能够握稳笔，但是诗词和韵律在他的脑海中却不停地涌出。他不得不将它们口授出来。下面节选几行艾米亚·查克拉瓦蒂（Amiya Chakravarty）忠实而又精美地翻译过来的他这个阶段最早口授的诗歌。

在这浩瀚的宇宙
痛苦的巨轮飞驰；
日月星辰分崩离析；
愤怒尘焰向外喷射，
电闪一般向外散播
形成的巨网将
生存痛苦地紧紧包裹。
武器带来的折磨
在人们意识中叫嚣着传播
晃眼的刑具咣咣啷啷地响着
血淋淋的伤口可怕地张着。
尽管人类的躯体渺小，
但承受苦难的能力浩渺。
在这创造和混乱的喧嚣中

他举起鲜红的酒杯想要祝福什么
在这离奇的节日
众神沉醉于提坦的权利啊，为何
用泥土塑造他的身体
血红汹涌的泪雨横扫着他的躯体？

诗人并没有装作知晓这个问题的答案，也不想用宗教虔诚的希望来让自己感到安慰。他也不愿意让自己身体的病痛毁掉他的意志或者信仰。他知道人类能够从巨大的悲痛中汲取他们心中的甘露。

他以不可战胜的意志，
为每个时刻带来无穷的意义。
人类牺牲自己献祭
身体处在无限的痛苦里
在整个日月星辰熠熠的光辉里
还有什么可以与此相比拟？

当身体逐渐恢复了健康，诗人也恢复了他思想的活力。在微不足道的普通的所闻所见里他总能找到乐趣。在 11 月 2 日清晨，他口述了一首旋律优美、情感细腻、节奏欢快的诗歌献给过去常常在窗口轻轻啄食的那只小麻雀。它常常还会进到屋子里，蹦蹦到这里，跳跳到那里，抖动着它小巧的尾巴，叽叽喳喳地"询问有没有什么新闻"。

当痛苦无眠的夜晚不断地延长，
我盼望着你的第一声啄响
带给我生活简单但却令人安慰的消息
带给我光明的阳光
请将我呼唤，
啊，我那黎明的麻雀！

同样细腻和优美的，还有献给那些夜以继日地轮番照顾他的那些忠实仆人的许多诗歌。他固执地拒绝了让专业护士来料理他的生活。他需要与那些爱着他的人温暖友好地接触，他可以随意地和他们开玩笑，向他们表达自己对他们的爱意，甚至是向他们发脾气。

当浓浓夜色带着死寂降临
在那病床幽灵一般昏暗灯光里
我突然感觉到你挂心的探视
在我看来
那就像是无数的日月星辰
带着我对我渺小生命的无限信心。

在又一首口述的诗歌中，他以更加轻松的语气，戏谑地挖苦自己的无助，因为自己不得不听从这样的命令“安静点”，“别说那么多话”，“你必须再吃一点儿”这些可是以前在幼儿园的孩子常对他的玩具说的话。

不久他就被带到了圣地尼克坦，那儿开阔的视野、蔚蓝的天空、一排排的小树，还有校园里孩子们的欢笑声，这些都帮助他恢复了对生活的热情。

用力推开窗户
让湛蓝的天空
和我久盼的花香
进入我的房间，
让第一缕阳光给我沐浴。
那样我就活了过来
让我倾听叶丛中间
欢迎我的呢喃低语……

这些诗歌，连同其他许多这样有着不同优点、抒发不同情绪和感情的诗歌一起结集出版，并被给予了一个恰如其分的名字《病榻集》。接着，在1941年他又出版了《康复集》。就像这本诗集的题目暗示的那样，作者正从病危的阶段恢复过来（他从没有完全地康复），并且能够坐在轮椅里被推着到处走走了。病痛的苦恼已经减弱，“病床旁幽灵一般昏暗的灯光”也已变得明亮，但是却并没有被从窗户射进来的阳光取代。诗人也能够全神贯注地再次投入到他钟爱的回忆往事或者冥想沉思的心境之中了。他喜爱阳光，这本以及上一本诗集中的大多数诗歌都是在清晨或者白天的时候口述的。晚上的时候他又会发烧，感到特别虚弱，衰弱得一点儿力气都没有。这本新的诗集中的第一首诗，就是对生命的再次肯定。

这个世界像蜜一样的甜美，
大地的尘埃也是同样美甜
这个伟大的真理我已
当作心灵的圣歌接受……
当我从地上拿起一片叶子，
我会对她说：我的前额
有着和你们尘埃种姓同样的标志，
透过摩耶（maya）面纱
我瞥见
壮丽的永恒，
我看到真理之美幻化成你们尘埃之形，
知道了这点我表达了我的崇敬。

他对生命中已经得到的美好恩赐深怀感激之情。“在人类友爱的蜜桶中”，他已经品尝到了神圣的花蜜。悲伤虽然难以承受，但也只是向他展示那未受丝毫伤害、未被征服的心灵。“这种记忆让我留在了充满感激的语言里。”

躺在病床之上的他，在《病榻集》中的一首诗里，将自己的状态比喻成了被抛弃的干巴巴树枝一样的漂浮物状态。它们在河中间形成了一座小山，“自己旋转着远离了河水的主流。”他的痛苦感受“在这病房封闭的空间里”迫使他的思想自己打着旋转。泰戈尔在自我克制方面对自己似乎有些残忍，但他却常常这样。那些照料他的人证实了他忍受痛苦而不流露出来的惊人能力，而且也证实他将自己的注意力往往放在通过创作幽默的诗歌并附以轻松的评论来逗大家开心。他可以看出他们眼神中流露出的痛苦，而且会和他们分担痛苦，但他却千方百计地掩藏自己的痛苦。他的一生已经将他训练得对身体痛苦可以做到坚忍。在他更年轻和更健康的时候，他就已经在这方面可以做到很高程度的自律。他自己也曾经讲述过这样的一件事：许多年前，他偶尔有一次一个人睡在了加尔各答他的祖屋一楼废弃的房间里。在静谧的深夜他突然在一阵强烈剧痛中醒来，原来他的一个脚趾头被一条巨大的毒蛇咬伤了。他从没有过比毒蛇咬伤还要疼痛的经历。他无计可施，但是却也不愿意为了他自己的缘故吵醒在屋子里的其他人。于是他就尽其所能地忍受那种疼痛。但是他却感到越来越疼，当到了快要受不了的时候，他将他所有的意志力集中起来，努力将自己的意识与身体分离。疼痛的是展现在自己意志面前的身体。但是那个身体却不是自己。集中起来的意志力经过一番极端的努力，他成功地在他的自我和身体之间建立了二元对立的状态。当他做到那样的时候疼痛竟然完全消失了。这种经过意志力的努力使得剧烈疼痛突然完全停下来的经历以后再也没有出现过。但是无论什么时候，当他再次感到身体疼痛或者不舒服时，他常常会回忆起以前的经历，并且尽自己最大的努力将自己的意识和身体分离。

现在他并不是没有了痛苦，也不是没有了不舒适，甚至在他返回到圣地尼克坦以后也是一样，但是在那儿他却似乎能够更容易把它们忘记，尤其是在清晨或者是白天的某个时候，那时候不像体温升高的下午或者晚上那样。当 2 月初春天到来的时候，他几乎已经恢复了他往昔的健康状况，又可以享受自然的美景和生活中的欢乐了。他也又一次开始关心起人类的世界。以这样的心态，他在 2 月 13 日口授了一首十分出色的诗，在诗中他的思想“慢悠悠地漂浮在时光的长河中，”又回到了人类历史的全景画卷之中。他看到在一大片的虚无中，一幅光影形成的画卷穿越其中，画中蒙古人紧随在渴望建立帝国的帕坦人（Pathans）之后，“胜利战车的巨轮卷起的尘土形成一幅幅的图景”。他再看的时候，竟然发现“今天再也没有留下他们任何痕迹”。另一幅光影形成的画卷从眼前经过，那是关于英国的，它就像“冒着火焰的战车正在沿着钢铁铸成的大道上奔跑”。它们也将成为过去，而且“不会留下任何痕迹。”剩下的只是“清晨和夜晚蔚蓝的天际”以及在这个地球上辛苦劳作勉强度日的普通农民。

他们，永远在
挥动船桨，把着舵手，
播撒种子，收割玉米，
这些辛劳的人们，
他们在继续劳作。
国王的权杖已经折断，战鼓也不再回响；
胜利的凯旋柱也已裂开，完全失去了它们自己的意义；
沾满鲜血的武器，布满血丝的眼睛，狂怒涨红的脸庞
也都只是在孩子们的故事书后面将它们的业绩隐藏。
这些辛劳的人们，
他们在继续劳作。
在安加河、班加、在羯陵伽的江河湖海和山脉里，
在旁遮普、孟买和吉吉拉特……
悲伤欢乐不断的
混合抬高了生命的伟大颂歌；
在这成百上千的帝国废墟上
这些辛劳的人们，

他们在继续劳作。

一些心怀善意的崇拜者，从他的诗歌中读出了这位年迈的诗人越来越贴近他们社会主义者的信条。他们徒然地认为，他们可以向泰戈尔致以的最高敬意就是把他当成是一位无产阶级诗人。但是泰戈尔并不是今天意义上所谓的“忠诚的”诗人。他只忠实于他对生活的爱，他也只对生活中平凡的忧愁和欢乐怀着深沉的敬意，这首诗实际上也正是一首诗中所说的“生活的非凡赞歌”。他的一生都深深地热爱和同情着普通的人民，那可比后来那种时尚形成要早得多。大约早在半个世纪前，当他在乡村生活并负责料理家族产业的时候，他的那些信函里就饱含着他对地位卑微的乡民、佃农和自耕农们的深沉感情和悉心的关怀。这种关怀是富含人道主义色彩的，是一种正常的道德良知的正常表露，并不是源于任何意识形态。

他认为当帝国崩溃的时候，普通老百姓依然会生活在大地之上，这些论述也并没有任何原创或者革命性质的东西在里面。使诗人不朽的是他论述这些内容的方式。一位颇富洞察力的孟加拉语教授曾经抱怨过这位诗人的“十足完美的创作技巧竟然常常为大家忽视，”接着他又说道，“他对娴熟的技巧掌握得那样完美、运用得如此自如，我们几乎可以听到、甚至感觉到诗人宁静沉思的精神。”接着他又说，“泰戈尔始终忠实于他最真实的感觉，绝不屈从于文学的时尚潮流，尽管他可以迅速地捕捉到他周围世界最细微的变化。”

泰戈尔崇拜、深爱着的是人类自身的人性，而它与一个人在社会中的地位高低、显赫与否无关。在这方面他与甘地近乎一致。实际上，就在几天前的1940年12月13日，他还口述了一首关于甘地的诗歌。尽管这首诗是用民间诗歌的韵律，基调也是亦庄亦谐，但是却很好地表明了他总的态度和思维习惯。

圣雄甘地的追随者们，
有的富有，有的清贫，
我们却都拥有一个共同之处：
我们既不会掠夺穷人养肥自己，
也不会对富人卑躬屈膝，
更不会被恐惧吓得不敢喘气。
当暴徒挥舞起拳头和棍子，
我们会笑着说，
“你那满眼通红的怒视
可以吓醒襁褓中的婴儿，
却怎能让我们这些誓不恐惧的人去恐惧？”

《康复集》出版之后他又接着出版了《生辰集》（*Janmadine*）。诗集之所以如此命名，就只因为诗集中的许多诗篇都是对他生辰的反思或者回忆，所有诗篇中都弥漫着一种深邃的认识：“生死轮回相伴。”在其中的一首诗里他回顾了1924年他对中国的访问，那时恰逢五月他的生日，人们为他举行了热烈的庆祝仪式。

我曾经去过中国，
之前那儿的人们我还不曾了解，
似乎他们在我脑门上贴了印记
上面写着，“我们认识你。”
客人给我披上的外衣悄然滑落
展示出了始终如一的自我。
……我已取了一个中文名字，穿上了中国人的衣服，
我也意识到了
无论我在哪儿认识了一个友人，我总在那里又获新生。

一些诗歌是关于他在莽普度过的最后一个生日，之前我们略有所提。其中最精美的诗歌之一是1941年1月21日在圣地尼克坦所写。回顾完他作为诗人所取得的成就之后，他极其谦逊地认为其中的不足就是自己的失败。世界是多么的广阔而且丰富多彩，而他自己对它的了解又是如此之少！他的意识停留在广袤苍穹的一个狭小角落，在他

的直觉可以感知的世界之外，还有许多广阔的地域和生活。他也只是从书本或者通过其他途径对它了解了一些。

我是大地上的一名诗人，
它的各种声音
唤起我芦笛的回音，
我的芦笛却只能吹奏出
有限的音韵，
最难进入的是人类内心
时空之间还没有具体的途径，
只有心灵与心灵谈心
才能彼此了解。
并非在任何地方我都拥有这种机会，
我生命道路上筑起的围墙
已阻碍我走进许多心灵的大门。
耕者耕其地，
织者织其衣，
渔者撒其网
领域各相异，遍布于各地，
世界从而也得以延续。
现在我却被禁锢在名誉筑起的高台
坐在仅有一扇小小窗户的狭小空间，
我时常徘徊到他们身边

但却没有勇气进到他们的家园。
当生命间缺乏交流，
诗歌的价值就会受到破坏，
所以我承认这个指责，
我的诗歌依然残缺，
尽管尝试过很多途径，
但却还是没有突破瓶颈。

已经坦诚了他自己的局限，他呼吁未来的诗人能够更加贴近土地，能够分享劳动者的生活并成为他们中的一员，成为默默无闻而又沉默寡言的人民诗人去代替他们去言说被掩饰的痛苦，给这片干涸荒芜的土地带来欢歌笑语。他祈祷新的诗人能够忠实于自己的信念，要做到“言行一致”，不要仅仅去炫耀自己伪装出来的对可怜人们同情的标识。他向这样的诗人表示敬意。但是绝对要小心虚伪的冒牌货！

可是他没有料想到的是，很快对于那些默默无闻、被践踏的人们的这种同情竟然成了一种狂热的崇拜和时尚，文学界也都挤满了带着这种标志的诗人。又或者是不是他预料到了这种情形，所以才做出那个警告呢？无论如何，尽管他那么坦率地承认自己的局限而且表明了他在理念中的诗人角色应该是多么高尚，可是他完全没有必要为他自己的诗歌做出那般诚恳的道歉。拥有极其广阔的视野，并能够同样地同情和理解地球上的一切事物以及无数人们的生活的诗人到哪里去找呢？那些热情讴歌被剥夺得一无所有的人们的诗人，好像对其他的任何东西都不再有一点儿同情心。这首诗，就像是之前我们谈到的关于帝国崩溃以及仍然在这个世界上延续的耕种者的诗歌一样，绝不是意味着这位诗人直面死亡时突然改变了他的信仰，成了一个“跟风者”。恰恰相反，它印证了随着诗人逐渐地变老，他的认识不断地在深化拓展，他的情感在不断地深化，他对于当代困境的理解也变得更加健全，他对人类的命运和对他更加雄辩和热情的诗人职业的坚定不移。

在创作严肃诗歌的同时，他也在口述一些童谣以及像祖父讲故事和闲聊时讲述的故事和寓言那样，里面充满了快乐的幻想和新奇有趣的幽默，使人往往不敢想象这些竟然是出自一位饱受极端病痛折磨、即将离开人世的人口中。后来这些被整理并于1941年出版，题为《故事杂集》（*Galpa-Salpa*）。其中有一个关于今天的世界题为《重大消息》（*Big News*）的寓言，表现了当代工业社会面临的困境，其中在由船桨象征的劳动者与船帆象征的自己宣称在引导大船航行而实际却不起任何作用的人之间即将爆发的冲突。那就是重大的消息，整个世界迫切需要剧烈的调整。这条消息是由小库斯咪（Kusmi）的爷爷达达马沙伊（Dadamashai）给她讲述的，因为她经常问她的爷爷“今天有什么重大消息？”但是小库斯咪根本就不理解这条“重大消息”，而且认为她的爷爷只是在捉弄她。

> “你的重大消息，就是这么个小信息吗？你在开玩笑啊。”
>
> “现在看起来有点像是开玩笑，”达达马沙伊答道，“可是很快这则消息就会变成真正的重大消息。”
>
> “可是那又怎么样呢？”
>
> “那样你的达达马沙伊要不断地挥动那些船桨了。”
>
> “那么我呢？”
>
> “在船桨裂缝太多的地方，你来滴上一滴油。”
>
> “真正的消息，”达达马沙伊接着说，“看似很小，就像种子一般。然后就会长成枝繁叶茂的大树。你现在明白了吗？”
>
> “我明白了。”库斯咪答道。她的表情却明明是不明白。
>
> 但是库斯咪有一个好品质：她常常不会向她的达达马沙伊承认她不懂。

这本寓言故事还有之前提及的《生辰集》都是在1941年4月出版。孟加拉新年开始于这个月的中旬，在圣地尼克坦的庆祝过去常常是（现在依然是）和泰戈尔生辰（恰好在大约三周后的5月7日）的庆祝一起举行，为的是在学生们各自去度过很快开始的暑假之前可以加入到这个联合举行的庆典中来。就在那一天（1941 年 4 月 14 日），诗人发表了他的最后一次向群众的讲演，后来这篇演讲以《文明的危机》（*Sabhyatar Sankat*）为题出版。他的身体已经极其虚弱，已经不能允许他亲自演说，所以只能由别人当着他的面代他宣读了讲稿。他印度的同胞以及欧洲甚至远东地区的人们，正在以不同的方式，由于不同的原因经历着一场巨大的痛苦。正在发生的是当代文明的巨大危机。泰戈尔的演讲是对信仰的及时证明，也是对它的摧毁。他首先回顾了自己对现代西方文明的信仰是如何伴随着他对西方文明的人文传统（主要体现在英语文学和英国自由传统之中）的认识而逐渐形成的。他回顾了他是如何在伦敦作为一名学生在英国议会全神贯注地倾听约翰·布莱特（John Bright）的演讲的。“那些演讲中体现的富有同情心的、激进的自由主义完全超出了狭隘民族性界限，给我的思想留下了深刻的印象，时至今日在这个堕落的、希望幻灭的时代里，它还不断回响在我的耳畔。”他接着又分析了这种“堕落的希望幻灭”是由于英国统治者对西方文明引以为豪的价值观冷漠地抛弃的缘故。“命运之神的车轮最终将迫使英国当局放弃他们的印度王国。但是他们将留下什么样的印度，是极端的悲惨模样吗？当他们两个世纪统治的小溪最终流干的时候，他们将留下怎样的污秽和泥沼般的垃圾！”

哪怕是处在最忧郁的心境之中，泰戈尔的观点也不会最终表现出绝望的语气。“当我向四周看的时候，我看到了像一大堆废物一样自负的文明的摇摇欲坠的废墟。但是我还是不应该犯下对人类失去信心这样令人可悲的罪行。我宁可期盼着在这巨大灾难结束之后，在人类历史上展开一个新的篇章，用奉献和牺牲的精神将这种环境涤清。”

他对人类命运的信仰的忠诚（理由是否充分，谁又能说得明白呢？），在一首由他新谱写的歌曲中更加强烈地得以表达，并且也是他第一次在写完它后直接就唱颂了它。就在几天前，他的侄孙索姆彦德拉纳特·泰戈尔（Saumyendranath Tagore）从加尔各答赶来看望他，并且央求他写一首歌，以便用来合唱歌颂新的人类、真正的人类和自由的人类的到来。它们将展示人类真正的命运，证明人类绝不是社会或者政治机器上的一个齿轮。这使人们联想起迫不及待地要萌芽、开花的一粒种子。

伟大的人类来到，
大地小草期待地欢笑
天空鼓声响起……
黑夜的壁垒崩溃
越过黎明的脚步传来
新生命自信的宣言：“绝不恐惧”
无际的天空回响

对新人类到来的胜利欢唱。

诗人最后的三个月满是病痛的折磨，身体的病痛不断加剧，被痛苦摧残的身体几乎成了一种苦不堪言的负担，而且没有一丝一毫的缓解。他沮丧万分，因为自己的国家俨然变成了一个庞大的监狱集中营，领袖们被捕，人们感受到了恐惧进而变得死气沉沉，饥饿的幽灵也在这片土地上猖獗地肆虐。他深爱着他的同胞，但是他的悲伤却并不是仅仅为了他同胞们的遭遇。他也在痛苦地思考着战争蹂躏下的欧洲可怕的景象。随着希特勒的军队张牙舞爪地挺进苏联，他为所有国家的那些无辜人们的命运深感焦虑，他们可是被拖进战争,成了无谓的牺牲品或者战争的工具，他们可是没有任何过错的啊！尽管他深深地同情中国人、苏联人民以及同盟国（Allies）国家的国民们，但是在戏剧中他也并没有把德国人和日本人想象成唯一的罪魁祸首。这个世界他不厌其烦地不断重申陷入了人类自己制造的陷阱之中，世界上的不同学说、主义只是致使勒在人类脖颈上的绳索更加的致命。世界上贪得无厌的国家机器、奸诈的政治鼓吹者、贪婪地觊觎权利的政治家，他们都在利用普通民众们的激情、他们的憎恨和英雄主义来为他们达到自己的目的服务。

在他承受着身心痛苦的时候，他还在全神贯注地从事着文学创作，但是他的思绪时不时地就会跑到他深爱的圣地尼克坦以及那里的小孩子们的身上。起初的时候他深爱着那所学院，但是当那所迷人的国际大学创立之后，他就渐渐地忽视了它。现在他又开始挂念起它来。“这些日子里谁在教授孟加拉文呢？”他突然问。“我希望会是一个深爱文学并且对这种语言有感情的人来教，不要只是一个博学的梵文学者。”孩子们从他们的这位老师的语气中一定听出了他所有的关怀。他接着又回顾了自己当时是如何全身心地享受着教授孩子们的乐趣的。他又声音低沉地接着说道：“但是我却再也不能亲自教他们了，也不能再管他们了。”

他总是随时将一罐罐的糖块或者一盒盒的巧克力放在手边，确保那些小孩子从他的房间出来之后，手里或者口里总要有些嚼头；甚至一条流浪狗也不例外，它总是可以躺在他的躺椅之下找到一片栖身之所，并且有幸地与他分享这个房间的一片天地。每天清晨，它总是来到他的面前摇摆着尾巴立在他的身旁，直到诗人轻轻地拍拍它的脑袋它才在他的躺椅旁边坐了下来。当有访客到来，它就会悄悄地走到一边的角落里。《康复集》中有一首诗就是关于一条没有名字的流浪狗，它忧郁而又沉默的忠诚一定深深地打动了刚刚康复的诗人。后来，当他的身体健康恶化，他不得不躺在床上而不能再坐在躺椅里了。他在一首感人的诗歌中，表述了“空荡荡的躺椅”带来的凄苦，下面将引述部分艾米亚·查克拉瓦蒂翻译过来的英文译文。躺椅是他的心爱之物。在这张躺椅里他度过了人生中许多快乐的时光，看似无所事事却创作丰富、硕果累累。这张椅子是他在圣伊西德罗（San Isidro）的维多利亚·奥坎波（Victoria Ocampo）家做客由她在16年前赠送的。当时女主人看到他在这张躺椅上多么的放松和恬静的时候，她坚持让他在从布宜诺斯艾利斯启程的时候将它带着一同上船。从此之后它就成了他在圣地尼克坦小憩时钟爱的座椅。现在它依然被保存在那里的博物馆内。

阳光的炽热犹似火烤，
这个正午倍感孤独无聊。
我望着空荡荡的躺椅，
没有看到令我欣慰的它的踪迹。
它的心中一定充满
悲伤之中绝望至极的话语，
空洞洞对它的呼唤
充满无限伤感
可是心底的真情却不能被它听到。

直到人生的最后一刻，他身上一直呈现着他那坚强的意志以及天生的幽默感。在他的病榻之侧照顾他的那些人，一直将他与他们交谈中的诙谐和妙语当作他给他们的最好回馈。葛兰素（Glaxo）给他喂饭的时候，他禁不住地开玩笑说自己是“葛兰素的婴儿。”由于他当时只能吃很少量的营养品。当然食量后来也在慢慢增加。所以当有一天他被告知他被喂给了两个月大婴儿食量的食物时，他倍感开心。从那以后，每当葛兰素过来的时候他就会问：“我今天几个月大了？”

树木也许是他钟爱最久的。当他还是个孩子的时候，照料他的仆人会在他的祖屋里，用粉笔画一个圈子将他限制在那里。那时候他就常常地透过一扇窗户注视着那颗榕树，被它的魅力吸引。在他人生的最后几个月里，他再次被限制了行动，他常常恋恋不舍地望着圣地尼克坦他的小别墅外面的那株木棉树。在夏天的干旱日子中，他总是对这些苦苦煎熬的树木的命运深感忧虑。必须不惜代价把这些树救活。“您的花园里种玛乎阿树（mahua）了吗？”他常常会突然地问到访的客人。“如果没种的话还是种一棵吧。当它们长大的时候，你就会看到桑达尔妇女在树下是怎样把花朵摘下来然后去酿酒的。”由于并不喜欢为他精心准备的色香味美的开胃品，他常常像个孩子似的贪婪而又激动地偷嚼送给他的野生占卜花（jambu）花束上的浆果，而且他还把花束放在床畔劝诱着他的访客，“尝上一颗，看看我的占卜花味道有多甜。那可是从莎雅米（Syamali）后面的自家树上摘下来的！”

按照孟加拉历，他的生日将在 5 月 8 日举行。就在此前三天，他口述了他所作的最后一首歌曲（作词和谱曲）。

他从不依赖于一些符号去记录，他总是随着他心中的旋律歌唱，别人则捕捉住他的旋律并记录下来。在他的最后一首歌中，他呼唤常新之神再次展示全新的自己。这首歌在他最后一次生日上被唱诵，现在在他每次的诞辰纪念上也都会被唱诵。

请您再像太阳一样现身
驱散晨雾的幔围，
让这永恒无尽的奇迹
再次彰显，
宣告生命之神的胜利！

他在 5 月 6 日口授了这首诗，诗歌朴实的魅力让人感到震撼。在这即将到来的生辰喜庆的气氛中他却怅然若失。他囊中羞涩，已经将所有的一切献了出去，袋中空空如也，他渴望得到一丝人间的温暖，想要得到他离开人世的最后礼物。

当我乘着人生最后的渡船来到
这极乐世界的无声庆典，
我想携带，
人类的真挚友爱与宽容谅解。

和诗人们的情绪常会起伏变化一样，他的情绪也常出现较快的变化。在他人生最后的日子里，他生存的痛苦更加严重，他的情绪变化也更加突然。时而兴高采烈，时而忧郁沮丧；时而信仰坚定，时而满腹质疑；时而留恋万分，时而自若超然。当一种情绪产生的时候，它总是将自己的情绪毫无任何掩盖地流露出来，有时显得是那样的有力、透视出自然之美。当他犹豫不决、心事重重时：

周围一切灰暗的尘嚣落下
我的意识说要回家，
家在何处，它却显得那般无助。

当他的信仰变得坚强：

死亡就像罗睺（Rahu），
只会给生命带来暂时的黑暗，
惰性带来的挤压
不能榨干生命神圣的甘露
我对此确信不疑。

信仰是力量的源泉，它既像手中的拐杖也像引路的灯光，指引着他在浓浓黑夜中前行。他不会自欺欺人地对世界上正在发生的痛苦现实、以及上天和自然之神对人类痛苦遭遇的冷漠视而不见。他也不会用虚妄的幻想来欺骗自己。他也不会消沉在无益的自负或者自怜的痛苦之中，更不会断然否认真理的极致之美。在《病榻集》中他把上主看作最早的苦行僧（女性）：

在这令人压抑的痛苦黑暗之中，
我在心里看到了
在时光第一次轮回的
彻底黑暗之中安坐的您，
沉默无语、什么也看不见，在无尽的孤独中，
冥思创造。

在他过完生日后的一周，他又一次开始冥思创造的神秘，但是却显得平静了许多，也不再闪烁其词。他说他在拉普－南莱恩河的河岸上醒来。拉普－南莱恩河是孟加拉的一条小河的名字，它也象征着神主存在的世界。

我知道，这个世界
并不是一个虚幻的梦境。
我看到了自己的魂灵
用鲜血铸成，
经过一次又一次的伤害，
一次又一次的苦痛，

我开始了解了自己。
现实冷酷无情，
但是我却喜爱那种冷酷无情，
只因它从不具有欺骗性。

五月和六月的时光慢慢地过去，夏日炙热的阳光将外面的土地烤得焦干，一阵阵剧烈的疼痛也榨干了在诗人身体里残存的一点力气。

生命缓缓地流过
我的病榻之侧，
漂浮其中的杂草、苔藓形成
种种样式
它们却没有多大价值……

这也是他自己对他在最后的岁月中口述的那些诗歌最谦逊的评价。但是却有许多富有洞察力的资深评论家认为，在这些短小精悍、饱含张力的最后诗歌中有着早期诗歌所不具有的“震撼之美”，它们中的一些如此精致，以至于臻于完美。这些在他去世之前口述的诗歌，在他去世之后以《最后的作品集》（*Sesh Lekha*）为题目结集出版。

他白天病痛的折磨越来越厉害，晚上的高烧也是越来越高，病痛的折磨之下以至于使他几乎彻夜难眠。定期从加尔各答赶来的顶级的内科和外科医生坚持让他转移到加尔各答做一个大手术。这个决定让这位病人倍感烦恼，因为他一点也不信任对症治疗的要求，也痛恨以科学手术为名义对自己的身体进行切割似的操作，但是他又是感到很无助。甚至甘地都作出了让步，接受了一次手术。“为什么就不能让我安静地死去呢？”他抗议道：“我还没活够啊！”凭着他更加确信的直觉，他感到他的大限将至，就像他在以前的诗中所说的那个“鸟儿飞走的时刻”即将来临，但是他身边的人却绝不答应。他们不会放弃任何一个挽救他生命的宝贵希望，不管它有多么渺茫。他不能拒绝他的亲人以及友人们的恳求。在人生最后一段的时光里，他也许最愿意待在圣地尼克坦，被他的最喜爱的人们围着，男人、女人、孩子，甚至是那些树木，这一切都是属于他的。7 月降临，雨云聚集在圣地尼克坦的天空，向这位年迈的老人欢呼、致意。离开他深爱着的这片土地，他是很不开心的，这儿的棵棵树木几乎都是他亲手悉心栽种的。“也许我将再也不能看到这些小树了，”他喃喃地低语。

7 月 25 日他被送往了加尔各答。他是那般的不情愿。也许，让他待在他曾度过了人生最初岁月的祖屋之下度过他人生最后的日子才是对的。两天后他口述了一首简短、有力的小诗，它就像是《梨俱吠陀》中的咒语一般率直地抒发着自己的思想。艾米亚·查克拉瓦蒂一段精美的译文引述如下：

人生第一天的太阳
在新生命降生的时候
问道
你是谁，
没有回答被听到。
年复一年，
人生最后一天的太阳
在西沉的海岸
静谧的傍晚
问了最后的问题，
你是谁，
他希望的答案还是没有听到。

在他超然的理性陈述中，他的表述是那样的高不可攀，又显得那般庄严。有人就会觉得这恰恰表明泰戈尔最后处于怀疑而不是有着坚定的信仰之中。无论肯定哪一方面，似乎都略显天真、过于简单化以至于不可信。泰戈尔的陈述却印证了一个事实，即他完全超越了信仰和怀疑，或者说既包括了怀疑也包括信仰在内。诗人所说的真理是一种绝对的真理，是关于他自己也并不了解的极其神秘的生命和宇宙的真理。现在也没有人了解。索然无味的声明“没有回答被听到”反映的不是诗人的虚无主义，而是他的坦率真诚。他知道真理有时难免残酷但是却至关重要，可是他并不是我们平时所理解的一名物质主义者或者虚无主义者。他坚信生的意义要大于死，人类的精神大于生命，生命、自然和物质世界被宇宙普遍的规律彼此联系在了一起，而那条规律并不是客观的而是精神的，所以对于它的理解不管多么失之偏颇都是通过心灵，而不是通过大脑，不是通过爱，也不是通过逻辑推理的方式实现的。

一般的对于拥有信仰的人来说，他的信仰是勇敢而又真实的，因为那种信仰是在痛苦遭遇的烈火中锤炼出来的。它并不依赖于借来的理念人为地去填充和获得支撑，而是建立在悲痛经历的基础之上，并在这种经历中磨练得熠熠生辉。实际上，他在年轻的时候就继承或者吸收了许多理念，但是它们中的那些不符合事实或者虚构的内容，逐渐地淡去或者直接被抛弃。只有那些曾经深深地烙在他的心里以及融入他的精神的那些东西还保留至今。最后两首诗歌（引用艾米亚·查克拉瓦蒂的译文）是他躺在即将成为他的灵床的病榻上口述的，时而忧郁，时而充满阳光，时而满是悲剧色彩，时而显得至高辉煌，俨然成了他信仰巅峰的证明。第一首诗口述于 7 月 29 日，是在他到达加尔各答之后第四天。

浓浓夜色的哀伤，一次次地，
来到我的门旁。
我看到它那惟一的武器，

就是它痛苦扭曲的伪装；
恐惧可怕的姿态
成了黑夜欺骗的序章。
每当我把可怕的伪装坚信，
无果的失败总是紧随。
失败胜利的游戏就是生命的幻影；
从孩提时代起，每一步都有这魅影随行，
充满令人悲伤的讽刺。
不同恐惧形成震撼的一幕……
在忧郁的黑暗中死神的精致作品形成。

第二天外科手术进行。在清晨，这位病人被送上手术台前的几个小时，他口述了他的最后一首诗，他最后给缪斯的献礼，也是他与神主的最后一次密语，也许是所有诗歌中最推心置腹、也是最痛心的一首。

你这诡计多端的家伙
用一张斑驳的欺骗之网
将你的创造之路掩住。
你用灵巧的双手
在简单的生活里
布下了错误信念的陷阱。
用这欺骗的手段在

伟大之上留下了污点；
他再没有神秘的夜晚可言。
你用星星
为他指引的道路
是他自己的心灵之路，
曾经清楚明确，
他那单纯的信仰
使它永远闪光。
外表崎岖但内心率直，
这也是他的自豪之处。
人们却视他毫无价值。
他内心获得的真理
却被他自己的洞察力
不断涤荡清洗。
没有任何东西可以将他欺骗
这是他带回他宝库的
最后恩酬。
轻松为你织就陷阱的他
从你手中得到了
不会浪费的平安的权力。

通常他会将他口述内容的记录阅读一遍，常常也会改正或者调整一下所记的内容。但是这一次他没能有机会这么做。他从手术后遗症状中不仅没有恢复过来，而且病情更加严重，慢慢地他失去了意识，再没有醒过来。8 月 7 日在正午过后的 10 分钟，他在乔拉桑格的那所 80 年零 3 个月前他第一次张开双眼看到的同一所老房子中呼吸完了人生的最后一口气。那是斯拉万月（Sravana）那个在他的诗歌中常常歌颂的雨季之月满月的一天。

他早先曾写下的一支希望在他去世的时候唱诵的歌曲，被唱诵了。现在每次在这一天的纪念仪式上都会被唱诵。

> 前面就是和平的大洋，
> 舵手，让我们起航，
> 自此之后同舟共济……

于是诗人扬起了他最后一次远航的风帆，由他挚爱的缪斯掌舵，航向他在已知世界一直探索的伟大浩瀚的未知领域。30 多年前，他在《吉檀迦利》中吟诵道：

> 让我所有的诗歌聚集不同的调子，
> 在我向您顶礼膜拜之中，汇成一股洪流，
> 倾注入寂静的大海。

这些调子迥然各异，在其间的 30 年中变得更加明显，

当它们彼此看似相差愈来愈远的时候，它们在一股洪流之中又不断地汇集。在他辞世前的几个月，这位祈祷者在一首诗中又再次重复道：

让“我”的弊病都化成泡影
让意识的白光
刺穿薄雾的帷帐
现出真理永恒的面庞。

在一首歌曲中：

让所有束缚地球的绑带突然间断开，
让伟大的宇宙把他拥在怀，
剥夺他心中恐惧，让他清楚地了解，
伟大浩瀚的未知领域。

似乎随他而去的是一个时代。在这个时代中尽管印度在事实上屈服于一个异域国家的统治，然而它却将作为印度历史上的黄金时代为人们永远记住，因为就是这个时代为印度的统一和自由打下了坚实的基础。在这些基础之上，现在和未来的一代又一代的人们将可以自由地去建立他们自己选择的国家。它也带给了印度有史以来的最为伟大的两个儿子。他们一个没能活着看到自己祖国获得独立，另一位却被自己无耻的同胞开枪暗杀。他们在身后留下了永恒的遗产，他们离开过吗？

图书在版编目(CIP)数据

泰戈尔的一生/(印)克里帕拉尼著;毛世昌,丁广州译.—北京:商务印书馆,2012
ISBN 978-7-100-08704-9

Ⅰ.①泰… Ⅱ.①克…②毛…③丁… Ⅲ.①泰戈尔,R.(1861～1941)—传记 Ⅳ.①K833.515.6

中国版本图书馆 CIP 数据核字(2011)第 217780 号

泰戈尔的一生
〔印度〕克里希纳·克里帕拉尼 著
毛世昌 丁广州 译

商 务 印 书 馆 出 版
(北京王府井大街 36 号 邮政编码 100710)
商 务 印 书 馆 发 行
三河市尚艺印装有限公司印刷
ISBN 978-7-100-08704-9

2012 年 12 月第 1 版　　开本 880×1230 1/32
2012 年 12 月北京第 1 次印刷　　印张 12 1/2
定价:31.00 元